普通高等教育"十二五"规划教材

计算机系列规划教材

现代教育技术技能与训练

高占国　主　编

张春苏　副主编

科学出版社

北京

内 容 简 介

本书是师范类院校公共课程"现代教育技术"的实验训练教材,全书包括上篇与下篇共计 14 项训练。上篇基本技能:多媒体教学资源的获取与编辑技能,包括文本、声音、图像、图形、动画及视频资源的编辑与获取;多媒体教学课件的开发技能,包括 PowerPoint、Flash、Authorware 课件制作及网络课程的开发。下篇综合技能:现代教育技术综合技能训练,包括 PowerPoint、Flash 和网络课程的总体的设计与开发;教育技术成果实施与评价,包括多媒体教室与微格教室的使用、教学成果的评价和教学效果评价的综合训练。

本书充分考虑到技能训练的需要,每个技能训练均提供有训练目标、训练任务、训练环境、训练内容、训练须知及思考题。

本书可作为高等院校教师教育类本、专科学生的现代教育技术公共课的实验训练教材和中小学教师教育技术能力培训教材,也可供从事教育技术、信息技术教育的相关人员参考。

图书在版编目（CIP）数据

现代教育技术技能与训练/高占国主编. —北京:科学出版社,2011
（普通高等教育"十二五"规划教材·计算机系列规划教材）
ISBN 978-7-03-031097-2

Ⅰ. ①现… Ⅱ. ①高… Ⅲ. ①教育技术学－实验－高等学校－教材 Ⅳ. ①G40-057

中国版本图书馆 CIP 数据核字（2011）第 091006 号

责任编辑:李太铢 艾冬冬/责任校对:王万红
责任印制:吕春珉/封面设计:东方人华平面设计部

科学出版社 出版
北京东黄城根北街 16 号
邮政编码:100717
http://www.sciencep.com

三河市骏杰印刷有限公司印刷
科学出版社发行 各地新华书店经销
*
2012 年 8 月第 一 版 开本:787×1092 1/16
2018 年 1 月第十三次印刷 印张:21
字数:490 000

定价:41.00 元
（如有印装质量问题,我社负责调换〈骏杰〉）

销售部电话 010-62136230 编辑部电话 010-62135319 转 8602

前　言

教育部《关于推进教师信息化建设的意见（教师[2002]2 号）》文件中明确指出"师范院校要开设信息技术和现代教育技术公共必修课，加强师范院校信息技术相关公共课程教育教学改革和教材建设"。我国绝大部分师范院校均开设了现代教育技术公共课。目前，现代教育技术已经成为我国师范类专业学生的必修课程，也成为我国在职教师继续教育的必修课程。

本书的特点如下：

1. 融入教学设计思想。本书并不是单纯地针对某种技能进行训练，而是在每个技能训练项目中，都添加了"教学设计提示"内容，将教学设计思想很好地融入到了技能训练过程中，教学设计理念与思想贯穿于全书。从教材的结构来看，实现了理论与实践的结合，使学生能够运用教学设计的理念设计教学课件。

2. 内容结构新颖。本书分为上、下两篇。上篇是教育技术基本技能训练部分，包括多媒体教学资源的获取、多媒体课件的制作，该篇既是《现代教育技术基础》公共课的实践环节，也是教学设计思想基础上的技术与技能获取的渠道。下篇是教育技术综合技能训练和教育技术成果的实施与评价，该篇是在上篇的基础上进行综合演练，是上篇的综合实践。在综合训练中，有代表性的"以教为主"、"以学为主"、"双主模式"的综合练习，并结合课程设置一个综合设计题目，以题目为标本，进行最后环节的教学评价。纵观本书内容既有知识的逻辑性，也有通篇的整体性。本书共计 14 项训练。每个技能训练均提供有训练目标、训练任务、训练环境、训练内容、训练须知及思考题。该结构体系科学、合理，符合技能训练的模式。在训练内容上，采用新技术、新媒体，以中小学课程内容为基础制定教学课件。

本书由高占国任主编、张春苏任副主编，并负责全书的总体策划与统稿、定稿工作。高占国编写了下篇"教学效果评价"、"教学效果评价综合训练"；张春苏编写了上篇训练 2 中 4 个技能训练；谢建编写了下篇训练 1 中的 3 个技能训练；张峰编写了上篇中的"文本、声音资源的获取与编辑"，胡文有编写了下篇中的"多媒体教室与微格教室的使用"；魏凤霞编写了上篇中的"图像、图形资源的获取与编辑"；葛岩编写了上篇中的"动画、视频资源的获取与编辑"。

在本书的编写过程中，参阅了大量的文献资料，在此一并向相关的作者深表感谢。

由于时间仓促，书中难免有不当之处，敬请各位专家、读者提出宝贵意见。

编　者

2011 年 6 月

目录

上篇 基本技能

下篇 综合技能

上篇

基本技能

　　本篇主要介绍两种基本技能的训练,分别为多媒体教学资源的获取与编辑技能训练,多媒体教学课件的开发技能训练。其中,在多媒体教学资源的获取与编辑技能的训练中,包括了三种基本技能的训练,分别是:文本、声音资源的获取与编辑、图像、图形资源的获取与编辑和动画、视频资源的获取与编辑;在多媒体教学课件的开发技能训练里,包括了四种基本技能的训练,分别是:PowerPoint 课件制作、Flash 课件制作、Authorware 课件制作和网络课程的开发。

多媒体教学资源的获取
与编辑技能训练

  本部分训练结合多媒体教学和课件开发过程中经常涉及到的素材的获取、编辑途径作为训练内容，重点强调了文本信息、声音信息、图像信息、动画信息、视频信息的获取与编辑方法，目的让使用者能够在多媒体开发过程中，对媒体素材的获取途径、编辑方法有一个全面的了解和掌握。

上篇　基本技能

技能训练 1.1　文本、声音资源的获取与编辑

学习目标

训练目标

1. 了解和掌握多媒体课件制作技术中文本的获取和编辑方法。
2. 了解和掌握多媒体课件制作技术中声音的获取和编辑方法。

训练任务

1. 练习常用文本输入方法。
2. 练习 Word 2003 文本编辑技巧。
3. 练习高级声音属性设置。
4. 练习用 GoldWave 录音。
5. 练习用 GoldWave 和 Cool Edit Pro 2 编辑、合成多媒体声音文件。

训练环境

1. 硬件环境：计算机主频 200MHz 以上，内存在 1GB 以上，麦克风、声卡，音箱。
2. 软件环境：Windows XP，Word 2003，Cool Edit Pro 2，GoldWave。

1.1.1 文本的获取

"文本"一词来自英文 text，即由字符组成的字符序列。文本是人们生活中应用最多的信息传递媒介，如书刊、报纸、杂志，尽管随着计算机和网络的发展，各种多媒体信息应用得到极大的提升，但文本仍然是网络中最大的信息媒介。

文本具有易处理、存储量小、存取速度快、符号结构规范等特点，是计算机信息呈现时最常用的形式。

目前，常用的文本获取途径主要有键盘输入和手写输入。其他的文本获取方式还有语音输入、OCR 文本识别以及特殊人员使用的读屏方式等多种方法。

键盘输入方式和手写板输入方式在日常生活中运用较为广泛，而语音识别输入技术和 OCR 文本识别技术等并不经常使用。

1. 键盘输入

键盘输入即利用计算机的键盘，将文字材料逐字逐句地送入计算机。键盘输入是目前文本输入的主要方式，这种方式具有简单、易学、易用等特点，但对于大量的文本录入时，对录入人员的熟练程度有较高的要求。

常用的输入法有智能拼音、微软拼音、五笔字型等多种方法。

练习：选择一种输入法，在记事本中练习输入下段文字：

曲曲折折的荷塘上面，弥望的是田田的叶子。叶子出水很高，像亭亭的舞女的裙。层层的叶子中间，零星地点缀着些白花，有袅娜（niǎo nuó）地开着的，有羞涩地打着朵儿的，正如一粒粒的明珠，又如碧天里的星星，又如刚出浴的美人。微风过处，送来缕缕清香，仿佛远处高楼上渺茫的歌声似的。这时候叶子与花也有一丝的颤动，像闪电般，霎时传过荷塘的那边去了。叶子本是肩并肩密密地挨着，这便宛然有了一道凝碧的波痕。叶子底下是脉脉（mò）的流水，遮住了，不能见一些颜色；而叶子却更见风致了。

2. 手写板录入

手写板录入是另外一种常用的文本输入方法，这种方法对于计算机基础较差，或不会拼音的人具有很大的作用。手写设备的识别率是决定输入速度的最主要因素，它受到很多方面的影响，如手写板的质量和性能、手写识别软件的质量、使用者输入的文字是否清晰、计算机的运算能力等，因此手写设备的文本输入效率也不同，并且文本输入误码率较高。

手写输入系统由硬件和软件两部分组成。目前常用的手写板有汉王、清华紫光、联想等品牌，其中汉王手写板的功能较强，输入效率较高。

3. 语音识别

语音识别技术，是近年来新发展起来的一种特殊的技术。通过与计算机相连的话筒，将要录入的文字用声音读出，通过语音识别软件的处理，把读入计算机的声音转换成文本和计算机可识别的指令。

这种技术目前还处于研究和完善阶段,主要是受录入者语音、语调、语速和环境的影响较大,识别率相对较低,且对软件的要求较高,目前最好的语音识别软件也只能达到 60%的识别率。但用这种方法输入文本简单、方便、快捷,特别是可用于不能正常使用计算机的特殊人群。

4. OCR 文本识别

OCR 是英文 Optical Character Recognition 的缩写,翻译成中文就是通过光学技术对文字进行识别的意思,是自动识别技术研究和应用领域中的一个重要方面。它是一种能够将文字自动识别录入到计算机中的软件技术,是与扫描仪配套的主要软件,属于非键盘输入范畴,需要图像输入设备主要是扫描仪相配合。主要工作过程是先对书籍、纸张上的文本资料进行扫描,转化为可以让计算机读取的图像文件,然后利用图像中的黑白明暗变化规律对图像进行分析处理,获取文字及版面信息的过程。

在最近几年中,OCR 识别技术随着扫描仪的普及得到了飞速的发展,扫描、识别软件的性能不断强大并向智能化不断升级发展。但是要想快速地获取正确的扫描结果,得到高效率的文字录入,必须掌握好扫描及 OCR 识别技巧。

1)分辨率的设置是文字识别的重要前提。一般来讲,扫描仪提供较多的图像信息,识别软件比较容易得出识别结果。但也不是扫描分辨率设得越高识别正确率就越高。选择 300dpi 或 400dpi 分辨率,适合大部分文档扫描。注意文字原稿的扫描识别,设置扫描分辨率时千万不要超过扫描仪的光学分辨率,不然会得不偿失。

2)扫描时适当地调整好亮度和对比度值,使扫描文件黑白分明。这对识别率的影响最为关键,扫描亮度和对比度值的设定以观察扫描后的图像中汉字的笔画较细但又不断开为原则。进行识别前,先看看扫描得到的图像中文字质量如何,如果图像存在黑点或黑斑时或文字线条很粗很黑,分不清笔画时,说明亮度值太小了,应该增加亮度值再试;如果文字线条凹凸不平,有断线甚至图像中汉字轮廓严重残缺时,说明亮度值太大了,应减小亮度后再试。

3)选好扫描软件。选一款好的适合自己的 OCR 软件是做好文字识别工作的基础,一般不要使用扫描仪自带的 OEM 软件,OEM 的 OCR 软件的功能少、效果差,有的甚至没有中文识别,经过比较,清华紫光 OCR 2003 专业版和尚书 OCR 6.0 文本自动识别输入系统的识别能力与使用功能更突出一些。再选一个图像软件,OCR 软件不是有扫描接口吗?为什么还找图像软件?第一,OCR 软件不能识别所有的扫描仪;第二,利用图像软件的扫描接口扫描出来的图像便于处理,一般选用 Photoshop。

4)如果要进行的文本是带有格式的,如粗体、斜体、首行缩进等,部分 OCR 软件识别不出来,会丢失格式或出现乱码。如果必须扫描带有格式的文本,事先要确保使用的识别软件是否支持文字格式的扫描。也可以关闭样式识别系统,使软件集中注意力查找正确的字符,不再顾及字体和字体格式。

常用的 OCR 文本识别系统有汉王文本识别系统、尚书 7 号 OCR 文本识别系统和清华紫光文通 TH-OCR 文本识别系统等。不同的文本识别系统使用方法基本相同，但识别率不同，其中汉王文本识别系统因其专业性和高识别率而得以普遍应用。

OCR 文本识别可以减少文本输入的工作量，提高文本输入效率，但其本身的局限性也很明显。首先，必须有扫描仪硬件，还要有 OCR 文本识别软件；其次，所扫描的图像文件必须清晰，内容不能过于复杂；再次，对图形图像不能进行很好地识别。

1.1.2　文本编辑技巧

Microsoft Office Word 2003 是目前应用最为广泛的文本编辑工具，除了常用的文本编辑排版功能外，在 Word 中还有一些特殊的使用技巧，使用这些技巧可以极大地提高文本编辑效率，使文本编辑工作事半功倍。

1. 输入特殊符号和难检字

（1）特殊符号的输入

有一些特殊符号，如省略号……、二〇〇〇中的"〇"，类似这样特殊符号的输入，可按以下方法进行输入：

1）确定插入点。单击文档中需要插入特殊符号的位置，确定符号插入点。

2）打开【插入特殊符号】对话框。单击【插入】|【特殊符号】命令，打开【插入特殊符号】对话框，如图 1-1-1 所示，选择【标点符号】选项卡，选择所要的符号，单击【确定】按钮，即可插入符号。

（2）难检字的输入

1）确定插入点。单击文档中需要插入特殊符号的位置，确定符号插入点。

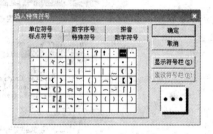

图 1-1-1　插入特殊符号对话框

2）打开插入符号对话框。单击【插入】|【符号】按钮，打开【符号】对话框，如图 1-1-2 所示，选择【符号】选项卡，选中字体中的【标准字体】，子集中的【CJK 统一汉字】，拖动上下滚动条，找到所要的字，单击【插入】按钮。

（3）设置符号的快捷键

如果经常插入某个符号，可以设置符号的快捷键。方法是选中符号，单击【快捷键】按钮，打开【自定义键盘】对话框，如图 1-1-3 所示，按下快捷键，单击【指定】按钮，关闭【自定义键盘】对话框，按快捷键就可以输入该符号。

2. 在 Word 文稿中插入数学公式

使用 Word 中的"公式编辑器"可以实现数学公式的编辑，具体步骤如下：

1）打开公式编辑器。光标置于插入公式的位置，选择【插入】菜单中的【对象】命令，打开【对象】对话框，对象设置面板如图 1-1-4 所示，选择【新建】选项卡，从【对象类型】框中找到名为 Microsoft 公式 3.0 的选项，单击对象名称，然后单击【确定】按钮。

图 1-1-2　符号设置面板

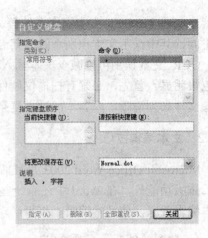

图 1-1-3　自定义键盘设置对话框

2）编辑公式。在公式编辑状态，可以看到在文档中插入点位置出现了公式编辑区，同时还弹出一个浮动的【公式】工具栏，公式编辑如图 1-1-5 所示。

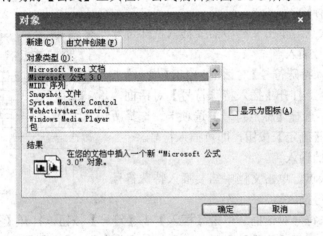

图 1-1-4　对象设置面板

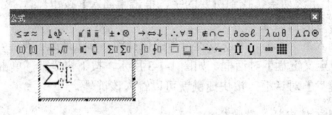

图 1-1-5　公式编辑面板

在【公式】工具栏的上面一行中提供了 150 多个数学符号，在下面一行中，则提供了包括分式根、积分和求和、矩阵等众多的公式样板或框架，供用户选择。通过这些公式样板和符号，用户可以快速从【公式】工具栏上选择公式符号，然后在编辑栏中输入公式变量和数字，从而构造公式。

当公式编辑完成后，单击 Word 文档可退出【公式】编辑状态返回到 Word 文档中。

3. 改变编号或项目符号

当给一个段落添加编号后，后面的段落就接着前面段落的编号，这是由于段落标记带有该段的排版信息。如果改变编号或项目编号，可选择【格式】菜单中的【项目符号和编号】选项，打开【项目符号和编号】对话框，设置项目符号和编号如图 1-1-6 所示。

1）如果编号沿用前段格式，重新编号时选择对话框中的【重新开始编号】选项，确定即可。

2）如果不沿用前段格式，可以单击【自定义】按钮，在【自定义编号列表】对话框中选择编号格式、编号样式、编号位置，自定义编号列表对话框如图 1-1-7 所示。

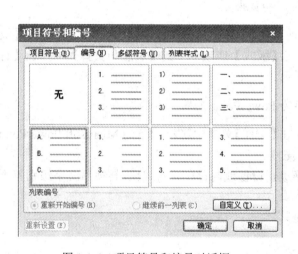

图 1-1-6 项目符号和编号对话框

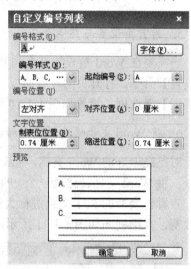

图 1-1-7 自定义编号列表对话框

4. 使封面、目录和正文有不同的页码格式

"节"是文档格式化的最大单位，"分节符"是一个"节"的结束符号。默认方式下，Word 将整个文档视为一个"节"，故对文档的页面设置是应用于整篇文档的。若需要在一页之内或多页之间采用不同的片面布局，只需要插入"分节符"将文档分成几个"节"，然后根据需要设置每"节"的格式即可。因此，无论是页码还是其他格式都可以利用"节"来分开设置，下面以设置页码格式为例说明：

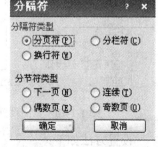

图 1-1-8 分隔符窗口

1）插入"分节符"。选中在封面与目录之间，然后单击【插入】菜单下的【分隔符】选项，分隔符窗口如图 1-1-8 所示，在【分隔符】对话框中的【分隔符类型】选项中，选择【下一项】选项，单击【确定】按钮，这样在封面和目录

之间插入一个"分节符",同样在目录和正文间插入"分节符"。

2)设置"页眉页脚"。单击【视图】菜单下的【页眉和页脚】命令,打开【页眉和页脚】对话框,页眉和页脚窗口如图1-1-9所示,输入该节页眉中的文字,之后单击【显示下一项】按钮,显示下一节的页眉页脚,去除【同前】功能,输入这节的页眉内容。这样不同的节就有不同的页眉,页脚也是如此,单击【在页眉和页脚间切换】工具,进行页脚设置。

图1-1-9 页眉和页脚窗口

5. 为首页设置与其他页不同的页眉和页脚

当需要在Word里设置首页与其他页使用不同的页眉时,可以选择【文件】|【页面设置】命令,打开页面设置面板。在【版式】选项卡中的【页眉和页脚】中勾选【首页不同】复选框,设置如图1-1-10所示。

6. 将Word文稿快速简便地转换为PowerPoint文稿

对已经做好的Word文档,可以单击【文件】菜单中【发送】下的Microsoft PowerPoint命令,将Word文档转化成一个PPT文稿。

查看转换后的PPT文稿进行大纲级别设置或内置样式格式化,转换后文字级别就不会改变,大纲视图如图1-1-11所示。

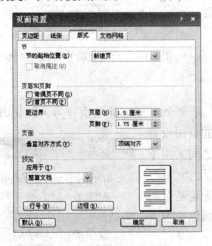

图1-1-10 页面设置面板

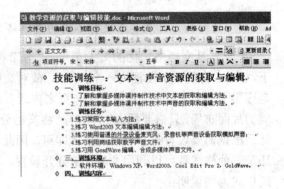

图1-1-11 大纲视图

设置方法如下:

1)大纲级别设置。鼠标指针置于所选的段落中,单击【格式】菜单下的【段落】命令,在打开的【段落】对话框中的【大纲级别】下拉表中选择级别,确定即可,各段落照此设置。大纲级别设置如图 1-1-12 所示。

2）内置样式格式化。鼠标置于所选的段落中，选择格式工具栏中的【正文】下的内置标题，或按 Ctrl+Alt+1 键设置【标题 1】，按 Ctrl+Alt+2 组合键设置【标题 2】，依次设置即可。

图 1-1-12　大纲级别设置

7. 在 Word 中为每一个分栏添加页码的方法

页码是以【域】的形式呈现的，默认情况下，页码的域是【PAGE】,如果分栏，则要修改这个【域】，操作如下：

1）插入页码。单击【插入】菜单下的【页码】命令，页码设置面板如图 1-1-13 所示，在左分栏左下角位置插入页码，选中该页码，右击，在快捷菜单中选择【切换代码域】命令，此时页码变为【PAGE】显示。

图 1-1-13　页码设置面板

2）修改【域】。输入"第{={PAGE}*2-1}页"，在右栏对应的位置输入"第{={PAGE}*2}页"。输入时先输"第页"，再将光标插在两者中间，连续按 Crtl+F9 键，输入大括号"{}"，然后在大括号"{}"内外输入其他字符，完成后分别选中"第{={PAGE}*2-1}"和"第{={PAGE}*2}"，右击选择快捷菜单中的【更新域】命令，即可显示每页左右两栏的正确页码。

3）同理，如果文档分为三栏，并要在每栏下显示页码，可以将"第页"之间的域代码修改为"{={PAGE}*3-2}"、"{={PAGE}*32-1}"和"{={PAGE}*3}"，再按上面介绍的方法修改即可。

1.1.3　声音素材的获取

1. 高级音量设置

双击计算机桌面右下角【任务栏】上的小喇叭图标，打开【音量控制】对话框。音量控制面板如图 1-1-14 所示。

选择【选项】|【属性】命令，弹出【属性】对话框。声音输出控制面板如图 1-1-15 所示。

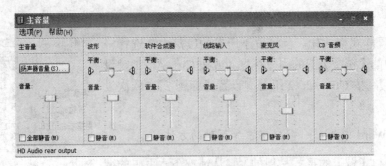

图 1-1-14 音量控制面板

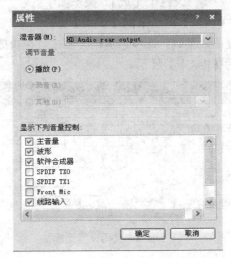

图 1-1-15 声音输出控制面板

选择【调节音量】选项区域中的【录音】按钮，然后在【显示下列音量控制】列表框中勾选【麦克风】复选框。声音输入控制面板如图 1-1-16 所示。

单击【确定】按钮，在弹出的【录音控制】设置窗口中选择【麦克风】选项中的【选择】复选框，然后适当调整音量大小。录音控制面板如图 1-1-17 所示。

声音设置全部完成，关闭所有窗口。

图 1-1-16 声音输入控制面板

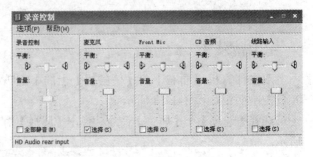

图 1-1-17 录音控制面板

2.　利用 GoldWave 软件录制声音文件

运行 GoldWave 软件。GoldWave 主界面如图 1-1-18 所示。

单击工具栏上的【新建】按钮，打开【新建声音】对话框。设置声音的【声道】为【单声】，【采样速率】为 22050Hz，【初始化长度】为 1 分钟。图 1-1-19 所示为新建声音设置面板。

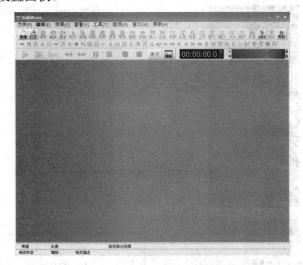

　　　图 1-1-18　GoldWave 主界面　　　　　　　图 1-1-19　新建声音设置面板

单击【确定】按钮，弹出新建的空白声音文档。空白声音文档如图 1-1-20 所示。

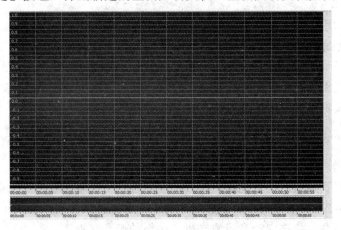

图 1-1-20　空白声音文档

选择【工具】|【控制器】命令，弹出【控制器】窗口，此窗口可以控制声音文件的录制。控制器面板如图 1-1-21 所示。

按住 Ctrl 键的同时，单击【录音】按钮，开始录制声音，声音录制完毕后，单击【停止】按钮，得到录制声音的波形文件。声音波形如图 1-1-22 所示。

单击【播放】按钮，在 GoldWave 中可以预览录制好的声音文件。记下符合要求的声音段时间标记，接着单击选取声音的开始位置，然后再右击选取声音的终止位置，选取的声音段在窗口中高亮度显示。选中波形如图 1-1-23 所示。

选择【编辑】|【复制】命令，接着再选择【编辑】|【粘贴新建】命令，将选取声音段复制到一个新的声音文件中。

图 1-1-21　控制器面板

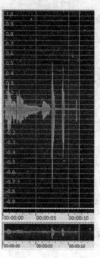

图 1-1-22　声音波形

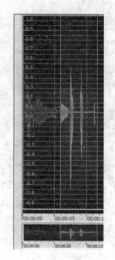

图 1-1-23　选中波形

1.1.4　声音素材的编辑

目前较为常用的声音编辑软件有 Goldwave、CoolEdit（已升级为 Adobe Audition）和会声会影。Goldwave 由于软件小、功能较强，兼容音频格式较多，简单易用，受到很多人的喜爱。而 CoolEdit 是专业的声音编辑软件，可以完成非常专业的音频特效的制作，功能非常强大，但使用起来较复杂。会声会影主要以视频编辑为主，也具有音频编辑功能。可以根据声音编辑的复杂情况来决定使用哪种声音编辑软件。

1. Goldwave 的应用

（1）减少噪声

如果预听声音效果后，感觉噪声太大，可以通过一些命令来减少噪声。把录制好的声音打开在 GoldWave 的窗口中，选择【编辑】|【复制】命令，再选择【编辑】|【粘贴为新文件】命令，将选取声音段复制到一个新的声音文件中。

选择【效果】|【滤波器】|【降噪】命令，在弹出的【降噪】窗口进行参数设置。如图 1-1-24 所示降噪设置面板。

单击【确定】按钮，等待进行处理。完成以后，再听一下声音就会发现声音的噪声减少了。

选择【文件】|【保存】命令，弹出【另存为】对话框，在【文件名】下拉列表框

中输入【声音】,将录制好的声音文件保存为 **Wave** 格式文件。"另存为"对话框如图 **1-1-25**
所示。

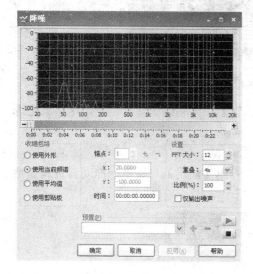

图 1-1-24　降噪设置面板　　　　　　　图 1-1-25　"保存声音为"对话框

（2）剪裁课件声音素材

运行 GoldWave 软件,选择【文件】|【打开】命令,在弹出的【打开】对话框中,
查找到"断弦"音乐素材文件,单击【打开】按钮,文件就打开了,如图 1-1-26 所示。

在工具栏上单击【播放】按钮,音乐开始播放,在试听过程中选择一段合适的音乐,
记下这段音乐的时间段,时间提示标记在打开的音乐窗口最下端。

单击选择音乐段的起始位置,再右击音乐段的终止位置,在弹出的快捷菜单中选择
【设置结束标记】命令,音乐段将在音乐窗口中高亮显示,如图 1-1-27 所示。

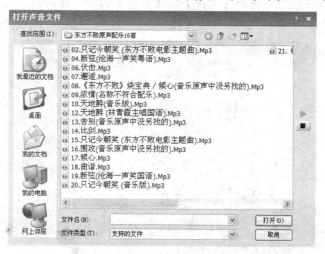

图 1-1-26　打开声音文件

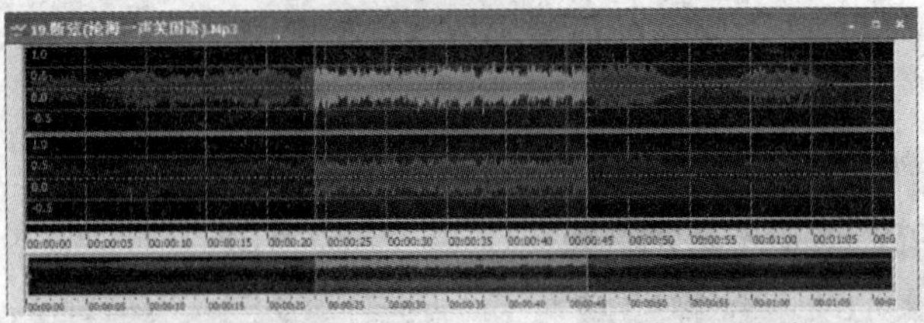

图 1-1-27 选取音乐段

选择【编辑】|【复制】命令，再选择【编辑】|【粘贴新建】命令，这样就把选择的音乐段复制到了一个新建的声音文档中了。

（3）编辑声音效果

选择【效果】|【音量】|【淡出】命令，弹出【淡出】对话框，拖动音量调整滑块对音量参数进行设置，如图 1-1-28 所示。

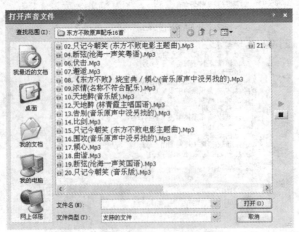

图 1-1-28 淡出面板

播放音乐，就能听出音乐快结束时的淡出效果。选择【文件】|【保存】命令，把剪裁并编辑过的音乐片段保存为 Wave 格式的声音文件。

（4）调整声音的大小

运行 GoldWave 软件，选择【文件】|【打开】命令，在弹出的【打开声音文件】对话框中，查找到音乐素材文件，单击【打开】按钮，文件就打开了，如图 1-1-29 所示。

图 1-1-29 打开声音文件

选择【效果】|【音量】|【改变音量】命令，弹出【更改音量】对话框，如图 1-1-30 所示。

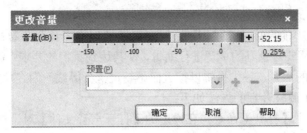

图 1-1-30 更改音量面板

在这个对话框中，将标尺往右拉可以增大音量，往左拉可以减小音量，也可以在预置后面的下拉列表中选择预置效果。

2. Cool Edit 2.0 软件应用简介

（1）认识 Cool Edit 2.0 软件的工作界面

Cool Edit Pro 2.0 的工作界面与其他应用型软件的工作界面非常相似，主要包括菜单栏、工具栏、波形显示区、缩放工具、状态栏等，如图 1-1-31 所示。

标题栏显示了软件名称和版本信息。

菜单栏包括文件、编辑、查看、插入、效果、选项和帮助共 7 组菜单，所有的操作命令都包涵在菜单中。

工具栏把常用的命令以图形的方式呈现在菜单栏的下面，使用这些工具的快捷方式，可以极大地提高工作效率。

图 1-1-31 Cool Edit Pro 2.0 的工作界面

波形显示区是工作界面的主体，它显示了声音文件的波形，是使用 Cool Edit 编辑声音的主要工作区。

（2）音量大小的调整

声音音量往往不能直接拿来使用，通过麦克风录制的声音存在着音量小、有杂音等各种问题。因此，需要对录好的声音进行编辑，使其达到我们的要求。在编辑处理声音的大小时，最终得到的声音，最大振幅以接近而不超过"分界线"为宜，如图 1-1-32 所示。

利用 Cool Edit 调整音量的方法如下：

选择【文件】|【打开】命令，在弹出的【打开声音文件】对话框中，查找到音乐素材文件，单击【打开】按钮，文件就打开了。打开音乐文件如图 1-1-33 所示。

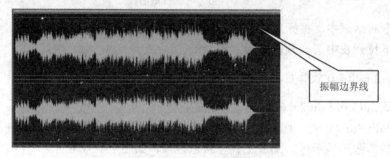

图 1-1-32　振幅边界线示意图

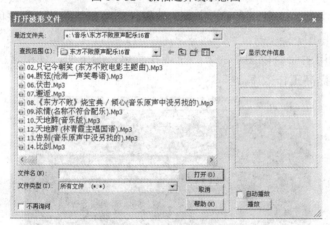

图 1-1-33　打开波形文件

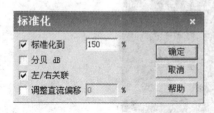

图 1-1-34　音量标准化对话框

选择【效果】|【波形/振幅】|【音量标准化】命令，弹出【标准化】对话框。如图 1-1-34 所示。在标准化到文本框内输入百分比数值，大于 100%音量增加，小于 100%音量减小。音量标准化对话框如图 1-1-34 所示。

（3）应用 Cool Edit 为声音降噪

选择缩放工具箱中的放大镜工具，放大波形，找出一段适合用来作噪声采样波形。如图 1-1-35 所示。

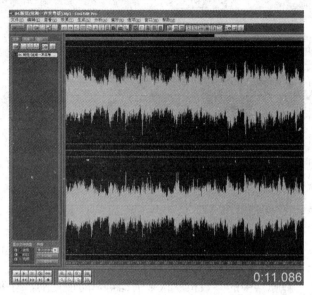

图 1-1-35　放大声音波形

按住鼠标左键拖动，选中作为采样点的波段，被选中的部分为高亮区显示。右击高亮区，在弹出的菜单中选择【复制为新的】命令。如图 1-1-36 所示。

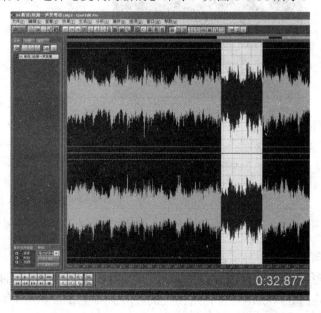

图 1-1-36　复制选中的波段

选择【效果】|【噪声消除】|【降噪器】命令，打开【降噪器】对话窗口，如图 1-1-37 所示。

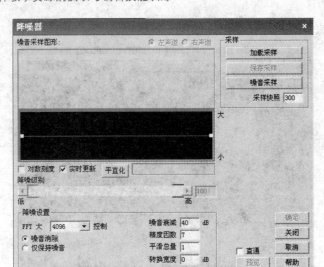

图 1-1-37 降噪器设置面板

单击噪声采样。降噪器中的参数按默认数值即可，随便更动，有可能会导致降噪后的声音产生较大失真，如图 1-1-38 所示。

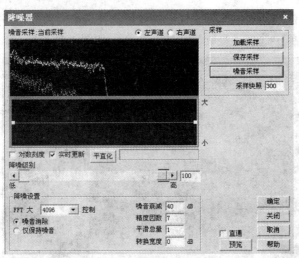

图 1-1-38 降噪器采样设置

保存采样结果后，关闭降噪器及这段波形。

回到处于波形编辑界面的声音文件，打开降噪器，加载之前保存的噪声采样进行降噪处理，单击确定按钮降噪前，可先点预览试听一下降噪后的效果（如失真太大，说明降噪采样不合适），需重新采样或调整参数。

（4）声音的复制、剪切和粘贴

用 Cool Edit 编辑声音，与文字处理软件中编辑文本相似，包括复制、剪切和粘贴等命令，在使用这些命令之前，都要先选中要编辑对象。这些命令对于音频是指在波形图中，选择某一片断或整个波形图。选择的方法是：在波形上按下鼠标左键向左或向右拖动，如果要选整个波形，双击，被选中的部分会以高亮的方式显示。

在选中的波形图上右击，就可以在菜单中选择复制、剪切和粘贴等命令。

除了正常的粘贴功能外，还可以将当前剪贴板中的声音与其他声音混合，方法如下：

在合适的位置上设置好插入点，单击【编辑】|【混合粘贴】命令，打开混合粘贴面板。在混合粘贴面板上选择需要的混合方式，如"插入"、"叠加"、"替换"或"调制"，并单击【确定】按钮。混合粘贴对话框如图 1-1-39 所示。

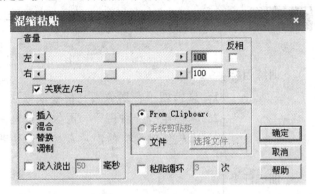

图 1-1-39　混合粘贴对话框

1.1.5　训练须知

1）文本输入作为计算机基础课程学习内容，不作为重点练习内容。

2）声音获取时尽量使用高质量的录音设备，并且录音时不要距离麦克风过近。

3）声音编辑时以 Cool Edit 为主要练习内容，GoldWave 作为辅助练习内容。

1.1.6　思考题

1）键盘输入、语音录入和手写输入三种方式哪种方式效率最高？为什么？

2）OCR 文本识别的主要原理是什么？

3）WORD 中如何实现图文混排？

4）在 Cool Edit 中，如何为音乐添加淡入/淡出效果？

技能训练 1.2　图像、图形资源的获取与编辑

学习目标

训练目标

1. 掌握图形、图像素材的获取方法。
2. 掌握至少一种图形、图像编辑软件，能用图像编辑软件对已有的图片素材进行处理。

训练任务

1. 运用扫描仪、数码照相机或屏幕抓取工具获取图像。
2. 运用 Photoshop 编辑处理图像。

训练环境

1. 硬件环境：多媒体计算机、扫描仪等。
2. 软件环境：Windows XP/2000/2003 操作系统，Photoshop CS3，HyperSnap6。

1.2.1　图像、图形资源的获取

图形、图像是多媒体技术运用、研究最广泛的媒体，也是动画技术与视频技术的基础。图形和图像在基本概念、数据描述、屏幕显示、适合场景、编辑处理等方面存在着很大的不同。

基本概念：图形是指由外部轮廓线条构成的矢量图。即由计算机绘制的直线、圆、矩形、曲线、图表等；而图像是由扫描仪、摄像机等输入设备捕捉实际的画面产生的数字图像，是由像素点阵构成的位图。

数据描述：图形是用一组指令集合来描述图形的内容，如描述构成该图的各种图元位置、维数、形状等，描述对象可任意缩放不会失真；而图像是用数字任意描述像素点、强度和颜色，描述信息文件存储量较大，所描述对象在缩放过程中会损失细节或产生锯齿。

屏幕显示：图形是使用专门软件将描述图形的指令转换成屏幕上的形状和颜色；而图像是将对象以一定的分辨率分辨以后将每个点的信息以数字化方式呈现，可直接快速在屏幕上显示。

适用场合：图形用来描述轮廓不很复杂，色彩不是很丰富的对象，如几何图形、工程图纸、AutoCAD、3D 造型软件等；而图像则表现含有大量细节（如明暗变化、场景复杂、轮廓色彩丰富）的对象，如照片、绘图等，通过图像软件可进行复杂图像的处理以得到更清晰的图像或产生特殊效果。

编辑处理：图形通常用 Draw 程序编辑，产生矢量图形，可对矢量图形及图元独立进行移动、缩放、旋转和扭曲等变换，主要参数是描述图元的位置、维数和形状的指令和参数；而图像用图像处理软件（Paint、Brush、Photoshop 等）对输入的图像进行编辑处理，主要是对位图文件及相应的调色板文件进行常规性的加工和编辑，但不能对某一部分控制变换。由于位图占用存储空间较大，一般要进行数据压缩。

基于上述的种种不同，它们的获取方式也存在很大的差别。图形的获取方式相对比较简单，一般多采用软件绘制的方式来获取图形文件，如工程中使用的 AutoCAD、平面使用的 Illustrator 等，也可以使用数字化仪器、光笔等绘制图形。

常见的图像的获取方式主要是采用采集设备获取，如扫描仪扫描、数码照相机、数码摄像机拍摄以及对计算机屏幕的抓取等方式，也可以在素材库、网络中查询、下载需要的内容（此时要注意并遵守有关作品的版权信息），如图 1-2-1 所示。本训练就扫描仪的使用、数码照相机的使用和抓屏软件 HyperSnap6 的使用进行重点训练。

图 1-2-1　图像的获取方式

1. 扫描仪的使用

1）将扫描仪与多媒体计算机正确连接，安装扫描仪的驱动程序。扫描仪与多媒体计算机的连接方式有并行接口连接、SCSI 接口连接、USB 接口连接三种方式，根据所用的扫描仪接口将扫描仪与计算机连接，开启扫描仪电源，启动计算机，系统会提示找到新设备，按相应提示安装驱动程序。同时，还需要安装扫描软件，常用的扫描软件有 Photoshop、图像处理软件。

2）打开扫描仪电源，启动多媒体计算机，打开扫描软件。

3）在扫描软件里设置扫描源，也就是设置使用的扫描仪。

4）将待扫描的素材放入扫描仪。

5）在扫描软件里执行扫描图像的命令，打开扫描工作窗口，进行预扫描，将待扫描的图像显示在预览框内。

6）用鼠标选择待扫描图像的区域，设置扫描分辨率、扫描图像类型等参数，执行扫描命令进行扫描。

7）编辑修改出现在扫描软件编辑区域的图像，执行保存命令，选择一种图像格式保存扫描的图像。

2. 数码照相机的使用

（1）数码照相机的使用步骤

1）对照数码照相机的使用说明书，了解数码照相机的基本结构以及各个键的功能，如图 1-2-2 所示。

图 1-2-2 照相机的外部机构

2）将存储卡插入数码照相机，打开电池盒，装入数码照相机用的锂电池或其他电池，并对数码照相机的电池电量和存储容量进行检查，选择数码照相机的工作状态。

① 图像的质量模式的选择是数码照相机的主要选择项，按需要可选择"好"、"更好"、"最好"、"未压缩"四种选择。

② 闪光方式的选择有自动闪光、强制闪光、减轻红眼闪光和关闭闪光等选择方式。

③ 白平衡选择，在通常情况下由数码照相机设定为自动模式，也可根据光线手动设置为日光、荧光灯、钨灯等模式。

④ 水印设置，包括日期的设定、文本、徽标三种。

⑤ 高级曝光模式设置有自动、长时间曝光、曝光锁定、外部闪光灯。

⑥ 高级对焦模式设置有多点自动对焦、单点自动对焦、手动对焦。

⑦ 照片类型设置有静物、连续快拍、间隔定时。

3）利用取景器或彩色液晶显示器，通过移动变焦按钮进行取景构图。通过移动变焦按钮，景物的变化情况：移向标注"T"端增加镜头焦距，可实现放大被摄对象，使其看上去更大；移向标注"W"端缩短镜头焦距，可实现缩小被摄对象，从而增加画面中其他的景物，实现广角功能。

① 幅面样式：在利用数码照相机拍摄时经常使用的幅面样式有横幅、竖幅、斜幅三种。横幅，即水平拍摄，横幅是小型相机用的最多的幅面样式。竖幅，表现景深的能力要更强些，能够表现更多的高旷和深远的效果。要更好地表现景深，就需要调节一个参数，即光圈的大小。光圈越小，景深越大；反之，光圈越大，景深越小。斜幅，对角线倾斜，如图 1-2-3 所示。被摄主体基本按对角线布局，对角线条是最具动感的一种。这种幅面样式表现动感最具特色，具有很强的生命力象征，但在一些需要平静的拍摄主题时就不是很适合。

② 构图：根据数码照相机的特点，"中心+重点"的构图方法是数码照相机拍摄中经常使用的方法。由于受其像素的限制，因此，需要表现什么就应着重对准主体拍摄，使被拍摄主体处于画面吸引力的中心，并尽可能地把拍摄主体拍得大一点，把其他无关的场景框移出画面之外。

图 1-2-3　斜幅方式

4）对焦距，按下快门按钮进行拍摄。许多数码照相机能自动聚焦，也有些照相机要半按快门进行自动测光完成聚焦。聚焦完成后，信号指示灯闪烁就可以拍摄，将快门完全按下即可。

数码照相机都自带一个闪光灯，这就保证了在光线不足下也可以正常拍摄。用闪光灯拍摄时，可能出现一个红眼问题，即拍摄出来的照片眼睛带有红色。有些照相机的闪光灯具有防红眼功能，但容易引起闭眼现象。所以，一般在拍摄时不考虑红眼问题，即不使用防红眼功能，而是在拍摄完照片后，利用图像处理软件进行去红眼处理。

5）观看照片，按数码照相机上的播放按钮可在显示屏上显示当前拍摄到的照片，向下或向右按多重选择器可按照记录顺序观看所拍摄的照片，向上或向左按多重选择器可按照记录相反的顺序观看所拍摄的照片，按住多重选择器，则可以快速滚动的显示照片，但照片的分辨率会降低，以低分辨率进行摘要显示。对于拍摄效果不满意的照片可以删除重拍，这是数码照相机的特点，也是保证拍摄成功的一个诀窍。再按一次"播放"按钮即可返回拍摄模式。

6）数码照片的输出。利用数据传输线将数码照相机的数据传输接口与多媒体计算机相连接，启动多媒体计算机，打开数码照相机的电源，启动照片下载软件，利用软件下载照片至计算机。常见的数据传输接口有 USB 接口，1394 接口，鼠标串行接口，使用 USB 接口或 1394 接口传输速度很快，使用鼠标串行接口可接入老式无 USB 接口的计算机，但速度非常慢。配合数码照相机的数据传输接口，各个品牌的厂商一般都会随机附赠各厂商自己的照片下载软件。

使用数码照相机数据接口把照片输入计算机操作比较麻烦，还需要学习各个厂家独一无二的下载软件（基本都是英文的）。另外，传输照片时照相机要开机，要耗电，一旦传输过程中，电力不够或突然断电，将会造成照片的丢失、存储卡损伤或损坏。经常的频繁插拔数据线也容易磨损数据线接头及照相机的数据接口。

一般来讲，用读卡器可以基本解决上述问题。现在的读卡器大多数是兼容 SM 卡、CF 卡及 IBM 微型硬盘等多种形式的，而且绝大部分的接口也是 USB 接口，传输速度也足够快，支持热插拔，也无需任何外接电源，完全可以把它当做一个大容量的 U 盘来使用，可以将卡上的照片，直接复制到计算机硬盘上的指定位置或文件夹中。

（2）数码照相机的使用技巧

1）拍摄前注意设定好照相机的参数。大多数数码照相机都在设置菜单中提供多种参数设定值。包括图像分辨率、聚焦方式、光圈、快门等项目，其中最常用的是图像分辨率。许多照相机都提供了多种分辨率选择，例如 Agfa1280 有 5 种设置，分别是1280×960pi、1024×768pi 和 640×480pi。尽可能高清晰度是拍摄数码照片时重点要考虑的，所以，尽量使用最高分辨率进行拍摄，以便后期的处理工作。多数相机都有一个默认的设置，如果有一段时间未使用照相机，例如 30 分钟以后，重新开机时，默认设置会自动生效。因此，每次拍摄之前，特别是更换电池之后，必须重新检查一次照相机的设置菜单，确认分辨率、光圈等的设置，否则，极有可能拍出的照片达不到预期的效果。

2）正确运用光照条件。大多数数码照相机只能在完美的光照条件下才能拍照。在拍照之前，一要找到尽可能好的光照条件。数码照相机是完全依赖于光线的。在数码照相机拍照范围内的光照太强的话，就会产生带状效果，没有大量细致的调整工作是很难改正的。另一方面，由于 CCD 有一定的感光阈值，如果光线较暗，达不到要求的起码照度，数字照片就会受到严重损坏。即使是光照稍小一些，也能明显地减少照片的清晰度。由于受到闪光灯的有效距离限制，即使使用了闪光灯，对于数码照相机来说，阴影地带或傍晚时的光照条件仍可能光照不足。

对于低档数码照相机来说，自然光确实是最好的。利用台灯和相机灯也可以，但是需要控制灯光，使其成为直射光，因为光线和照相机的低分辨率会抵消获得优秀而连续色调的努力。为了最大限度地利用日光而不必到户外去拍照，可以摆好一张桌子，上面放上一个由白色招贴板做成的背景，并将其放在窗口旁，以便在一天中尽量多地接受日光照射。目前，完全或部分云遮的日光对于数码照相机来说是最好的光源。

3）慎用闪光灯。许多数码照相机有内置的闪光灯。通常有四挡设置，即闪光、不闪光、防红眼闪光和自动闪光，最后一挡是由照相机来确定是否需要额外的光线。在许多情况下，闪光灯可能会破坏一幅完美的照片或者会制造出以后难以清除的错误。

对于傻瓜数码照相机来说，大多数自动闪光都是在多云天气下发生的。将闪光灯关闭，然后增加曝光量，可以得到更好的效果。闪光灯不像曝光量那么好控制，闪光灯射出的光线容易被附近的物体反射回来，在照片上形成不均匀的耀斑。因此，当在多云的天气或是黄昏日落时拍照（或是其他不理想的照明条件时），请尽量关闭闪光灯。闪光灯射出的红外线会影响图像，因为图像是由 CCD 芯片进行处理的。例如，红色区域可能记录下来时变成了发绿的。在室内拍摄时，应该提供足够的照明，以便得到不用闪光灯的照片，或是看看没有闪光灯的照片是否满意。为了看出差别，可拍摄同一对象的两张照片，一张使用闪光灯，而另一张不用。可能不用闪光灯更好。从中可以学到不用闪光灯拍照的技巧，不过这时需要有其他光源进行补光。

4）把拍好的照片下载到计算机硬盘上进行观察取舍并保存。数码照相机上一般都有液晶显示屏（LCD），这是一种特别有用的功能，但是，并不能完全依赖它。大多数 LCD 显示屏是背光式的，在它上面显示的照片可能比在计算机上显示的照片看起来要好得多，特别是在色彩饱和以及明亮的区域。LCD 最好只用于图像的定位，比如翻阅查看图像或是为图像建立索引，总之只适合于简单的查看。值得提醒的是，LCD 显示屏上的图像效果并不能代表最后产生的照片。略图并不总能反映生成照片的真实情况。而且，在略图情况下看起来不太好的照片很可能有某一部分是有趣的或是有用的。在删除照片之前，请将图像从相机中全部下载到硬盘上，并从硬盘上观察，然后再决定删除哪些照片。在做出任何修改之前下载并保存原始图像，可以保存一组原件，再取出复制件进行修饰和创意制作。

3. 抓图软件 HyperSnap6 的使用

HyperSnap6 是一款强大的屏幕捕捉软件，不仅能捕捉 Windows 系统下屏幕显示的内容，也能捕捉 DOS 系统下屏幕显示的内容；可以在全屏、活动窗口、区域、滚动窗口等多种方式下进行图像和文字捕捉，还可以进行视频和网页捕捉。并具备图像的简单编辑功能，存盘支持的图形格式多达 26 种，可以方便管理图像，批量图像格式转换，浏览缩略图等诸多功能。

HyperSnap6 是一款共享软件，网络提供下载的地方很多。解压下载后的文件，无需安装即可使用。HyperSnap6 启动界面如图 1-2-4 所示。

图 1-2-4　HyperSnap6 启动界面

1）在利用 HyperSnap6 进行抓图之前，首先要进行捕捉设置，包括捕捉、区域、按钮、文字捕捉、裁剪和比例缩放。查看和编辑、复制和打印、快速保存等相关参数的设置和调整，如图 1-2-5 所示。

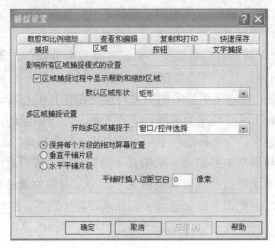

图 1-2-5　捕捉设置

2）捕捉设置完成后，即可进行相应的捕捉，捕捉的内容可以是图片、视频或是游戏、文字等，如图 1-2-6 所示。捕捉的区域可以是整个屏幕、虚拟桌面、窗口、动态窗口、卷动窗口、鼠标拖拽区域、固定区域、多区域等，如图 1-2-7 所示。

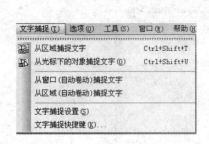

图 1-2-6　文字捕捉　　　　　　　图 1-2-7　捕捉菜单

3）捕捉完成后，可以对捕捉对象进行选择区域、复制、粘贴、描绘等简单的编辑处理，处理工具箱如图 1-2-8 所示。处理完成后按所需要格式保存到指定位置，以便后续使用。

1.2.2 图像编辑

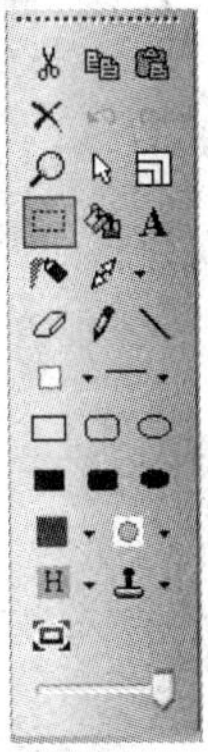

Photoshop是比较实用的图像处理软件。Photoshop的功能强大，应用广泛，无论是在平面设计、网页设计、影像制作、CG 还是动画领域都发挥着不可替代的重要作用。Photoshop 具有优秀的绘画功能、专业的色彩调整功能、适用的修图功能、神奇的图像合成功能、精美的图层样式、丰富的滤镜效果、强大的矢量绘图功能以及灵活的文字功能。

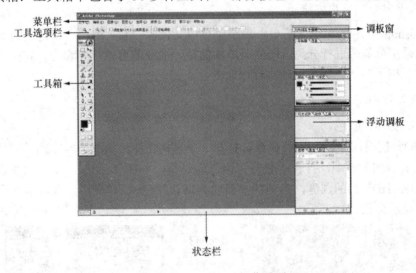

图 1-2-8　编辑工具箱

1. Photoshop 的操作界面

Photoshop 的操作界面由图像窗口、菜单栏、工具箱、工具选项栏、浮动调板和状态栏等部分组成，如图 1-2-9 所示。

菜单栏：菜单栏中包含可执行的命令，这些命令式按照功能划分的。例如，"文件"菜单中包含文件设置的命令、"滤镜"菜单中包含各种滤镜命令等。

工具箱：工具箱中包含了 50 多种工具和一部分按钮，它们用来创建和编辑图像。

图 1-2-9　Photoshop 操作界面

工具选项栏：工具选项栏用来设置工具的属性，它会随着当前所选工具的不同而变化内容。还有一些内容可适用于多个工具，例如魔棒工具的选取运算按钮就与选框工具的按钮作用相同。

浮动调板：浮动调板与工具以及菜单命令密切相关，它们有的用来设置工具参数，有的用来选择颜色或编辑图像。

状态栏：用于显示文档的大小、文档的尺寸、工作时间以及当前使用的工具等信息。

2. 工具的使用方法

Photoshop 工具箱中的工具与按钮按照使用功能可分为五大类，分别是选取与移动工具、绘图与修饰工具、矢量工具、其他工具和控制按钮，如图 1-2-10 所示。

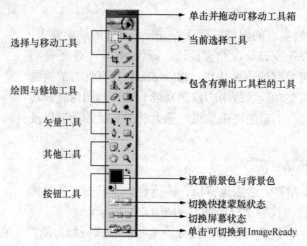

图 1-2-10 工具的使用方法

3. 菜单命令的使用方法

Photoshop 中共有 9 个主菜单，每个菜单内又包含一系列的命令，这些命令按照不同的功能采用分隔线进行分隔。选择菜单中的某一命令即可执行该命令，有些命令还附有快捷键，按下其快捷键可迅速执行该命令。

4. 具体案例

（1）改变图片颜色

1）执行【文件】|【打开】命令，打开一个素材文件，如图 1-2-11 所示。执行【选择】|【色彩范围】命令，打开"色彩范围"对话框，如图 1-2-12 所示。系统会根据前景色的颜色创建最初的选区，当前的前景色为默认颜色（即黑色），则对话框中的预览区内全部显示黑色。

图 1-2-11 素材

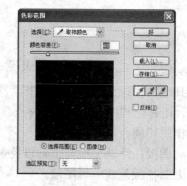

图 1-2-12 色彩范围 1

2）将鼠标指针移至草帽、泳衣、和气垫上单击，拾取颜色，如图 1-2-13 所示，此时选择的颜色范围如图 1-2-14 所示。

图 1-2-13　拾取颜色　　　　　　　　　　图 1-2-14　色彩范围 2

3）向右拖动"颜色容差"滑块，增加选区的范围（白色为选择的区域），如图 1-2-15 所示。单击对话框中的添加到取样按钮 ，使用该工具在预览区上单击添加选取的范围，将人物的泳衣、草帽和气垫全部选取，如图 1-2-16 所示。

图 1-2-15　颜色容差 1　　　　　　　　　　图 1-2-16　拾取颜色 1

4）从【色彩范围】对话框中可以看到，此时人物的身体部分有白色和灰色区域，说明这部分区域也被选取了。向左拖动"颜色容差"滑块，降低颜色容差的范围，如图 1-2-17 所示。人物身体部分显示为黑色，说明已经被排除到选区之外了。使用添加到取样工具 在人物的泳衣、草帽和气垫上出现灰色部分单击，将这部分区域添加到选区中，如图 1-2-18 所示。

图 1-2-17　颜色容差 1　　　　　　　　　　图 1-2-18　拾取颜色 2

5）单击"好"按钮，关闭对话框，得到的选区如图 1-2-19 所示。

图 1-2-19 选区示意图

6）执行【图像】|【调整】|【色相/饱和度】命令，在打开的对话框中选中"着色"复选框，设置参数如图 1-2-20 所示，单击"好"按钮，关闭对话框。按 Ctrl+D 快捷键，取消选择，图像效果如图 1-2-21 所示。

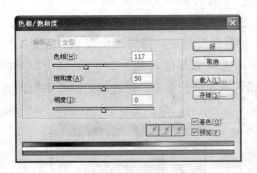

图 1-2-20 色相/饱和度调整

图 1-2-21 最终效果图

（2）专业的黑白图像制作方法——【色相/饱和度】命令和通道命令制作黑白图像

1）用"色相/饱和度"命令制作黑白图像步骤如下：

① 打开一个素材文件，如图 1-2-22 所示。

② 创建一个"色相/饱和度"调整图层，打开"色相/饱和度"对话框，如图 1-2-23 所示，将"饱和度"滑块拖动到最左侧，如图 1-2-24 所示。效果图如图 1-2-25 所示。

图 1-2-22　素材

图 1-2-23　调整图层"色相/饱和度"

图 1-2-24　"色相/饱和度"参数设置

图 1-2-25　调整"色相/饱和度"效果图

③ 现在的效果图与执行【去色】命令得到的黑白效果图相同，为了得到更好的效果，还需要对不同颜色的明度进行调整。这幅图像中主要的对象为上面的山石，它的颜色为黄色，如果增加黄色的明度便可以使山石显示更多的细节，在"编辑"下拉列表中

选择"黄色",设置参数如图 1-2-26 所示。在"编辑"下拉列表中选择"蓝色",降低蓝色的明度使河水的颜色变暗,从而增强图像的层次感,如图 1-2-27 所示。

图 1-2-26　"色相/饱和度"参数设置

图 1-2-27　"色相/饱和度"参数设置

④ 单击"好"按钮,关闭对话框,图像的效果如图 1-2-28 所示。图 1-2-29 所示为执行【图像】|【调整】|【去色】命令创建的黑白效果,设置方法如图 1-2-30 所示。从两个图像的对比中不难看出,用【色相/饱和度】命令创建的黑白图像对比度更强,图像的效果也更加清晰。

图 1-2-28　"色相/饱和度"效果图

图 1-2-29　去色效果图

2)用通道制作黑白照片步骤如下:

① 打开一个素材文件,如图 1-2-31 所示。

图 1-2-30　去色调整

图 1-2-31　素材

② 执行【图像】|【模式】|【Lab】命令，将图像转化为 Lab 模式，此时图像的颜色没有变化，但通道的内容不同了。打开"通道"调板，单击"明度"通道，如图 1-2-32 所示、图像会显示为明度通道的效果，如图 1-2-33 所示。

图 1-2-32　通道调板　　　　　　　　　　图 1-2-33　通道效果图

③ 按 Ctrl+A 组合键全选，按 Ctrl+C 组合键复制通道中的图像。在"图层"调板中新建一个图层，如图 1-2-34 所示。按 Ctrl+V 快捷键将复制的图像粘贴到新建图层中，如图 1-2-35 所示，此时便得到一个黑白图像。

图 1-2-34　新建图层　　　　　图 1-2-35　复制黑白图层　　　　图 1-2-36　图层参数设置

④ 拖动"图层 1"至创建新图层按钮上，复制该图层，将复制后的图层的混合模式设置为"正片叠底"，不透明度设置为"15%"，如图 1-2-36 所示。图像的效果图如图 1-2-37 所示。图 1-2-38 所示为直接使用"去色"命令创建的黑白效果，对比两图可以看出，使用"去色"命令创建的黑白图像的画面效果过于灰暗，而使用通道创建的图像则更加清晰。

（3）制作套柱子字——文字的编辑与应用

1）新建一个文件，设置文件大小宽度为 10cm，高度为 7cm，模式为 RGB 颜色，分辨率为 150 像素/英寸。单击"好"按钮，创建一个新的图像文件。

2）设置前景色为蓝色（R：90，G：6，B：205），按 Alt+Delete 键填充"背景"层为蓝色。

图 1-2-37 通道效果图

图 1-2-38 去色效果图

3）新建"图层 1"层，设置前景色为淡蓝色，单击工具箱中的"圆角矩形工具"按钮，在图像中绘制圆角矩形，如图 1-2-39 所示。

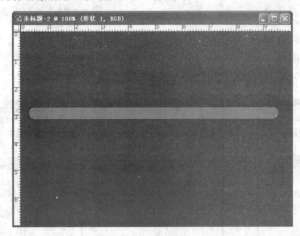

图 1-2-39 绘制圆角矩形

4）在样式面板中，选择图 1-2-40 所示的样式，则图像效果如图 1-2-41 所示。

5）单击工具箱中的"文字工具"按钮，在属性栏中设置其参数，如图 1-2-42 所示。

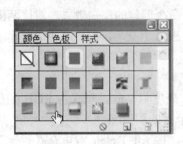

图 1-2-40 "样式"面板设置

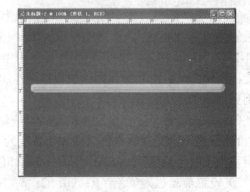

图 1-2-41 应用样式效果

图 1-2-42　"文字工具"属性栏

6）在图像中输入文字，如图 1-2-43 所示。

7）在图层面板中，右击文字层，在弹出的快捷菜单中选择【栅格化图层】命令，如图 1-2-44 所示，转换文字层为普通层。

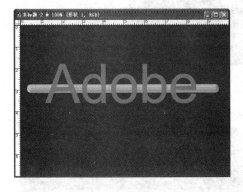 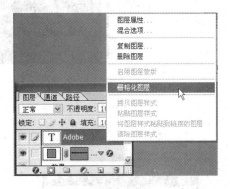

图 1-2-43　输入文字　　　　　　　　　图 1-2-44　格式化图层

8）选择工具箱中的"矩形选择工具"按钮，在第一个字母和最后一个字母上分别绘制选区，并用工具箱中的【移动工具】按钮，将字母移到适当位置，按下 Ctrl+D 键取消选区，如图 1-2-45 所示。

9）选择工具箱中的【矩形选择工具】按钮，在图像中绘制要隐藏部位的选择区域，如图 1-2-46 所示。

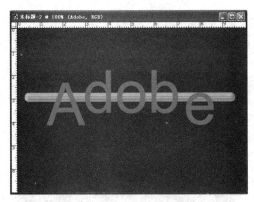 

图 1-2-45　通过矩形选区移动图像　　　　　图 1-2-46　绘制选区

10）按 Delete 键删除选区内的图像，按 Ctrl+D 键取消选区，如图 1-2-47 所示。

11）在图层面板中，使文字层成为当前层，在样式面板中，选择图 1-2-48 所示的样式，图像的最终效果如图 1-2-49 所示。

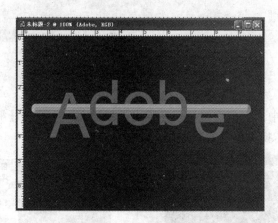

图 1-2-47 删除选区内的图像

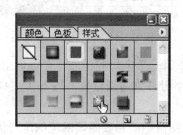

图 1-2-48 "样式"面板

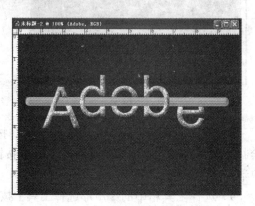

图 1-2-49 套柱子字最终效果图

（4）神奇的放大镜——用剪贴蒙版合成图像

1）打开两个素材文件，如图 1-2-50 和图 1-2-51 所示。

图 1-2-50 素材 1

图 1-2-51 素材 2

2）使用移动工具  按 Shift 键将绿色人物拖动到蓝色人物文件中，在"图层"调板中自动生成"图层 1"，如图 1-2-52 所示（在向某一文件中拖动复制图像时，按 Shift 键可以保证拖动后的图像位于该文件的中心）。

3）打开素材 3 文件，如图 1-2-53 所示。选择魔棒工具 ，将鼠标指针移至放大镜的镜片处，单击创建选区，如图 1-2-54 所示。

4）新建一个图层，按 Ctrl+Delete 组合键在选区内填充背景色（白色），按 Ctrl+D 组合键取消选择，如图 1-2-55 和图 1-2-56 所示。

图 1-2-52 图层界面

图 1-2-53 素材 3

图 1-2-54 创建选区

图 1-2-55 填充白色的放大镜

图 1-2-56 图层面板效果图

5）按住 Ctrl 键，单击"图层 0"和"图层 1"，将它们选中，使用移动工具将其拖动到人物文件中，如图 1-2-57 所示。单击链接图层按钮，将两个图层链接在一起，如图 1-2-58 所示。

图 1-2-57　移动放大镜到人物文件　　　　　图 1-2-58　链接两图层

6）选择"图层 3"，将它拖动到"图层 1"的下面，如图 1-2-59 所示。文件效果如图 1-2-60 所示。

图 1-2-59　移动图层　　　　　　　　　图 1-2-60　移动图层效果图

7）按住 Alt 键，将鼠标指针移至"图层"调板中分隔"图层 3"和"图层 1"的线上，单击鼠标创建剪贴蒙版，如图 1-2-61 所示，最终效果如 1-2-62 所示。

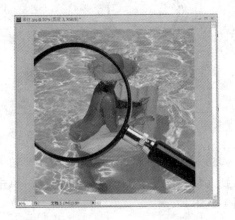

图 1-2-61　创建剪贴蒙版　　　　　　　　图 1-2-62　最终效果图

8）放大镜下面显示的是另外一个人物，使用移动工具移动"图层 3"，图层的内容也会随着放大镜的移动而变换，两个人物一起构成了一个有趣的画面，如图 1-2-63 和图 1-2-64 所示。

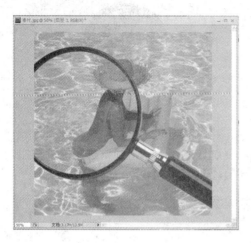

图 1-2-63　移动前效果图

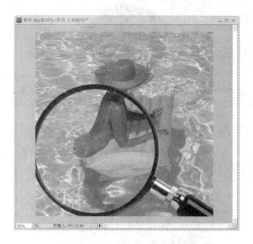

图 1-2-64　移动后效果图

（5）质感再现——图层样式的应用

1）按 Ctrl+N 组合键，打开"新建"对话框，设置文件大小为 800×600px，颜色模式为 RGB 颜色，新建一个文件。

2）新建一个图层，选择椭圆工具，绘制一个椭圆形，如图 1-2-65 所示。再新建一个图层，选择圆角矩形工具，将半径设置为 60px，绘制一个圆角矩形，如图 1-2-66 所示。

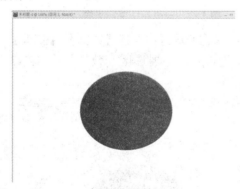

图 1-2-65　椭圆形图层

图 1-2-66　圆角矩形图层

3）按住 Ctrl 键，单击"图层 1"的缩览图，载入椭圆形的选区，按住 Shift+Ctrl+I 组合键反选，如图 1-2-67 所示。按 Delete 键，删除选区内的图像，按 Ctrl+D 组合键，取消选择，如图 1-2-68 所示。

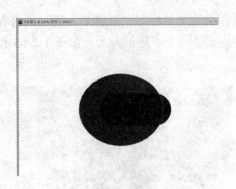

图 1-2-67　创建选区　　　　　　　　　　　图 1-2-68　删除选区内的图像

4）将"图层 1"拖动到新建图层按钮上，复制该图层。单击锁定透明像素按钮，锁定图层的透明区域，将图层填充为红色，如图 1-2-69 和图 1-2-70 所示。

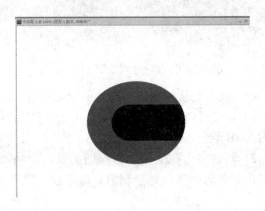

图 1-2-69　锁定图层透明像素　　　　　　　图 1-2-70　填充红色效果图

5）按 Ctrl 键，单击"图层 2"的缩览图，载入它的选区，执行【选择】|【修改】|【扩展】命令，如图 1-2-71 所示，设置扩展量为 4px，扩展选区，效果如图 1-2-72 所示。

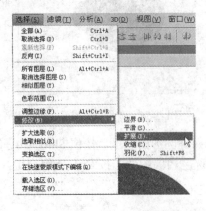

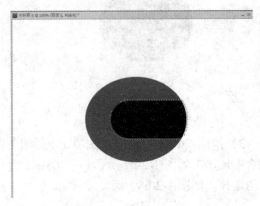

图 1-2-71　执行扩展命令　　　　　　　　　图 1-2-72　扩展效果图

6）按 Delete 键，删除选区内图像，如图 1-2-73 所示。

图 1-2-73　图层效果图

7）双击该图层，在打开的对话框中选择【斜面和浮雕】选项，设置参数如图 1-2-74 所示，选择【等高线】选项，在等高线面板中选择半圆形等高线，如图 1-2-75 所示。

8）选择【渐变叠加】选项，调整渐变颜色，如图 1-2-76 所示。选择【内阴影】选项，设置参数如图 1-2-77 所示。

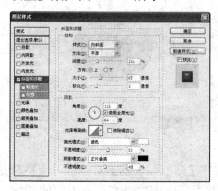

图 1-2-74　斜面和浮雕设置

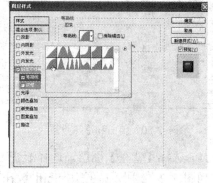

图 1-2-75　等高线设置

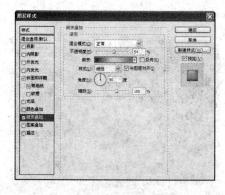

图 1-2-76　渐变叠加设置

图 1-2-77　内阴影设置

9）选择【外发光】和【内发光】选项，设置它们的参数如图 1-2-78 和图 1-2-79 所示。

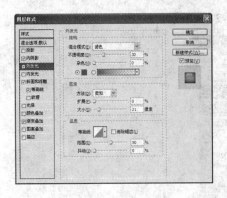

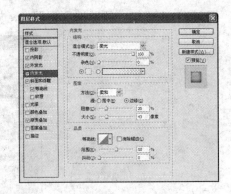

图 1-2-78　外发光设置　　　　　　　　　　图 1-2-79　内发光设置

10）双击【图层 2】，在打开的对话框中选择【斜面和浮雕】选项，设置其参数如图 1-2-80 所示，效果如图 1-2-81 所示。

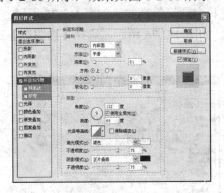

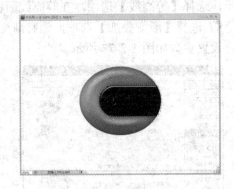

图 1-2-80　斜面和浮雕设置　　　　　　　　图 1-2-81　参数设置效果图

11）选择【背景】图层。选择渐变工具，打开【渐变编辑器】对话框，调整渐变颜色，如图 1-2-82 所示。按住 Shift 键在【背景】图层中创建一个垂直方向的渐变，如图 1-2-83 所示。

图 1-2-82　渐变编辑器设置　　　　　　　　图 1-2-83　渐变效果图

12）在【背景】图层上面新建一个图层，选择一个柔角画笔，将直径设置为 400px，不透明度为 15%，将前景色设置为红色，绘制出计算机在桌面上产生的反光，如图 1-2-84 所示。

13）新建一个图层，选择椭圆选框工具，在工具选项栏中设置羽化参数为 20px，创建一个选区并为其填充黑色，如图 1-2-85 所示。

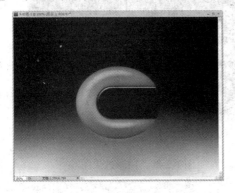

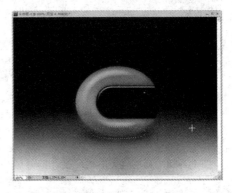

图 1-2-84　反光效果图　　　　　　　　图 1-2-85　阴影效果图

14）按 Ctrl+D 组合键，取消选择。设置该图层的混合模式为"叠加"，不透明度为 70%，如图 1-2-86 和图 1-2-87 所示。

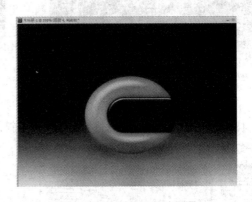

图 1-2-86　图层设置　　　　　　　　　图 1-2-87　图层设置效果图

15）新建一个图层。选择画笔工具，打开"画笔"调板，单击【画笔笔尖形状】选项，设置参数如图 1-2-88 所示。按 D 键，将前景色设置为黑色，在工具选项栏中设置画笔的不透明度为 70%，如图 1-2-89 所示。

16）复制"图层 2"并将其复制后的图像缩小。

17）单击锁定透明像素按钮，锁定图层的透明区域。用矩形选择框工具，创建一个选区，填充橙色，如图 1-2-90 所示。再创建两个选区，分别填充浅黄色和白色，如图 1-2-91 所示。

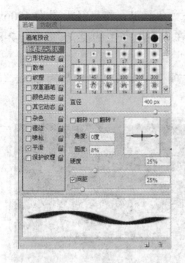

图 1-2-88 画笔笔尖形状设置

图 1-2-89 阴影效果图

图 1-2-90 创建黄色选区

图 1-2-91 创建选区效果图

18）双击该图层，打开对话框中选择【斜面和浮雕】和【内阴影】选项，分别设置其参数如图 1-2-92 和图 1-2-93 所示。

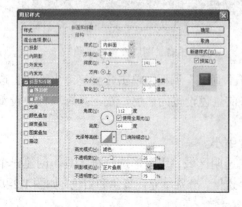

图 1-2-92 斜面和浮雕设置

图 1-2-93 内阴影设置

19）选择【内发光】选项，设置其参数如图 1-2-94 所示，效果图如图 1-2-95 所示。

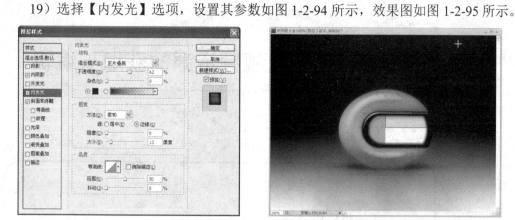

图 1-2-94 内发光设置

图 1-2-95 内发光效果图

20）选择自定形状工具，用不同的颜色绘制不同的图形，效果如图 1-2-96 所示。选择横排文字工具，输入文字，如图 1-2-97 所示。

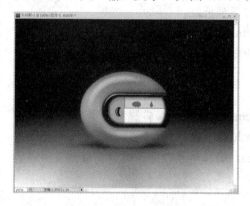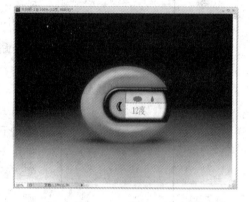

图 1-2-96 自定义形状效果图

图 1-2-97 文字效果图

1.2.3 训练须知

1）扫描仪使用过程需要注意的问题参见"训练一文本、声音资源的获取与编辑"。

2）建议购买正版图像编辑软件，并取得授权，对非正版软件不但有使用性能的限制，而且还会在形成的文件中自动添加"未授权"、"文本内容采用***获取"等水印效果，影响正常使用。

1.2.4 思考题

1）如何实现将特定的字体的文本信息在不同软件中的显示？

2）当对从数码照相机上下载的照片进行美化处理、打印输出时，需要注意哪些事项？

3）如何利用 HyperSnap 6 捕捉自身的软件界面？

4）在 Photoshop 中如何调用扫描仪、数码照相机等设备获取的图像？

技能训练 1.3　动画、视频资源的获取与编辑

学习目标

训练目标

1．了解动画制作的过程。
2．能够用动画软件制作简单的动画素材。
3．通过制作引导层与遮罩动画，让学生充分得认识到动画的奥秘所在。
4．理解 Premiere Pro CS 如何工作。
5．学会用 Premiere Pro CS 编辑视频。

训练任务

1．利用 Premiere Pro CS 编辑视频内容。
2．使用 Flash 创作课件制作过程需要的文字特效。
3．使用 Flash 编辑制作引导层动画、补间动画与遮罩动画。

训练环境

1．操作系统：Windows XP/2000/2003。
2．工具软件：Adobe Flash CS4、Premiere Pro CS 3。
3．相关的多媒体素材若干。
4．其他输入设备（如数码摄像机、数码照相机等）。

1.3.1 选择训练内容

1）通过前期的教学分析，结合相应教学内容，为后续课件的制作准备相应动画与视频资源，从而使课件更能满足实际教学的需要。

2）结合课件制作需求，选择屏幕录像、摄像机和照相机等方式来获取视频图像与视频信息。

3）运用 Flash CS 4.0 动画制作软件制作各种类型动画，使一些教学内容以动画的形式更形象地展示出来。

4）运用 Premiere Pro CS 3.0 视频编辑软件来进行视频的编辑和处理。

1.3.2 训练设计分析

1）熟悉 Flash CS 4.0 和 Premiere Pro CS 3 软件安装环境，掌握摄像机等外围设备与计算机的连接方式和注意事项。

2）根据实际的教学需要，对一些图像和视频素材进行相应的编辑和处理。

3）结合获取的视频文件，根据需要进行必要的编辑。

4）根据教学内容的特点，使用 Flash CS 4.0 软件制作相应动画素材，使学生能够进一步地理解相应教学内容。

1.3.3 Flash 动画素材的制作与编辑

1. Flash 与计算机动画概述

Flash 是 Macromedia 公司推出的优秀的矢量图形编辑与动画创作的专业软件，广泛应用于网页设计制作、广告与动画设计及多媒体教学等领域。主要特点为：

1）文件占用空间小，传输速度快。Flash 制作的动画是基于矢量的图形系统，并且通过使用关键帧、元件、过渡动画等技术，大大缩减文件的尺寸，使得所生成的动画文件体积很小。由于矢量图形可以任意缩放尺寸而不影响图形的质量，用户可任意调整动画的显示窗口，不会降低画面质量。由于 Flash 动画体积小，非常适合在网络上传播。

2）处理多种媒体格式。Flash 具有强大的编辑功能，可以把音频、视频、位图、矢量图、文本、多种媒体信息融合在一起，制作出丰富多彩的多媒体动画。

3）交互性强，有强大的编程功能。在 Flash 中，高级交互事件的行为控制使 Flash 动画的播放更加精确并容易控制。设计者可以在动画中加入滚动条、复选框、下拉菜单和拖动物体等各种交互组件。Flash 动画甚至可以与 Java 或其他类型的程序融合在一起，在不同的操作平台和浏览器中播放。Flash 还支持表单交互，使得包含 Flash 动画表单的网页可应用于流行的电子商务领域。

4）动画的输出格式。Flash 是一个优秀的图形动画文件的格式转换工具，它可以将动画以 GIF、QuickTime 和 AVI 的文件格式输出，也可以以帧的形式将动画插入到 Director 中去。Flash 能够以下面所列的文件格式输出动画。

- SWF：Flash 动画文件或 Flash 模板文件。
- SPL：Future Splash 动画文件。
- GIF：动画 GIF 文件。
- AI：Adobe Illustrator 矢量文件格式。
- BMP：Windows 位图文件格式。
- JPG：JPG 位图文件格式。
- PNG：可移植的网络图像文件格式。
- AVI：Windows 视频文件。
- MOV：QuickTime 视频文件。
- MAV：视频文件。
- WMF：Windows Metafile 文件格式。
- DXF：AutoCAD DXF 文件格式。

5）可扩展性。通过第三方开发的 Flash 插件程序，可以方便地实现一些以往需要非常烦琐的操作才能实现的动态效果，大大提高了 Flash 影片制作的工作效率。

2．Flash 中的基本术语及概念

1）层（Layer）。它是 Flash 为了制作复杂动画而引入的解决手段。层像透明胶片一样，可以一层层地向上叠加，用于帮助组织文档中的图像。在层上可以绘制和编辑对象，而不会影响其他层上的对象，由于层重叠，将得到几个图像合在一起的图像，层在 Flash 中可以将一个大型的动画分成很多个在各个层上的小动画，如图 1-3-1 所示。

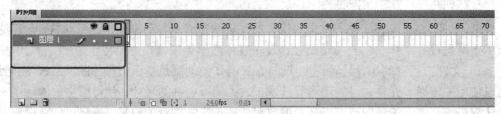

图 1-3-1   图层

2）帧（Frame）。帧是构成 Flash 动画的基本元素，帧在时间轴上用小矩形的方格来表示，一个方格表示一帧，即动画各个时刻播放的内容。默认是每秒 12 帧，在时间轴中可以很明显地看出帧和图层是一一对应的。帧代表着时刻，不同的帧标记为不同的时刻，画面会随着时间的推移逐个显示，如图 1-3-2 所示。

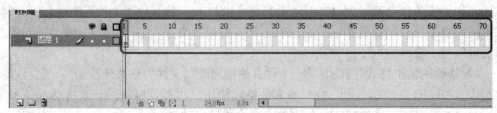

图 1-3-2   帧

3）时间轴。时间轴用于组织和控制文档内容在一定时间内播放的层数和帧数。用于组织和控制动画在一定时间内的播放效果，使动画随着时间进行变化。时间轴的主要组件是层、帧和播放头。

4）舞台。舞台是为电影中各个独立的帧组合内容的地方。用户可以在舞台上直接绘制图形，也可以放置导入的图形。用户可以根据需要改变舞台的显示比例或移动舞台。

5）场景。场景是 Flash 作品中相对独立的一段动画内容，一个 Flash 作品可以有很多个场景组成，场景之间可以通过交互响应进行切换，正常情况下，动画播放时将按场景设置的前后来顺序播放。

3．动画文件的一般制作过程

1）训练准备。在硬盘上建立专用文件夹（最好以自己的学号命名），将准备的所有媒体素材文件存放在其中。

2）认识 Flash 的工作界面和相关面板。Flash 工作界面包括标题栏、菜单栏、工具箱、时间轴、舞台和浮动面板等，如图 1-3-3 所示。

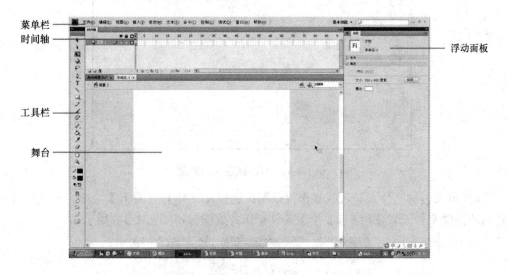

图 1-3-3　Flash 的工作界面示意图

3）新建动画文件。打开 Adobe Flash CS 4，出现图 1-3-4 所示的开始页面，通过单击【新建】中的【Flash 文件 ActionScript2.0】命令；也可以通过单击【文件】菜单下的【新建】命令，弹出图 1-3-5 所示的对话框，在【常规】选项卡的【类型】列表中选择 Flash 文件 ActionScript2.0 选项，然后单击【确定】按钮，新建动画文件。

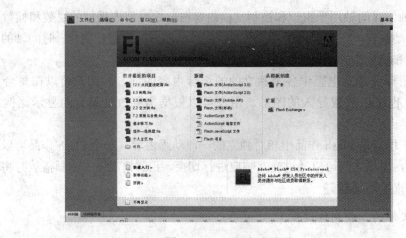

图 1-3-4 Flash 启动界面

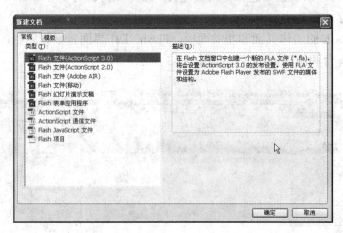

图 1-3-5 Flash 新建文档界面

4）导入素材文件。导入或制作背景图：选择【文件】|【导入】命令，导入要作为背景的图像文件或者使用 Flash 绘图工具制作背景图像，如图 1-3-6 所示。

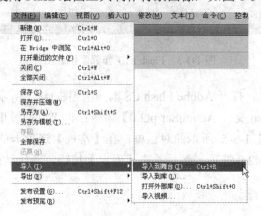

图 1-3-6 文件-导入命令

① 创建新图：单击时间轴上的创建层按钮建立新图层。

② 创建或导入动画元素：使用绘图工具绘制图形或导入图形、图像、音频、视频等动画元素。

③ 创建或导入元件：根据需要新建元件或将已有的动画素材转换为元件，也可使用【文件】|【导入】|【打开外部库】命令导入其他 Flash 文件中的元件，如图 1-3-7 所示。

5）制作动画：打开时间轴，对已有的图形或元件制作逐帧动画、渐变动画或交互式动画。

6）预览与测试动画：在制作 Flash 动画时，应当经常测试或预览文档，以确保 Flash 内容可以正常播放。选择菜单【调试】|【调试影片】命令或按 Ctrl+Shift+Enter 键，Flash 内容将会在一个 SWF 文件窗口中播放；查看完 SWF 内容后，关闭 SWF 文件窗口，返回编辑窗口，如图 1-3-8 所示。

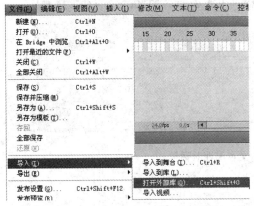

图 1-3-7　打开外部库　　　　　　　　　　　　　图 1-3-8　调试影片

7）发布预览文档。选择菜单【文件】|【发布预览】命令或按 F12 键，Flash 内容将会在浏览器窗口中预览，如图 1-3-9 所示。

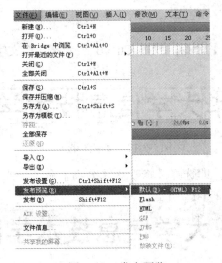

图 1-3-9　发布预览

4. 文本的编辑

文字工具用于创建和编辑文字对象。可以创建三种类型的文本字段：静态文本字段、动态文本字段和输入文本字段。

利用文本工具创建静态文本操作方法为：

1）单击绘图工具栏中的文本工具按钮 T 。

2）在要插入文本处单击，出现的文本框的右上角有一个圆形手柄，在此框中输入文本，文本框自动扩展。

在要插入文本处单击并拖动鼠标出现的文本框的右上角有一个矩形手柄，在此框中输入文本，当文字超过文本框宽度时自动换行。

3）打开文本属性面板可设置文字属性，如图 1-3-10 所示。

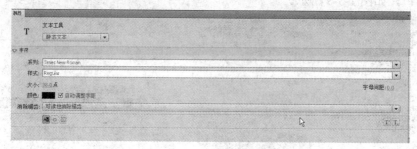

图 1-3-10　文本属性对话框

5. 分离文本

利用文本工具，输入"北华大学信息技术学院"，如图 1-3-11 所示，具体的样式如下：

北华大学信息技术学院

图 1-3-11　汉字输入

选择【修改】|【分离】命令，或按 Ctrl+B 组合键，将文字全部分离，当前的效果如图 1-3-12 所示。

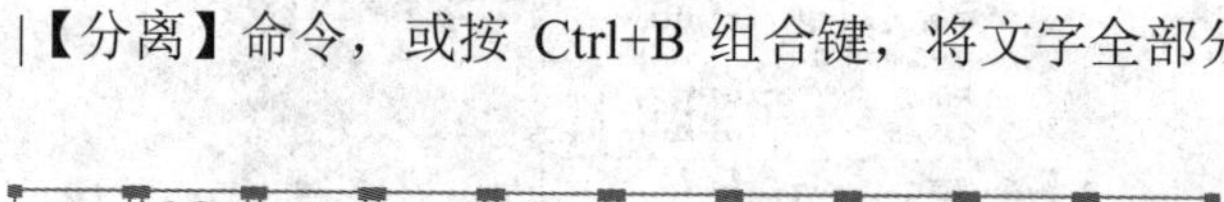

北华大学信息技术学院

图 1-3-12　文字效果 1

再重复上一步的操作，即选择【修改】|【分离】命令，或按 Ctrl+B 组合键，将文字进一步分离，效果如图 1-3-13 所示。

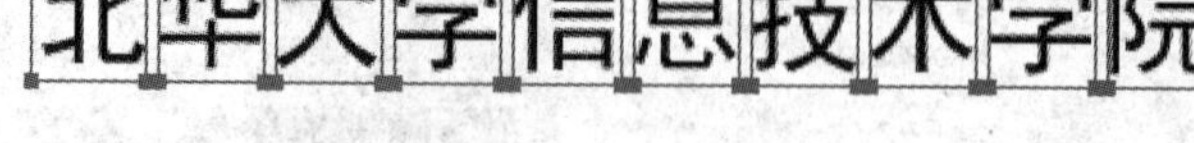

北华大学信息技术学院

图 1-3-13　文字效果 2

6. 创建逐帧动画

要创建逐帧动画，需要将每个帧都定义为关键帧，然后给每个帧创建不同的图像。每个新创建的关键帧的内容是和它前面最近的关键帧一样，因此可以在此基础上"递增"地修改动画中的帧，从而产生逐渐变化的效果。下面通过叙述详细的例子来阐述创建逐帧动画的过程：

1）在时间轴中的某层选择要创建动画的开始帧，如图 1-3-14 所示。

2）选择【文件】|【导入】|【导入到库】命令，将相关素材导入到库中，如图 1-3-15 所示。

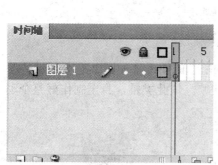

图 1-3-14 插入空白关键帧   图 1-3-15 导入到库

3）在舞台中创建开始一帧的对象，本例中从库中导入一个图形元件，也可以使用绘画工具在场景中绘制相应图形，如图 1-3-16 所示。

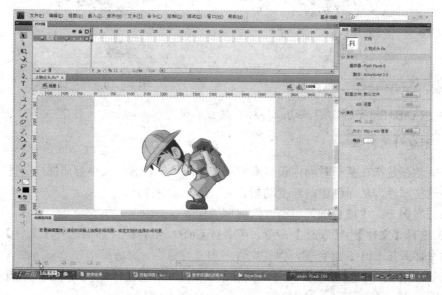

图 1-3-16 导入到场景中

4）选择与开始帧相邻的下一帧，并右击该帧，从弹出的菜单中选择【插入空白关键帧】命令，如图 1-3-17 所示。

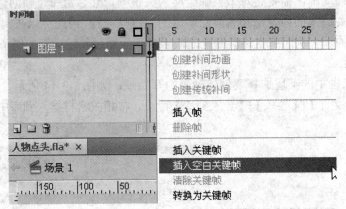

图 1-3-17　插入空白关键帧

5）制作第 2 帧中的内容，在该帧中添加如下图所示的图形，如图 1-3-18 所示。

6）制作好当前帧的内容，再插入下一空白关键帧。依此类推，直至制作好整个动画，如图 1-3-19 所示。

图 1-3-18　第二帧内容　　　　　　　　　　图 1-3-19　第三帧内容

7）按 Ctrl+Enter 键，测试动画并观看播放效果。

7.　创建补间动画

补间动画是指在某一时间内设置实例或文本对象的位置、大小等属性，在另一时间内改变这些属性，从而创建的渐变动画。

（1）案例一："检查试管气密性"案例制作

1）选择【文件】|【新建】命令，或者按 Ctrl+N 组合键，然后选择【文件】|【保存】命令，或按 Ctrl+S 组合键，保存文件名为"检查"。

2）选择【文件】|【导入】|【导入到库】命令，将相关素材导入到库中，如图 1-3-20 所示。

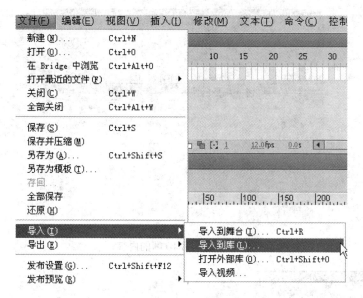

图 1-3-20　文件导入到库

3）将"29.jpg"导入到舞台中，将素材放到图 1-3-21 所示位置，在第 10 帧插入关键帧，将手移动到合适的位置，如图 1-3-22 所示。

4）分别在第 1 帧和第 10 帧调整 Alpha 的值，具体的值是第 1 帧 Alpha 为 0%，如图 1-3-23 所示，第 10 帧 Alpha 为 100%，随后，在第 1 帧与第 10 帧中间的位置单击【创建传统补间】命令，如图 1-3-24 所示。

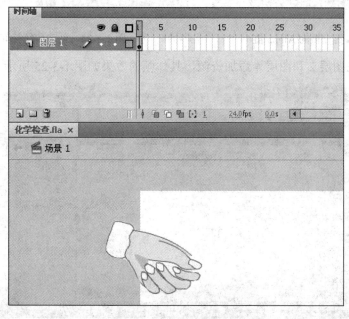

图 1-3-21　第 1 帧的内容

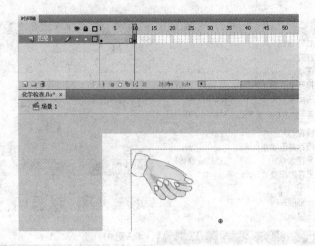

图 1-3-22 第 10 帧的内容

图 1-3-23 第一帧的 Alpha 值

图 1-3-24 创建传统补间

5）分别在图层 2 和图层 4 添加资源，具体帧的效果如图 1-3-25 所示。

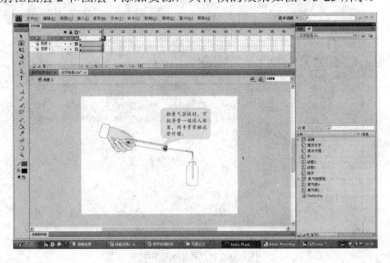

图 1-3-25 具体帧的添加

6）在图层 1 的第 11 帧，打开动作面板，选择添加【时间轴控制】下的"STOP"动作如图 1-3-26 所示。

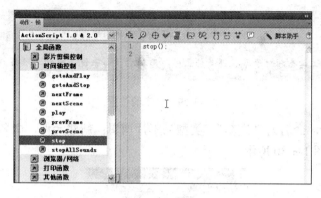

图 1-3-26　给关键帧添加动作命令

（2）案例二："运动与静止相对性"案例制作

1）选择【文件】|【新建】命令，选择【文件】|【保存】命令，将该文件保存为"运动和静止的相对性"。在时间轴上将图层 1 的名字改为"背景"，在第 1 帧，利用填充工具制作出图 1-3-27 所示的效果，在第 500 帧上右击，如图 1-3-28 所示，选择【插入帧】命令，以使背景能够静态延展。

图 1-3-27　制作背景

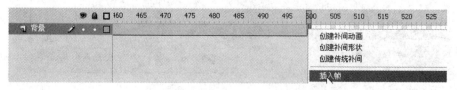

图 1-3-28　插入帧命令

2）命名为"知识点"，在相应位置输入汉字，"运动与静止的相对性"等文字，具体效果如图 1-3-29 所示。

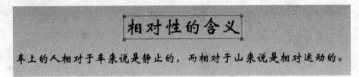

图 1-3-29 文字的位置

3）新建元件，命名为"汽车"，类型为影片剪辑；新建元件，命名为"山"，类型为影片剪辑，如图 1-3-30 所示。

图 1-3-30 库中的图片

4）新建图层，命名为"群山"，将"群山"元件导入到该图层的第 1 帧，同样，在第 500 帧插入关键帧，同时向左移动第 500 帧的内容到合适的位置，在第 1～500 帧上右击，选择添加【创建传统补间】命令，如图 1-3-31～图 1-3-33 所示。

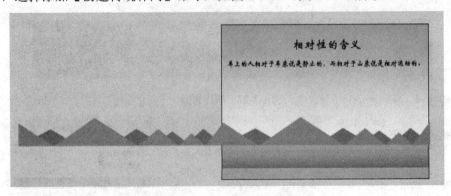

图 1-3-31 山的初始位置

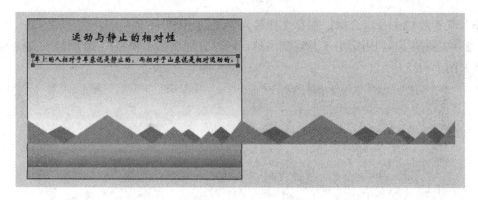

图 1-3-32 山的结束位置

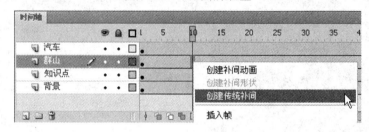

图 1-3-33 创建传统补间

5）新建图层，命名为"汽车"，将汽车导入到该图层的第 1 帧，同样，在第 500 帧插入帧，如图 1-3-34 所示。

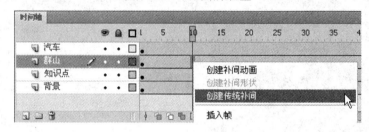

图 1-3-34 时间轴的排列方式

6）按 Ctrl+Enter 键测试影片。

8. 创建引导层动画

引导层是一种重要的约束动画类型，特别适用于制作对象做非直线运动的动画以及对象沿着规定路线运动的动画。如果本项目中的实例使用补间动画或逐帧动画来制作，不仅制作复杂、工作量大，而且制作的动画动作不流畅，无论是运行节奏和画面质量都不好。

制作一个引导层动画至少需要两个图层，上面的图层是引导层，下面的图层是被引导层。被引导层上的元素以引导层上的线条作为路径来运动。需要注意的是引导层上的路径在发布时，并不会显示出来，其作用仅在于作为被引导层的路径。下面以小球跳动为例，来讲述引导层动画的具体实现过程：

1）选择【文件】|【新建】命令，或者按 Ctrl+N 组合键，然后选择【文件】|【保存】

命令，或者按 Ctrl+S 组合键，保存文件名为"运动小球"。

2）在图层1，利用圆形工具绘制小球，同时分别在第1帧和第20帧插入关键帧，具体如图 1-3-35 所示。

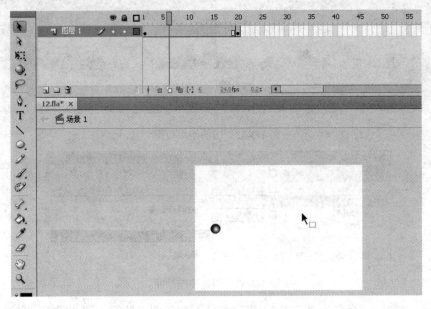

图 1-3-35　振子小球

3）在图层1上右击，选择"添加传统运动引导层"命令，如图 1-3-36 所示，同时在第1帧和第20帧分别创建关键帧，如图 1-3-37 所示。

图 1-3-36　添加引导层

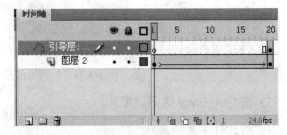

图 1-3-37　实现效果

4）在引导层上使用钢笔工具绘制曲线，把小球分别放在线的一端和另一端，这样小球就会沿着曲线运动，如图 1-3-38 所示。

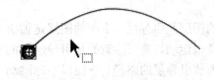

图 1-3-38　实现效果

9.　二次函数制作过程

1）选择【文件】|【新建】命令，然后选择【文件】|【保存】命令，新建文件，保存为二次函数.fla，将文件的长宽设置为 800×600px。

2）选择【文件】|【导入】|【导入到舞台】命

令，如图 1-3-39 所示，将素材导入到舞台中。

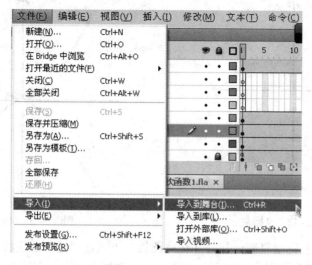

图 1-3-39　文件导入

3）选择【插入】|【新建元件】命令（或按 Ctrl+F8 组合键），选择类型为"按钮"，名称为学习目标，输入"学习目标"文本如图 1-3-40 所示。依照此方法，分别创建"教学内容"、"课堂测验"按钮。

4）将图层 1 命名为背景，在 45 帧插入关键帧，选择【窗口】|【动作】命令，如图 1-3-41 所示，并分别在第 1、45 帧处写 stop()函数。

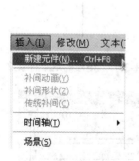

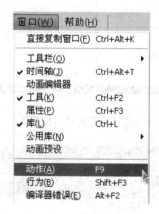

图 1-3-40　新建元件　　　　　　图 1-3-41　窗口-动作命令

5）新建图层 2，命名为"按钮"，在 45 帧插入帧（或者快捷键 F5），将刚刚创建的 3 个按钮全部插入到第一帧。

6）新建影片剪辑，命名为"曲线"，在第 1 帧，利用铅笔工具在工作区内绘制 X 和 Y 坐标轴，在 15 帧插入关键帧，如图 1-3-42 所示；新建图层"曲线"，利用钢笔工具绘制曲线，形状如图 1-3-43 所示。

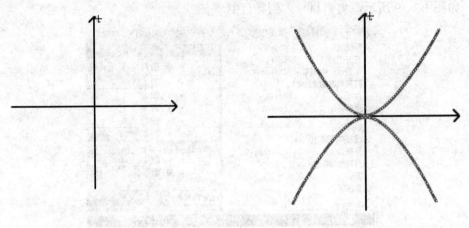

图1-3-42 坐标系　　　　　　　　　　　　　图1-3-43 绘制曲线

7）将"曲线"图层复制一层，并在此图层之上新建"遮罩层"图层，在第10帧插入帧，并且将其移动到图1-3-44所示位置，在关键帧上右击，创建补间动画，在"遮罩层"图层右击，选择【遮罩层】命令，如图1-3-45和图1-3-46所示。

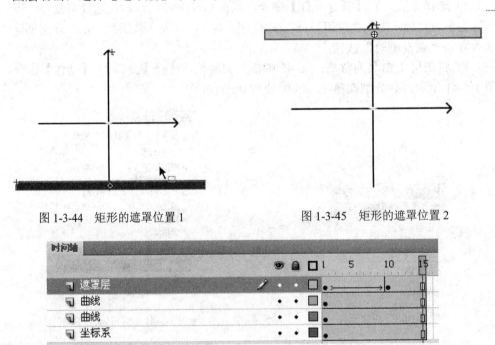

图1-3-44 矩形的遮罩位置1　　　　　　　　图1-3-45 矩形的遮罩位置2

图1-3-46 遮罩层的位置

8）新建"学习目标"上的文字，设为影片剪辑，插入到主场景的第10、30帧，在其间设置补间动画。在第35帧，调节其Alpha。并在第35帧添加Stop()命令，如图1-3-47所示。

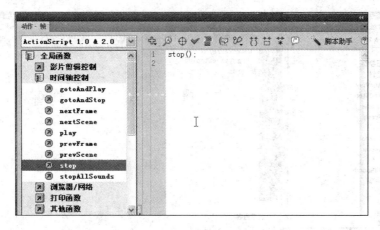

图 1-3-47 动作脚本的添加

9）在 40 帧添加导入图片，45 帧添加关键帧，并选择动作面板，添加 Stop()命令，如图 1-3-48 所示。

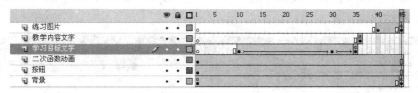

图 1-3-48 具体实现效果

10）为按钮添加动作脚本，先选中"学习目标"按钮，选择【窗口】|【动作】命令，如图 1-3-49 所示，添加如图 1-3-50 所示脚本。

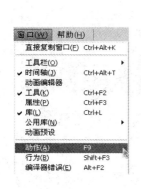

图 1-3-49 菜单命令

图 1-3-50 具体添加的脚本 1

11）选中"教学内容"按钮，选择【窗口】|【动作】命令调出动作面板，添加如图 1-3-51 所示脚本。

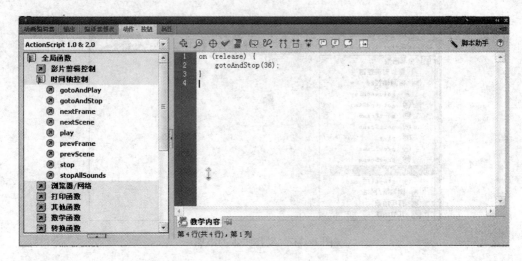

图 1-3-51 脚本 2

12）选中"课堂测验"按钮，选择【窗口】|【动作】命令调出动作面板，添加如图 1-3-52 所示的脚本。

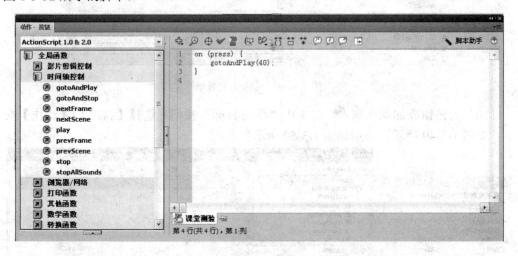

图 1-3-52 脚本 3

13）测试与发布影片。

10. "海市蜃楼"案例制作过程

1）通过选择【文件】|【新建】菜单命令，建立 Flash 文件，并保存名为"海市蜃楼"，文件属性设置选择默认值。

2）将图层 1 的名字修改为"背景"，利用钢笔工具，在图层 1 绘制图 1-3-53 所示的形状，选择【修改】|【转换为元件】命令，或者按 F8 键，将此形状转换为元件，如图 1-3-54 所示，类型设置为影片剪辑，如图 1-3-55 所示，命名为"条 1"。

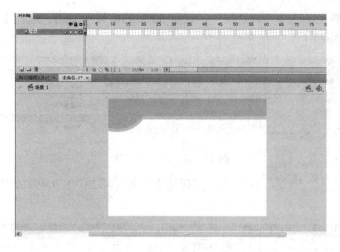

图 1-3-53 "条 1"元件

图 1-3-54 转换为元件命令

图 1-3-55 元件命名与类型

同理，按照此方法，制作出其他部分，并分别命名为"条 2"和"条 3"。

3）利用文本工具，在"条 1"的适当位置输入汉字"蜃景-空气中的全反射"，以作为动画的标题。

4）选择【文件】|【导入】|【导入到库】菜单命令，将素材导入到库中，选择【插入】|【新建元件】命令，类型选择影片剪辑，命名为"现象一"，将素材从库中拖拽到舞台上，利用任意变形工具，调节按钮的大小，在按钮上输入文字"现象一"，字号为 20，具体如图 1-3-56 所示。

同理，按照此方法，分别制作"现象二"和"解释"按钮，将以上 3 个按钮添加到舞台的合适位置，如图 1-3-57 所示。

图 1-3-56 "现象一"按钮

图 1-3-57 插入按钮后的画面效果

5）在时间轴上，选中"背景层"，在第 50 帧的位置上右击，选择【插入帧】命令，或者按 F5 键，如图 1-3-58 所示。

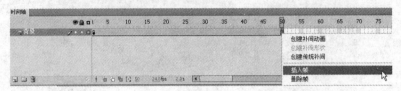

图 1-3-58 插入关键帧

选中"背景层"上的第 1 个帧，打开动作面板，添加"STOP"动作。如图 1-3-59 所示。

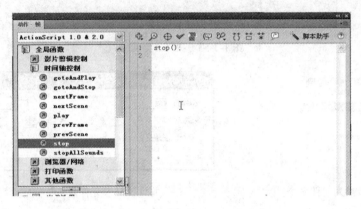

图 1-3-59 给关键帧添加动作命令

6）点击时间轴的新建图层按钮，将图层名修改为"现象 1"，在第 10 帧插入关键帧，打开动作面板，在当前帧添加"STOP"动作，选择【文件】|【导入】|【导入到舞台】菜单命令，将素材图片添加到舞台中，如图 1-3-60 所示。

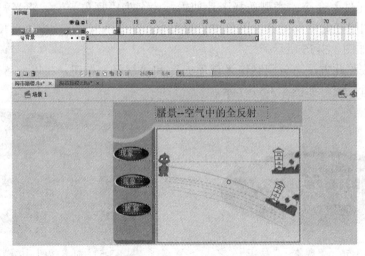

图 1-3-60 "现象一"效果图

7）同理，新建图层，并命名为"现象2"，在第11帧插入关键帧，打开动作面板，添加"STOP"动作，选择【文件】|【导入】|【导入到舞台】菜单命令，将素材添加到舞台中，如图1-3-61所示。

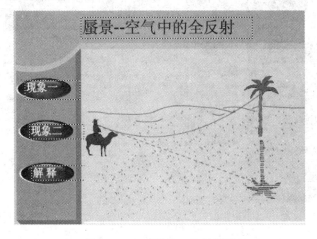

图1-3-61　"现象二"效果图

8）新建图层，并命名为"解释"，在第12帧插入关键帧，输入文字"所谓蜃景，不过是光在密度分布不均匀的空气中传播时所产生的全反射现象罢了。我们知道，在气压恒定时，空气密度随温度的升高而减少，对光的折射率也随之减少"等文字，并调节字号大小和字符间距，在第50帧插入关键帧，如图1-3-62所示。

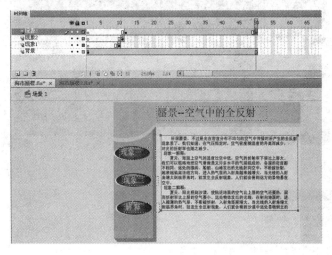

图1-3-62　"解释文字"图层效果图

9）新建图层，并命名为"遮罩层"，在第12帧插入关键帧，利用矩形工具绘制黑色条，如图1-3-63所示，在第50帧插入关键帧，利用任意变形工具将黑条变形到图1-3-64所示的位置，在该帧上右击，选择"创建传统补间"命令，并在本图层上右击，选择【遮罩层】命令，如图1-3-65所示，从而变为如图1-3-66所示的样式。

10）按 Ctrl+Enter 组合键测试影片。

图 1-3-63 遮罩层 1

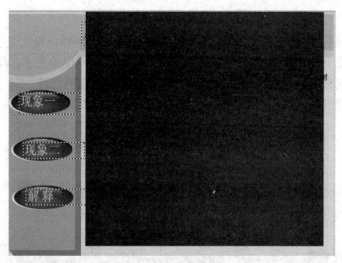

图 1-3-64 遮罩层 2

图 1-3-65 选择"遮罩层"命令

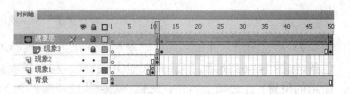

图 1-3-66 本例时间轴图

1.3.4 视频素材的编辑与制作

Adobe Premiere Pro 提供了创建复杂数字视频作品所需的功能，使用它可以直接从台式机或笔记本电脑中创建数字电影、纪录片、销售演示和音乐视频。个人的数字视频作品也可以输出到录像带、Web 或 DVD 中，或者将它整合到其他程序的项目中。

本训练主要介绍 Premiere Pro 的基本知识，帮助读者理解它是什么以及能做什么。Premiere Pro 拥有创建动态视频作品所需的所有工具，无论是 Web 创建一段简单的视频剪辑，还是创建复杂的纪录片、艺术活动等。事实上，理解 Premiere Pro 的最好方式是把它看做一套完整的制作设备。以往需要满满一屋子的录像带和特效设备才能做到的事，只要使用 Premiere Pro 就能做到。

下面列出了一些使用 Premiere Pro 可以完成的制作任务：

- 将数字视频素材编辑为完整的数字视频作品。
- 从摄像机或录像机中采集视频，从麦克风或音频播放设备中采集音频。
- 加载数字图形、视频和音频素材库。
- 创建字幕和动画字幕特效，如滚动或旋转字幕。
- 将来自不同源的文件整合到作品中。Premiere Pro 不仅可以导入数字视频和音频文件，还可以导入 Adobe Photoshop、Adobe Illuatrator、JPEG 和 TIFF 图形。
- 创建特效，如扭曲、模糊和挤压。
- 创建标志或图形在屏幕上飞行或弹跳的运动特效。
- 创建透明效果。可在背景上叠化字幕，或者使用颜色（如蓝色或绿色）蒙版一幅图像中的背景，以便叠化一个新背景。
- 编辑声音。使用 Premiere Pro 可以剪切与组装音频素材，并创建复杂的音频效果，如交叉淡化抖动。

1. Premiere Pro CS3 的基本操作过程

1）启动 Premiere Pro CS3：单击【开始】｜【程序】｜Adobe Premiere Pro CS3 🄿𝗋，单击图标打开 Premiere Pro CS3，如图 1-3-67 所示。

2）出现 Premiere Pro CS3 的信息画面。

3）进入到欢迎对话框，在对话框中，有 4 个选项，包括【新建项目】，【打开项目】，【帮助】，【最近使用项目】。

4）当单击【新建项目】按钮后，打开【新建项目】对话框，如图 1-3-68 所示。

5）在自定义标签设置中，需要进行如下设置：

【常规】设置里有【编辑模式】和【时间基准】两项。通常国内摄像机都是"PAL"制式，因此【编辑模式】中可选择【DV PAL】选项，在自定义设置中，【时间基准】设置为"25.00 帧/秒"，如图 1-3-69 所示。

图 1-3-67　Premiere Pro CS3 启动界面

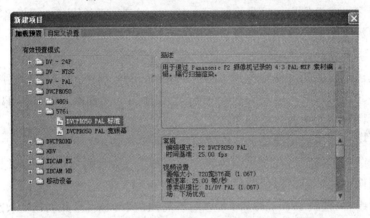

图 1-3-68　新建项目预置图

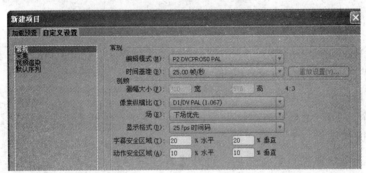

图 1-3-69　新建项目自定义设置

6）在新建项目对话框中的"位置"后，输入文件将要存储的路径；在"名称"后，为该文件输入文件名。单击【确定】按钮，进入 Premiere Pro CS3 工作界面，如图 1-3-70 所示。

图 1-3-70 工作界面

7）如果想退出 Adobe Premiere Pro CS3，只需要单击工作界面右上角的关闭图标即可。在退出 Adobe Premiere Pro CS3 前，一定要先保存文件，选择【文件】|【保存】命令，设置好软件的编辑参数和文件的保存路径。

8）选择【文件】|【导出】|【影片】命令，打开导出影片对话框，给所做的文件命名。用 Premiere 制作的作品需要输出成各种媒体播放软件支持的格式的文件，整个制作过程才算完成，一般来说，*.avi 格式的文件是目前几乎所有媒体播放软件都支持的一种格式，播放效果也很好。

2. 视频编辑的基本概念

（1）线性编辑与非线性编辑

线性编辑：指在指定设备上编辑视频时，每插入或删除一段视频就需要将该点以后的所有视频重新移动一次的编辑方法。该方法编辑视频耗费时间长，非常容易出现误操作。

非线性编辑：用户可以在任何时刻随机访问所有素材。本训练将要讲解的 Premiere Pro CS3 就属于一种非常优秀的非线性视频编辑软件。

（2）帧和帧速率

当一些内容差别很小的静态画面以一定的速率在显示器上播放的时候，根据人的视觉暂留现象，人的眼睛会认为这些图像是连续的不间断的运动着的。构成这种运动效果的每一幅静态画面叫做一"帧"。

帧是组成视频或动画的单个图像，是构成动画的最小单位。

帧/秒：也称帧速率，是指每秒被捕获的帧数，或每秒播放的视频或动画序列的帧数。帧速率的大小决定了视频播放的平滑程度。帧速率越高，动画效果越平滑。

（3）视频制式

由于各个国家对电视和视频工业指定的标准不同，其制式也有一定的区别。现行的彩色电视制式主要有 3 种：NTSC、PAL 和 SECAM。各种制式的帧速率也各不相同。我们要制作视频就必须区分它们之间的区别。

NTSC（正交平衡调幅制式）由美国全国电视标准委员会制定，分为 NTST-M 和 NTSC-N 等类型。该影像格式的帧速率为 29.97 帧/s。主要被美国、加拿大等大部分西半球国家和日本、韩国采用。

PAL（正交平衡调幅逐行倒相制式）分为 PAL-B、PAL-I、PAL-M、PAL-N、PAL-D 等类型，该影像格式的帧速率为 25 帧/s。主要在英国、中国、澳大利亚、新西兰等地采用。（中国采用的是 PAL-D 制式）

SECAM（顺序传送彩色信号与存储恢复彩色信号制式）也被称为轮换调频制式，主要在法国、东欧、中东及部分非洲国家采用。

（4）数字视频格式

通过视频采集得到的数字视频文件往往会很大。通过特定的编码方式对其进行压缩，可以在尽可能保证影像质量的同时，有效地减小文件的大小。对数字视频进行压缩的方法有很多，常见的是 AVI 和 MPEG 格式。

AVI 格式：是一种专门为微软公司 Windows 环境设计的数字视频文件格式。优点是兼容性好、调用方便、图像质量好，缺点是占用存储空间大。

MPEG 格式：MPEG-1 标准的压缩算法被广泛应用于 VCD 与一些供网络下载的视频片段的制作上。它可以把一部 100 分钟长的非数字视频的电影压缩成 1GB 左右的数字视频。这种视频格式的文件扩展名包括.mpeg、.mpe、.mpg 及 VCD 光盘中的.dat 文件等。

MPEG-2 标准的压缩算法应用在 DVD 制作上，但所生成的文件较大。相对于 MPEG-1 算法生成的文件要大 4～8 倍。这种视频格式的文件扩展名包：.mpeg、m2v、mpe、mpg 及 DVD 光盘中的.vob 文件等。

MPEG-4 是一种新的压缩算法，所生成文件的大小约为 MPEG-1 算法生成的文件的 1/4。在网络在线播放的文件很多都是使用此种算法的。在 Premiere 进行视频编辑最终生成电影文件时，可以根据不同的需要来选择不同的压缩算法。

（5）数字音频格式

数字音频是以数字信号的方式来记录声音的强弱。数字音频文件也有不同的音频格式。常见的音频格式有 WAV、MIDI、MP3、WMA、MP4、VOF 等。

1）WAV 格式：是微软公司开发的一种声音文件格式，Windows 平台及其应用程序都支持这种格式。几乎所有的音频编辑软件都识别 WAV 格式。

2）MP3 格式：特点：文件小，音质好。

3）MIDI 格式：又称为乐器数字接口，是数字音乐电子合成乐器的国际统一标准。

4）WMA 格式：微软公司开发的用于网络音频领域的一种音频格式，适合在线播放。只要安装了 Windows 操作平台就可以直接播放 WMA 音乐。

（6）其他概念

1）剪辑：可以是一部电影或者视频项目中的原始素材，也可是一段电影、一幅静止图像或者一段声音文件。

2）剪辑序列：由多个剪辑组合成的复合剪辑。

3）帧长宽比：表明在帧尺寸上它的宽度与高度比。通常有 4:3 和 16:9 两种。

4）关键帧：一种特定帧。它在素材中被标记，用来进行特殊编辑或控制整个动画。

5）时间码：用来确定视频长度及每一帧画面的位置的特殊编码。现在国际上采用 SNPTE 时间码来给每一帧视频图像编号。时间码的格式是"小时：分：秒：帧"。例如：时码为"00:02:15:20"表示视频当前的播放时间长度为 2 分钟 15 秒 20 帧。

6）导入：将一组数据（素材）从一个程序引入另一个程序的过程。数据被导入到 Premiere 中后，源文件内容保持不变。

7）导出：将数据转换为其他应用程序可以分享的格式的过程。

8）转场效果：一个视频素材替换另一个视频素材的切换过程，也被称为场景过渡效果，或场景切换效果。

9）渲染：将处理过的信息组合成单个文件的过程。

3．"菊花节"短片制作

1）启动 Premiere Pro CS3，选择新建一个项目，在打开的项目对话框中，将项目命名为"菊花节"，其他选项保持默认，单击【确定】按钮。

2）导入素材文件：按 Ctrl+I 组合键，打开 Import 对话框，选择相应素材，单击【打开】按钮将其导入。

3）制作字幕：执行【文件】|【新建】|【字幕】命令，新建一个字幕文件，如图 1-3-71 所示，将其命名为"菊花节"，如图 1-3-72 所示。

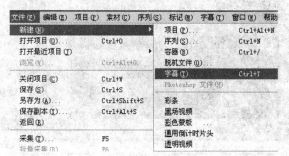

图 1-3-71 选择字幕

4）单击"确定"按钮，即可打开字幕编辑窗口，选取左边工具栏中的文本工具，在画面的中间输入文字"2010 年杭州首届菊花艺术节"，然后设置字体为"方正金质大黑"，字号为 37，使用选择工具调整其位置，如图 1-3-73 所示。

图 1-3-72 字幕命名过程

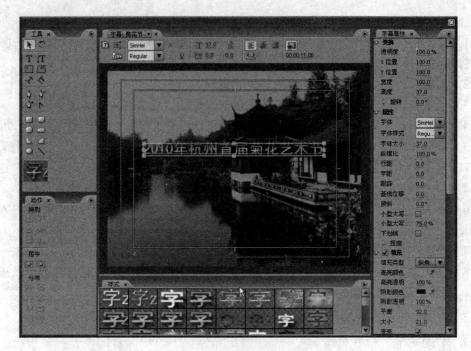

图 1-3-73 字幕编辑对话框

预览并输出：在监视窗口中单击 Play/Stop 按钮或者按下空格键进行播放预览。根据预览的情况，对细节进行调整，如图 1-3-74 所示。

图 1-3-74 监视窗口

选择【文件】|【保存】命令或按 Ctrl+S 组合键，对编辑好的文件进行保存。选择【文件】|【导出】|【影片】命令，打开导出影片对话框，将输出的影片命名为"菊花节"，并选择其保存的位置，如图 1-3-75 所示。

图 1-3-75 导出影片的名字

1.3.5 训练须知

1）根据不同的教学内容来选择制作不同类型的动画，图片素材的获取大家可以到相关网站上去搜索并下载，例如 http://www.pep.com.cn、http://www.mianfeimoban.com 网站。

2）利用扫描仪、数码照相机等设备来获取的图像，进行后期的动画与视频的编辑与制作。

1.3.6 思考题

1）简述运动动画制作的过程。

2）如何制作引导层动画。

3）请用字幕设计器制作一个滚动的字幕。

4）想一想如何运用几张图形相似的图片，在 TimeLine 窗口做出动画效果？

训练 2

多媒体教学课件的开发技能训练

多媒体课件的开发技能是师范类学生应具备的基本技能。本模块学生通过使用 PowerPoint、Flash、Authorware 及 Dreamweaver 软件进行有针对性的开发和训练，使学生熟练掌握各种软件的制作方法，并能将教学设计的思想运用到课件设计过程中

上篇 基本技能

技能训练 2.1　PowerPoint 课件制作

学习目标

训练目标

1. 通过训练，能熟练掌握教学设计过程。
2. 通过训练，在把握教学设计理念的前提下，依据课程内容进行合理的教学设计。
3. 通过训练，熟练掌握 PowerPoint 课件制作技术，并设计与制作 PPT 课件演示文稿。
4. 完善 PowerPoint 技术技巧及教学设计技能。

训练任务

1. 根据教学内容及被教育对象，合理选择教学模式。
2. 选取中小学某门教材的某一知识单元，能进行合理的内容分析与教学设计。
3. 利用娴熟的 PowerPoint 技术制作一个完整的教学课件。

训练环境

1. 系统平台：Windows XP。
2. 制作软件：PowerPoint 2003。

2.1.1 选择教学内容

本节是在前一章学过的力的一般知识基础上，利用这些知识来研究最常见的一种力——重力。教材中先通过学生熟悉的例子使学生认识了重力的存在，然后通过学生的探究实验，研究物体所受重力的大小跟哪些因素有关。用在坐标上作图的方法得出了重力跟质量的关系。关于重力的方向，教材中首先说明用线将物体悬挂起来后物体静止时线的方向就是重力的方向，这个方向叫竖直方向，所以重力的方向是竖直向下的，并通过想想议议让学生明白竖直向下的"下"指的是什么。通过实际的例子说明竖直向下的重力方向在实际中的应用，培养学生运用知识解决实际问题的习惯和能力。最后告诉学生地球吸引物体的每一部分，但物体受到的重力可以认为是集中在一个点上，这个点叫物体的重心，渗透了"等效法"。

2.1.2 教学设计分析

依据课程性质与内容、学习对象，把此次课程设计为以教为主的教学模式。以经典故事与图片导入新课，以现实中的事例说明主题，以动画演示的形式让学生探究重力的大小与哪些因素有关，并通过课堂练习与课后作业的形式促进学生对新知识的理解和认识。

2.1.3 教学设计的实施

1. 设计教学流程图

教学设计流程，如图 2-1-1 所示。

2. 课件结构设计

课件结构设计如图 2-1-2 所示。

3. 课件脚本的编写

课件脚本如表 2-1-1 所示。

2.1.4 课件制作步骤

1. 新建 PowerPoint 文稿

启动 PowerPoint 2003 程序，新建空白演示文稿，命名为"重力"。

2. 制作课件封面

1）封面背景：从素材库中导入图片"封面背景"作为课件封面背景。

2）在课件首页上方采用艺术字形式输入标题文字"第 13 章   力和机械"，在右下方采用艺术字形式输入竖版课件标题"重力"。

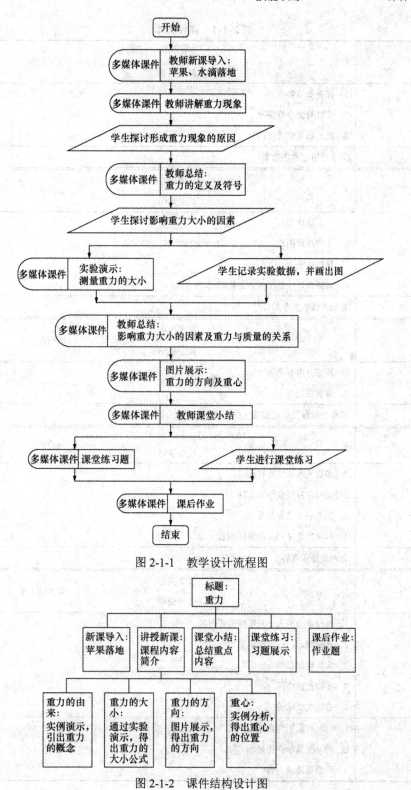

图 2-1-1　教学设计流程图

图 2-1-2　课件结构设计图

表 2-1-1 课件脚本

模块序号	1	页面内容	课件封面
		简要说明	
屏幕显示	1. 课件章节名称 2. 课件封面修饰图片 3. 航天员太空飞行图片		
说明	文字采用艺术字效果		
模块序号	2	页面内容	新课导入
		简要说明	
屏幕显示	1. 苹果落地图片 2. 水滴落地图片 3. 导航按钮 4. 本站幻灯片显示内容名称"新课导入"		
说明	导航按钮放置在幻灯片左侧		
模块序号	3	页面内容	课程内容简介
		简要说明	
屏幕显示	1. 四部分内容名称 2. 导航按钮		
说明	每部分内容使用超链接连接到相应幻灯片		
模块序号	4	页面内容	重力的由来
		简要说明	
屏幕显示	1. 图片：线拉橡皮转动 2. 动画：月亮绕地球运动 3. 重力的定义及符号 4. 与重力定义相关的解释内容		
说明	分两页显示内容		
模块序号	5	页面内容	重力的大小
		简要说明	
屏幕显示	1. 探究重力的大小与哪些因素有关 2. 动画演示：测量砝码重力 3. 实验数据整理 4. 实验数据作图 5. 总结实验结论		
说明	1. 用动画显示测量砝码的过程 2. 用动画显示作图过程 3. 分四页显示内容		

模块序号	6	页面内容	重力的方向及重心
		简要说明	
屏幕显示	1. 表明重力方向的图片		
	2. 表明重心的图片		
说明	配以文字说明		
模块序号	7	页面内容	课堂小结
		简要说明	
屏幕显示	1. 显示课程的重点内容		
说明	突出重难点内容		
模块序号	8	页面内容	课堂练习及课后作业
		简要说明	
屏幕显示	1. 课堂练习以填空题的形式出现		
	2. 分两页显示内容		
说明	简单明了		

3）在课件首页左下方插入图片"封面图片"。调整图片至适当大小。为提高课件演示效果，可为"封面图片"设置【缩放】自定义动画。课件封面整体制作效果如图 2-1-3 所示。

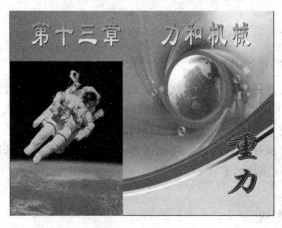

图 2-1-3　课件封面

教学设计提示

1）第一张幻灯片用于表达整个作品的目的与主题，在制作时可以选择与主题相关的背景。背景只是起到烘托作用，但不可以喧宾夺主，而影响了课件封面的主题。

2）为了突出"重力"的主题，可在课件封面插入与重力相关的图片，突出主题思想。如"封面图片"，值得注意的是：封面主题的字号、大小、及在封面的位置。

3. 制作课件导航栏

1）添加新幻灯片，选择素材库中的"课件背景 1"作为背景。

2）幻灯片左边区域设置为导航区域。从素材库中导入"导航图片"，通过复制粘贴设置五个导航按钮，纵向排列在幻灯片左侧。

3）选择绘图工具栏中的【文本框】工具，为每个导航按钮分别添加文本"新课导入"、"讲授新课"、"课堂小结"、"课堂练习"、"课后作业"。效果如图 2-1-4 所示。

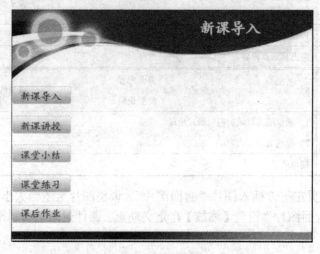

图 2-1-4　新课导入页面

教学设计提示

1）导航栏是贯穿课件的一条主线，因此，要对教学内容进行整体的教学设计，根据教学设计的结果设计导航模块。本课件按照"五环节教学模式"将本节内容分为图 2-1-4 新课导入页面中显示的 5 个导航模块。

2）教师在设计课件的过程中，可以选择其他教学模式为基础进行设计，也可根据实际情况适当增减模块内容。

问题及问题的解决

导航按钮如何平均分布？

选择绘图工具栏的【绘图】|【对齐或分布】|【纵向分布】命令，可以将五个导航模块纵向平均分布，如图 2-1-5 所示。

4. 制作"新课导入"内容

1）当前幻灯片下，在右上角填写"新课导入"标题。

2）从素材库中导入"苹果落地"、"水滴下落"图片，调整大小及位置。

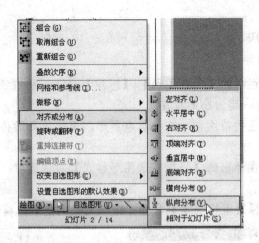

图 2-1-5　对齐或分布设置

3）分别对两幅图片添加标注式说明："苹果为什么落到地上？"、"衣服上的水为什么落到地上？"。

4）为幻灯片添加返回按钮，链接到"新课导入"页面。效果如图 2-1-6 所示。

图 2-1-6　新课导入图片设置

教学设计提示

1）导入为新课的一个重要的教学环节。精彩的导入能将学生注意力有效地集中在教学内容上，引起学生学习的兴趣。

2）本节案例内容为"重力"，因此，在导入环节，用两张与重力现象相关的图片，通过设疑的方式，使学生对日常生活现象中的问题进行思考，引起学生对重力的初步兴趣。

问题及问题的解决

如何设置标注？

1）选择图片工具栏中的【自选图形】|【标注】命令，从中任选一种标注形式，在幻灯片的适当位置画出一定大小的标注。

2）单击标注，标注的箭头前端有一黄色菱形，单击该菱形将箭头拖拽到图片的适当位置。

3）双击该标注，在弹出的【设置自选图形格式】对话框中，调整标注的相关属性设置。如图 2-1-7 所示。

4）右击标注，选择【编辑文本】命令，输入文字调整字体属性。如图 2-1-8 所示。

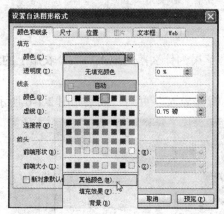

图 2-1-7　设置自选图形格式

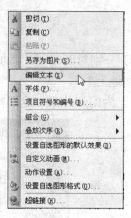

图 2-1-8　自选图形编辑文本

5. 制作"新课讲授"内容

（1）制作"新课讲授"内容提示

1）添加新幻灯片，添加背景，并将前面制作的导航按钮通过复制粘贴方式添加到该幻灯片。（后面的幻灯片同理，下面将不再重复说明）

2）在幻灯片右上角添加"新课讲授"标题，调整文字属性。

3）在幻灯片中添加本节新课内容的 4 个知识点：重力的由来、重力的大小、重力的方向、重心。

4）从素材库中导入"书"图片，并调整大小和位置。

5）为幻灯片添加返回按钮，链接到"新课导入"页面。效果如图 2-1-9 所示。

教学设计提示

1）新课内容通常包含几个知识点，通过上面方式将知识点列出，可让学生了解本节需要掌握的知识有哪些，教师也可根据实际情况在此处标示出重点、难点。

2）由于该幻灯片显示的内容不多，为了丰富界面，可适当添加相关图片，如插入"书"图片。

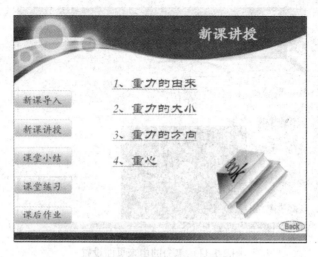

图 2-1-9　新课讲授页面设置

（2）制作"重力的由来"内容

1）添加新幻灯片，添加背景及导航按钮。

2）在幻灯片的右上角添加"一、重力的由来"标题，调整文字属性。

3）从素材库中导入"橡皮"图片，并在图片右侧填写说明性文字"用线拉住橡皮，橡皮才不会跑"。调整图片及文字位置，效果如图 2-1-10 所示。

4）制作"月亮绕地球旋转"动画

选择绘图工具栏中的【矩形】工具，画出蓝色背景框，插入地球及月亮图片，调整位置。在图片右侧添加说明性文字"月亮绕地球转动——因为万有引力的存在"。

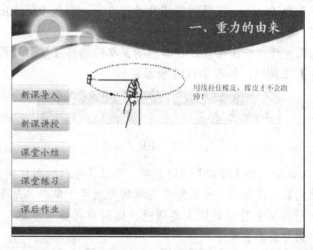

图 2-1-10　线拉橡皮设置

5）为月亮添加绕地球运动的动画效果。效果如图 2-1-11 所示。

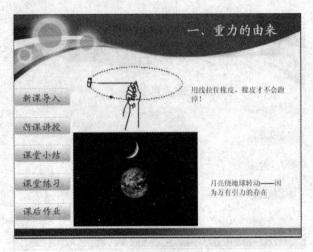

图 2-1-11　重力的由来页面设置

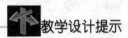 **教学设计提示**

　　教师可以用生活中常见的现象做例子来解释相关知识点，如果可以将一些运动场景用动画的形式表示出来，可以起到帮助学生理解知识点的作用。例如：将月亮绕地球运动用动画形式表现出来。

 问题及问题的解决

　　1）搜集的地球和月亮的图片都带有黑色背景，如何将背景去掉？

　　方法一：可以采用 Photoshop 软件将图片处理一下，利用 Photoshop 中的魔棒工具将背景去掉。

　　方法二：插入图片后，右击图片，在弹出的菜单中选择【显示"图片"工具栏】命令，将弹出【图片】工具栏，如图 2-1-12 所示。

图 2-1-12　图片工具栏

　　选择【图片】工具栏中的【裁切】功能选项，可以将导入的图片按照需求裁剪大小，再选择【设置透明色】功能选项，当鼠标变成笔的形状后，单击"月亮"和"地球"图片中的黑色背景，就将黑色背景设置为透明色，这时再调整"地球"和"月亮"图片的位置，就不会受到背景的影响了。

　　2）如何设置月亮绕地球运动的动画效果？

　　单击"月亮"图片，选择【幻灯片放映】|【自定义动画】命令，调出自定义动画对话框，选择【添加动画】|【动作路径】|【其他动作路径】命令，如图 2-1-13 所示。

　　在弹出的对话框中选择【圆形扩展】命令，如图 2-1-14 所示。

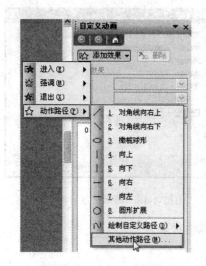

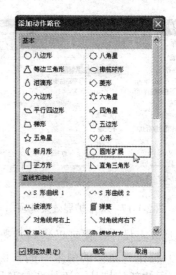

图 2-1-13 添加动画效果   图 2-1-14 添加动作路径

添加动作之后，通过调整圆形动作路径的位置及形状，达到月亮绕地球运动的效果。

3）如何让月亮从幻灯片开始时一直运动到该幻灯片结束？

由于对"月亮"图片添加的动作只能保证月亮绕地球一周后就停止，为了达到更好的播放效果，需要对动作属性进行设置。

在【自定义动画】栏中，将【开始】选项栏中的【单击时】改为【之前】，则在幻灯片播放的同时，自动播放动画，如图 2-1-15 所示。

右击已添加的动作，在下拉菜单中选择【效果选项】命令，如图 2-1-16 所示。

在弹出的【圆形扩展】对话框中，将默认的【平稳开始】和【平稳结束】选框的对号去掉，使得月亮能够做匀速运动，如图 2-1-17 所示。

圆形扩展对话框中，单击【计时】标签，打开【计时】选项卡，将【速度】调整为【中速】，将【重复】调整为【直到幻灯片末尾】，如图 2-1-18 所示。

图 2-1-15 动画开始设置   图 2-1-16 动画效果选项

 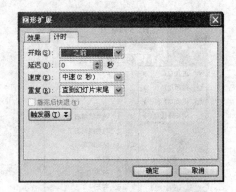

图 2-1-17　圆形扩展效果选项　　　　　图 2-1-18　圆形扩展计时选项

通过以上操作，便可以达到月亮一直绕地球做运动的效果。

（3）制作"重力的由来"的知识点

1）添加新幻灯片，添加背景及导航按钮。

2）在幻灯片的右上角添加"一、重力的由来"标题，调整文字属性。

3）在幻灯片中添加"重力的由来"中的重点知识。

4）为幻灯片添加返回按钮，链接到"新课讲授"页面。制作效果如图 2-1-19 所示。

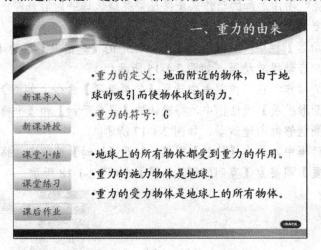

图 2-1-19　重力的由来页面设置

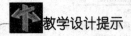教学设计提示

在该幻灯片中，可以将"重力的由来"中的重点知识列出来。需要学生重点关注的部分可用红颜色标示。

（4）制作"重力的大小"内容

1）添加新幻灯片，添加背景及导航按钮。

2）在幻灯片的右上角添加"二、重力的大小"标题，调整文字属性。

　　3）从素材库中导入图片"脚"，调整大小及位置，在幻灯片中添加图 2-1-20 所示的文字内容。导入图片"手"，添加艺术字"实验验证"，整体效果如图 2-1-20 所示。

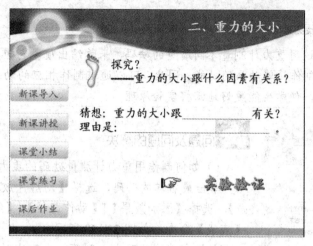

图 2-1-20　重力的大小页面设置

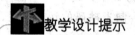教学设计提示

　　"重力的大小"部分内容是要通过实验验证问题，因此，在该幻灯片中，可首先向学生提出疑问，让学生在实验之前猜想重力的大小与哪些因素相关，调动学生参与问题探讨的积极性，引起学生对实验的兴趣。

（5）制作"实验验证"内容

1）添加新幻灯片，添加背景及导航按钮。

2）在幻灯片的右上角添加"二、重力的大小"标题，调整文字属性。

3）在幻灯片中画出砝码及重力计，以及质量与重力的表格，如图 2-1-21 所示。

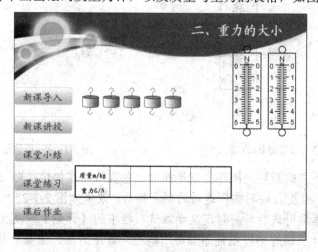

图 2-1-21　重力的大小页面设置

制作用两个重力计分别测试一个及两个砝码的重力的动画效果。同时制作在表格中填写测量结果的动画显示效果。总体效果见案例课件"重力"。

教学设计提示

该实验是通过用重力计测量不同质量的砝码，来总结出质量与重力之间的关系。PowerPoint 具有制作简单动画的功能，因此，可以通过制作相应的动画，向学生展示实验过程及效果，使学生能更好地掌握实验原理。

图 2-1-22　添加直线效果

问题及问题的解决

1）如何制作用重力计测量砝码的重力的动画效果？

单击最右端的砝码，选择【幻灯片放映】|【自定义动画】，选择【添加效果】|【动作路径】|【绘制自定义路径】|【直线】命令，如图 2-1-22 所示。

在最右端的砝码中心到第一个重力计的下方的适当位置画一条直线，使得砝码运动到重力计下方时，砝码上端的挂钩与重力计下方的挂钩相连，绘制出砝码的运动路径，如图 2-1-23 所示。

单击该砝码，添加第二条运动路径，将第一条路径的终点作为第二条路径的起点，竖直向下画一条直线，长度为重力计上的指针向下运动的距离（1 个刻度单位），效果如图 2-1-24 所示。同时达到砝码连续运动的效果，将自定义动画选项栏中的【开始】设置为【之后】。

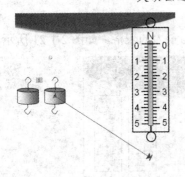

图 2-1-23　设置砝码动画

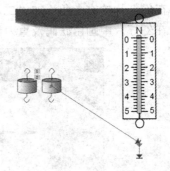

图 2-1-24　设置砝码动画

选择重力计下方的圆环及圆环上方连接的红色直线，添加运动路径，方法同上，路径方向竖直向下，长度与砝码向下运动的距离相同。效果如图 2-1-25 所示。由于圆环运动应该与砝码下落同时进行，将自定义动画选项栏中的【开始】设置为【之前】。

同时为重力计上端的刻度指针添加动作路径，方法同上，使指针从"0"点的运动到"1"点位置，并将【开始】设置为【之前】。效果如图 2-1-26 所示。

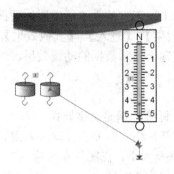
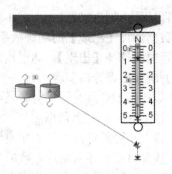

图 2-1-25　设置圆环动画　　　　　　　　　图 2-1-26　设置刻度尺动画

通过以上方法，便可制作出用重力计测量砝码的重力的动画效果。

按照此方法，可做出用重力计测量两个砝码的重力的动画效果。

2）如何为表格添加逐个显示数据的动画效果？

插入图 2-1-27 显示的表格。由于表格是一个整体，在对里面添加的数据设置动画的时候，相当于对整个表格设置动画效果。因此，为了达到逐个显示数据的目的，需要将表格取消组合。

质量m/kg				
重力G/N				

图 2-1-27　重力质量表格

选中表格边框，右击，在弹出的菜单中选择【取消组合】命令，如图 2-1-28 所示。在弹出图 2-1-29 显示的对话框中单击【是】按钮，表格将被分解为一个个的独立的文本框，这时便可对文本框中的文字添加动画效果。

图 2-1-28　表格取消组合

图 2-1-29　取消表格对话框

选择"质量"行中的第一个文本框，添加数据"0.1"，下方的文本框中添加数据"1"，分别为数据添加【出现】的动画效果，选择【添加效果】|【进入】|【其他效果】，在弹出的对话框中选择【出现】。通过这种方式便可实现逐个显示数据的动画效果。

（6）制作数据分析图像

1）添加新幻灯片，添加背景及导航按钮。

2）在幻灯片的右上角添加"二、重力的大小"标题，调整文字属性。

3）将上一张幻灯片中的表格复制粘贴至本张幻灯片中，但要去掉动画效果。

4）从素材库中导入图片"数据分析"，调整位置及大小。在图片左端输入文字"重力与质量的关系图像"，并画出箭头指向图片。效果如图 2-1-30 所示。

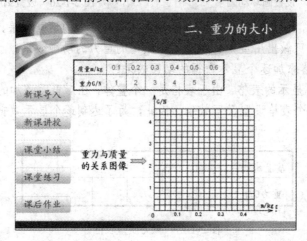

图 2-1-30　重力与质量关系图像

5）根据实验测量的数据，在图片坐标轴上画出 4 个红色小圆点，并为它们添加逐个自动出现的动画效果。

6）画一条黑色直线，将 4 个小圆点连成一条直线，并为直线设置由下向上画出的【擦除】的动画效果。效果如图 2-1-31 所示。

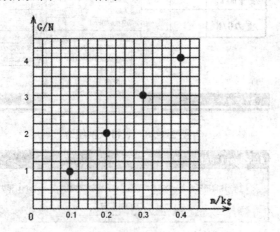

图 2-1-31　图像圆点设置

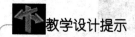教学设计提示

1）由于实验结果填写在上一张幻灯片上，为了便于在本张幻灯片中分析数据，避免教师前后翻动幻灯片，可将数据表格复制到本张幻灯片上，但需要注意的是要将动画效果去掉。

2）实验过后，对实验数据的分析过程很重要，教师可以利用 PowerPoint 制作出手动分析数据结果，画出坐标图示的动画过程。

问题及问题的解决

如何制作小圆点逐个自动出现的动画效果？

通过上面提到的添加动画的方法，为每个小圆点添加【出现】动画效果。为了让小圆点逐个自动出现，需要对动画的【效果选项】进行设置。

右键单击添加的动画，在弹出的下拉菜单中选择【效果选项】命令，在弹出的对话框中选择【计时】选项卡，将【延时】选项设置为"0.5"秒，如图 2-1-32 所示。按照此方法，为每一个小圆点添加动画效果。

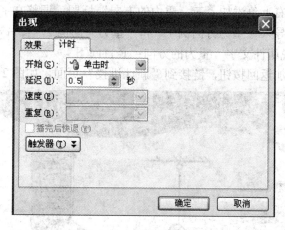

图 2-1-32 "出现"对话框

设置完成后，分别选择第二、三、四个动画效果，将【开始】选项设置为【之后】。通过以上方法，便可制作出小圆点逐个自动出现的动画效果。

（7）制作实验结论幻灯片

1）添加新幻灯片，添加背景及导航按钮。

2）在幻灯片的右上角添加"二、重力的大小"标题，调整文字属性。

3）在幻灯片中添加实验结论内容，重点部分可通过改变颜色的方式突出显示。

4）为幻灯片添加返回按钮，链接到"新课讲授"页面。效果如图 2-1-33 所示。

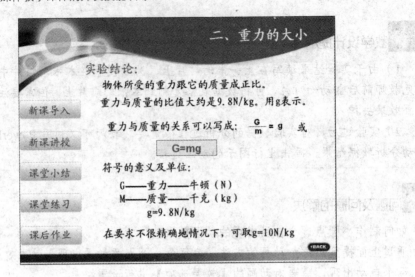

图 2-1-33 重力的大小文字内容

（8）制作"重力的方向"内容

1）添加新幻灯片，添加背景及导航按钮。

2）在幻灯片的右上角添加"三、重力的方向"标题，调整文字属性。

3）从素材库中导入"重力方向例1"和"重力方向例2"图片，调整大小和位置，并在图片下方添加说明性文字"重力的方向：竖直向下"。

4）为幻灯片添加返回按钮，链接到"新课讲授"页面，如图2-1-34所示。

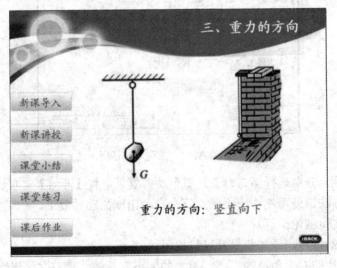

图 2-1-34 重力的方向页面设置

（9）制作"重心"内容

1）添加新幻灯片，添加背景及导航按钮。

2）在幻灯片的右上角添加"四、重心"标题，调整文字属性。

3）从素材库中导入"重心例"图片，调整大小和位置，并在图片上、下方添加说明性文字"重心的定义：重力在物体上的作用点"及"质地均匀、外形规则的物体的重心在它的几何中心上"。

4）为幻灯片添加返回按钮，链接到"新课讲授"页面，如图 2-1-35 所示。

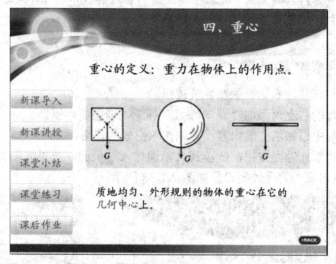

图 2-1-35　重心页面设置

6. 制作"课堂小结"内容

1）添加新幻灯片，添加背景及导航按钮。

2）在幻灯片的右上角添加"课堂小结"标题，调整文字属性。

3）在幻灯片中添加小结内容。

4）为幻灯片添加返回按钮，链接到"新课导入"页面，如图 2-1-36 所示。

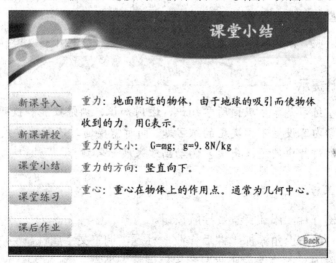

图 2-1-36　课堂小结页面设置

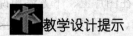**教学设计提示**

　　"课堂小结"部分是对本节教学内容作一简单的回顾和总结，说明本节课程所讲授的内容及每部分内容的重点，有助于学生进一步理解教学内容，促进知识结构的建立。对重点部分，可采用红色或其他突出颜色标示。

　　7. 制作"课堂练习"内容

　1）添加新幻灯片，添加背景及导航按钮。

　2）在幻灯片的右上角添加"课堂练习"标题，调整文字属性。

　3）在幻灯片中添加填空题内容，并制作填空题的答案。

　4）为幻灯片添加返回按钮，链接到"新课导入"页面。效果如图 2-1-37 所示。填空题答案出现的动画效果设置如图 2-1-38 所示。

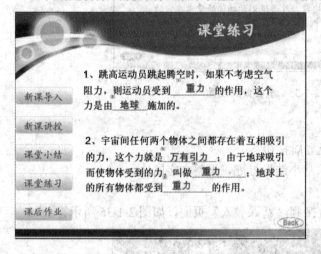

图 2-1-37　课堂练习页面设置　　　　　　图 2-1-38　填空题动画设置

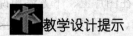**教学设计提示**

　　有效的课堂练习是学生巩固所学知识、运用知识、训练技能和技巧的重要手段。教师可根据教学内容设置不同类型的练习题。同时需要通过不同的方式展示练习题的答案。例如该幻灯片中使用【出现】的动画效果展示答案。

　　8. 制作"课后作业"内容

　1）添加新幻灯片，添加背景及导航按钮。

　2）在幻灯片的右上角添加"课后作业"标题，调整文字属性。

　3）从素材库中导入"课后作业"图片，调整大小。

　4）为幻灯片添加返回按钮，链接到"新课导入"页面，如图 2-1-39 所示。

图 2-1-39 课后作业页面设置

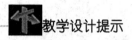教学设计提示

　　课后作业是为了加深学生对基本知识的理解，巩固所学知识。课程练习题的设计要遵循理论与实践相结合的原则。教师在设计课后作业时，要注重培养学生的实际动手能力与创新精神。

　　9. 建立超链接

　　为导航按钮及"讲授新课"中的 4 个知识点添加超链接，并为页面添加返回按钮。整体课件效果可参见课件案例"重力"。

问题及问题的解决

　　如何解决为文字设置超链接后，文字出现下画线及颜色改变的问题？

　　1）如果希望设置超链接后，不出现下画线效果，可以选中文本框而不是文本框中的文字进行超链接。

　　2）如果希望出现下画线效果，则需要选中文本框中的文字进行超链接。但是设置超链接后的文字颜色会改变。我们可以通过编辑配色方案更改颜色。具体操作如下：

　　3）选择【格式】|【幻灯片设计】命令，在窗口右侧的【幻灯片设计】面板中，单击【配色方案】，再单击窗口右下角的【编辑配色方案】，在弹出的【编辑配色方案】对话框中，可以对【配色方案颜色】进行修改。如单击【强调文字和超链接】前的颜色框，单击【更改颜色】，进行颜色的选择和修改，如图 2-1-40 所示。

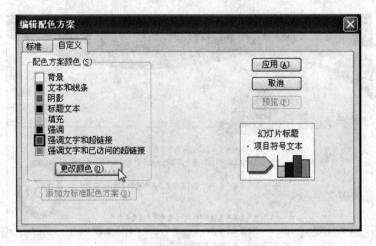

图 2-1-40 编辑配色方案对话框

2.1.5 课件的运行

课件制作完成后，一定要运行该课件，并详细检查运行情况，发现问题及时修改，保证课件的教学质量。

2.1.6 训练须知

1）课件制作过程中会用到大量的图片素材，学生可以在进行本教材模块一的技能训练实验中搜集制作课件需用的相应素材，或用相应的软件自己制作所需图片素材。

2）设计课件过程中所需的教材中的资源可登录 http://www.pep.com.cn 网站下载。

3）在课件设计的过程中，要注重运用教学设计的思想。

2.1.7 思考题

1）设计九年级数学（下册）教材中第27章第二节内容的课件结构。

2）制作九年级物理教材中第12章第五节内容的教学课件：牛顿第一定律。

技能训练 2.2　Flash 课件制作

学习目标

训练目标

1. 通过训练，能熟练掌握教学设计过程。
2. 通过训练，在把握教学设计理念的前提下，依据课程内容进行合理的教学设计。
3. 通过训练，熟练掌握 Flash 课件制作技术，并设计与制作 Flash 课件。
4. 完善 Flash 技术技巧及教学设计技能。

训练任务

1. 根据教学内容及被教育对象，合理选择教学模式。
2. 选取中小学某门教材的某一知识单元，能进行合理的内容分析与教学设计。
3. 利用娴熟的 Flash 技术制作一个完整的教学课件。

训练环境

1. 系统平台：Windows XP。
2. 制作软件：Adobe Flash cs3。

2.2.1 选择教学内容

（1）教学内容

本技能训练选取的内容为九年级化学课程第一单元第二节：氧气的实验室制法。

（2）内容分析

本节的知识是在初中化学学习的起始部分第一次系统地进行物质制取的讲解，它既要建立在本单元前两节知识的基础上（氧气的物理性质等），还要为以后学习物质（二氧化碳等）的制取起到学习方法的铺垫作用。本节知识包括氧气的实验室制法的具体内容：药品的选择，反应条件的确定，反应装置的选取，根据氧气的物理性质采取合理的收集方法，根据氧气的化学性质采取验满的方法。本单元的重点是实验室制取氧气的反应原理和操作方法。

2.2.2 教学设计分析

依据课程性质与内容、学习对象，把此次课程设计为以教为主的教学模式。利用学生已经有的基础知识，出示氧气在日常生活中应用的一些图片，指出在日常生活中会经常需要纯净的氧气，激发学生的学习兴趣，调动学生的思维，引导学生思考如何制取氧气？用动画的形式向学生展示氧气的制取过程，促进学生对实验过程的理解和掌握。培养学生分析问题、解决问题的能力，同时让学生设计制取氧气的其他方法，使学生掌握制取气体的基本思路和方法，初步具备一定的探究能力。

2.2.3 教学设计的实施

1. 教学设计流程图

教学设计流程如图 2-2-1 所示。

2. 课件结构设计

课件结构设计如图 2-2-2 所示。

3. 课件脚本的编写

课件脚本如表 2-2-1 所示。

2.2.4 课件制作步骤

1. 新建 Flash 文件

启动 Adobe Flash cs3 程序，新建 Flash（ActionScript 2.0）文件。

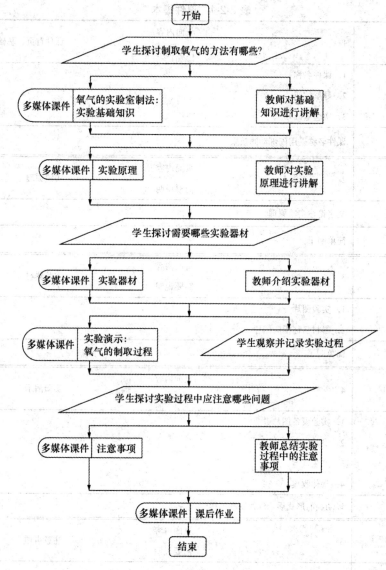

图 2-2-1 教学设计流程图

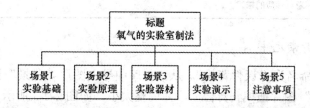

图 2-2-2 课件结构设计图

表 2-2-1　课件脚本

模块序号	1	页面内容 简要说明	课件首页、基础知识
屏幕显示	1. 课件名称 2. 导航按钮 3. 实验基础知识		
说明	课件名称采用闪烁动画效果		
模块序号	2	页面内容 简要说明	实验原理
屏幕显示	文字论述实验原理		
说明	简单明了		
模块序号	3	页面内容 简要说明	实验器材
屏幕显示	1. 实验图片 2. 器材名称指向图片		
说明	简单明了		
模块序号	4	页面内容 简要说明	实验演示
屏幕显示	1. 实验设备图片 2. 酒精灯燃烧 3. 产生气泡 4. 气体收集		
说明	以动画的形式展示气体制取过程		
模块序号	5	页面内容 简要说明	注意事项
屏幕显示	实验过程中应注意的内容		
说明	总结性质的描述		

2. 制作课件背景元件

1）将图层一命名为"课件背景"。从素材库中导入图片"背景"到库中。

2）将"背景"图片拖拽到舞台上，并调整大小，如图 2-2-3 所示。

3）右击图片，在弹出的菜单中选择【转换为元件】命令，在弹出的对话框中，将类型设置为【影片剪辑】，并将名称改为"课件背景"，如图 2-2-4 所示。

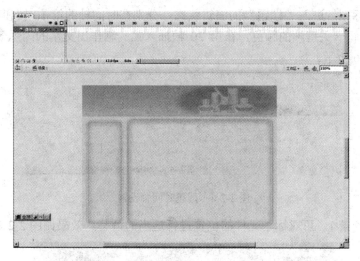

图 2-2-3 课件背景

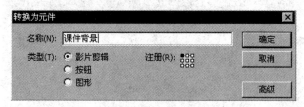

图 2-2-4 转换为元件对话框

教学设计提示

1）课件背景用于表达整个作品的目的与主题，在制作时可以选择与实验相关的图片作为背景。背景只是起到烘托作用，但不可以喧宾夺主，而影响了课件封面的主题。

2）设计背景图片时，可将整个背景设置为三个部分，图片的顶部可设置为标题区域，用来显示课件的名称"氧气的实验室制法"，左侧可设置为导航按钮区域，用来放置链接各模块的按钮，右侧可作为课件内容的显示区域，用来显示每个模块的内容。如图 2-2-5 所示。

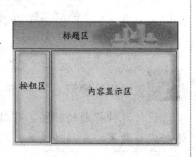

图 2-2-5 背景区域划分

3. 制作标题元件

1）选择文本工具，在标题区输入文字"氧气的实验室制法"，设置字体、颜色及大小。

2）右击文字，在弹出的菜单中选择【转换为元件】命令，在弹出的对话框中，将类型设置为【影片剪辑】，并将名称改为"标题"。

3）双击标题，进入"标题"的编辑状态，分别在时间轴的第 10 帧和第 20 帧插入关键帧，改变每一关键帧的颜色，在第 30 帧插入帧。制作出文字的闪烁效果。时间轴设置如图 2-2-6 所示。

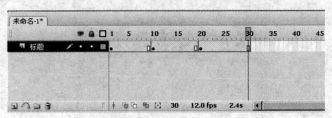

图 2-2-6　标题时间轴设置

4）返回场景 1，可对标题元件的位置进行适当的调整。效果如图 2-2-7 所示。

图 2-2-7　标题设置

教学设计提示

设计课件标题的时候，可以添加适当的动画效果，例如为"氧气的实验室制法"添加闪烁效果，或移动效果，达到突出主题的目的。

4．制作导航按钮

1）插入新图层，命名为"导航按钮"。

2）选择【窗口】|【公用库】|【按钮】命令，打开库-按钮窗口，如图 2-2-8 所示。选择【rounded blue】按钮，将其拖拽到舞台上，调整大小及位置。可通过复制粘贴方式设置 5 个按钮，如图 2-2-9 所示。

图 2-2-8　按钮选择

图 2-2-9　按钮排列样式

3）双击任意按钮，进入按钮元件编辑状态，选择"text"图层，解锁后，将该图层删掉。

4）返回场景 1，选择文本工具，为 5 个按钮分别添加文本"实验基础"、"实验原理"、"实验器材"、"实验演示"、"注意事项"，并调整大小及位置。如图 2-2-10 所示。

图 2-2-10　课件整体设置效果

教学设计提示

1）导航栏是贯穿课件的一条主线，因此，要对教学内容进行整体的教学设计，根据教学设计的结果设计导航模块。本课件按照实验教学环节，将教学内容分为图中所示的 5 个模块。

2）教师在设计课件的过程中，可以选择其他教学模式为基础进行设计，也可根据实际情况适当增减模块内容。

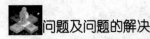**问题及问题的解决**

导航按钮如何平均分布？

同时选中 5 个按钮，选择【修改】|【对齐】|【左对齐】命令以及【修改】|【对齐】|【按高度均匀分布】命令，然后同时选中 5 个按钮上的文字，执行同样的操作，使按钮处于平均分布状态，如图 2-2-11 所示。

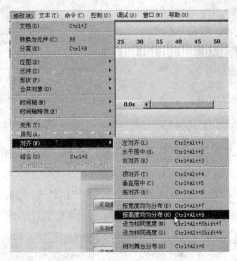

图 2-2-11 按钮对齐设置方式

5. 制作"实验基础"模块内容

1）插入新的图层，命名为"文本"。选择文本工具，在内容显示区输入"实验基础"，设置文字的字体、大小、颜色。

2）在内容显示区输入实验基础的相关知识内容，如图 2-2-12 所示。

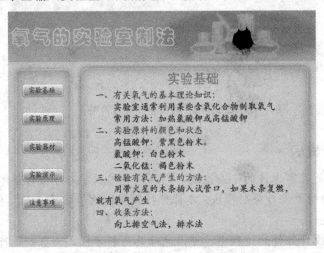

图 2-2-12 实验基础页面设置

3）场景 1 的时间轴设置如图 2-2-13 所示。

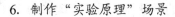

教学设计提示

　　学生在学习氧气的实验室制法之前，需要了解与实验相关的基础知识，它是实验的前提条件，因此，在设计课件内容时，将"实验基础"设置为第一个模块内容，作为学生首先需要了解的知识。

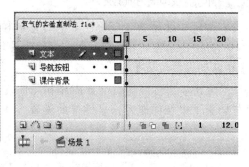

图 2-2-13　场景 1 时间轴设置

6. 制作"实验原理"场景

1）插入一个新的场景，将图层 1 改名为"课件背景"。将"课件背景"元件和"标题"元件拖入舞台，调整到适当位置。

2）插入新的图层，命名为"导航按钮"，将场景 1 中的导航按钮复制到场景 2 当中。这一步骤也可以在设置完场景 1 中的按钮的动作之后，再将按钮复制过来，这样可以避免在每一个场景中做重复工作。

3）插入新的图层，命名为"文本"。在场景 2 的内容显示区输入"实验原理"及其相应内容，设置文字的字体、大小、颜色，效果如图 2-2-14 所示。

4）场景 2 的时间轴设置如图 2-2-15 所示。

图 2-2-14　实验原理页面设置

图 2-2-15　场景 2 时间轴设置

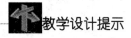

教学设计提示

　　实验原理可以让学生更好地理解实验的过程，因此，需要在课件中设置关于实验的原理的相关知识，帮助学生进一步认识氧气的实验室制法。

问题及问题的解决

如何能让场景 2 与场景 1 中的背景和标题的位置完全一致？

方法一：可以直接将场景 1 中的背景和标题复制，然后转到场景 2 中，选择【编辑】|【粘贴到当前位置】命令。

方法二：可以通过设置图片和元件的坐标值来调整位置。将场景 2 中的坐标值设置与场景 1 中相同即可。坐标值的设置方法如图 2-2-16 所示。

图 2-2-16　设置图片位置

7. 制作"实验器材"场景

1）插入一个新的场景，将图层 1 改名为"课件背景"。将"课件背景"元件和"标题"元件拖入舞台，调整到适当位置。

2）插入新的图层，命名为"导航按钮"，将场景 1 中的导航按钮复制到场景 3 中。这一步骤也可以在设置完场景 1 中的按钮的动作之后，再将按钮复制过来，这样可以避免在每一个场景中做重复工作。

3）插入新的图层，命名为"文本"。在场景 3 的内容显示区输入"实验器材"。

4）从素材库中导入图片"氧气的制法"到库中。将该图片拖拽到舞台上的内容显示区，调整大小和位置。

5）添加实验器材名称，并绘制线段，将实验器材与相应的名称相连，效果如图 2-2-17 所示。

6）场景 3 的时间轴设置如图 2-2-18 所示。

图 2-2-17　实验器材页面设置

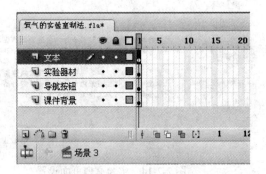

图 2-2-18　场景 3 时间轴设置

教学设计提示

　　本课件的内容是让学生了解氧气的实验室制法，在学生进行试验之前，需要让学生了解各个实验设备及其名称，如果想将课件做得更为详细的话，也可将每个实验设备的特点和作用展示在课件中，便于学生了解实验设备。

8. 制作"实验演示"场景

1）插入一个新的场景，将图层 1 改名为"课件背景"。将"课件背景"元件和"标题"元件拖入舞台，调整到适当位置。

2）插入新的图层，命名为"导航按钮"，将场景 1 中的导航按钮复制到场景 4 当中。这一步骤也可以在设置完场景 1 中的按钮的动作之后，再将按钮复制过来，这样可以避免在每一个场景中做重复工作。

3）插入新的图层，命名为"文本"。在场景 4 的内容显示区输入"实验演示"。

4）从素材库中导入"酒精灯"图片到库中。利用魔棒工具将图片的白色背景删除。调整酒精灯的大小和位置，如图 2-2-19 所示。

5）选择"选择工具"，选中酒精灯的火焰部分，右键单击火焰，将其转换为影片剪辑元件，命名为"火焰"。进入火焰元件的编辑窗口。分别在第 5、10、15、20、25 帧插入关键帧。选择【修改】|【变形】|【缩放和旋转】命令，以火焰的底边中点为轴，分别将火焰调整角度 3 度、6 度、9 度、6 度、3 度，如图 2-2-20 所示。

图 2-2-19 酒精灯图片

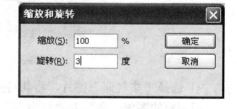

图 2-2-20 缩放和旋转对话框

6）选择每一个关键帧，将【补间】设置为【形状】，如图 2-2-21 所示。

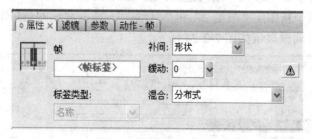

图 2-2-21 设置补间动画

7）设置后的"火焰"元件的时间轴如图 2-2-22 所示。

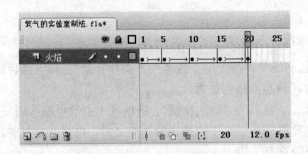

图 2-2-22 "火焰"时间轴设置

8）返回场景 4 的编辑窗口，导入素材"试管"和"集气瓶"图片，去掉图片的白色背景后，调整位置和大小，效果如图 2-2-23 所示。

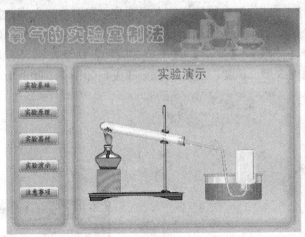

图 2-2-23 实验演示页面设置

9）选择"集气瓶"图片，将其转换为影片剪辑元件。双击进入元件编辑窗口。

插入新的图层，命名为"气泡 1"，选择第一个关键帧，在导管口绘制一个圆形的气泡。在第 20 帧插入一个关键帧，将气泡移动到集气瓶顶端。右键单击各关键帧，选择【创建补间动画】命令，制作出气泡上升的动画效果。

同理，插入两个新图层"气泡 2"和"气泡 3"，需要注意的是每个图层的起始关键帧的位置不同，时间轴显示如图 2-2-24 所示。

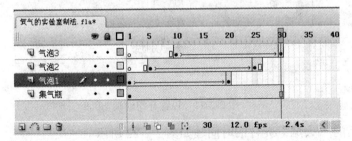

图 2-2-24 "气泡"时间轴设置

插入一个新的图层，命名为"氧气"。在第一个关键帧上绘制一个白色的矩形，表示收集气体后集气瓶中气体的体积。为了便于绘制图形，可将舞台放大。为了保证绘制的图形效果，可在属性面板中，将矩形的角的弧度设置为 3，如图 2-2-25 所示。绘制的图形效果如图 2-2-26 所示。

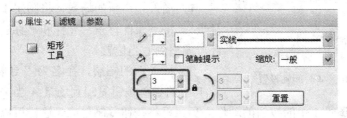

图 2-2-25　矩形工具属性设置

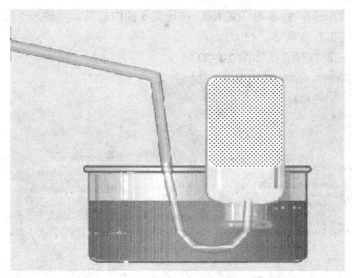

图 2-2-26　矩形绘制效果

在第 25 帧处插入一个关键帧，然后调整第一个关键帧中的矩形，将其调整为一条直线大小。选择每个关键帧，将属性对话框中的补间设置为【形状】。制作出空气慢慢充满集气瓶的动画效果。最终的时间轴效果如图 2-2-27 所示。

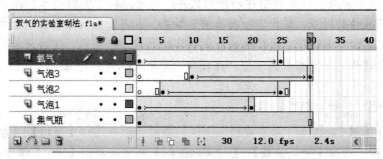

图 2-2-27　【氧气】时间轴设置

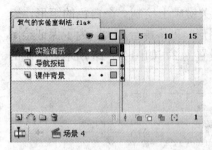

图 2-2-28 场景 4 时间轴设置

10）返回场景 4，场景 4 的时间轴效果如图 2-2-28 所示。

9．制作"注意事项"场景

1）插入一个新的场景，将图层 1 改名为"课件背景"。将"课件背景"元件和"标题"元件拖入舞台，调整到适当位置。

2）插入新的图层，命名为"导航按钮"，将场景 1 中的导航按钮复制到场景 4 当中。这一步骤也可以在设置完场景 1 中的按钮的动作之后，再将按钮复制过来，这样可以避免在每一个场景中做重复工作。

3）插入新的图层，命名为"文本"。在场景 5 的内容显示区输入"注意事项"及其内容。效果如图 2-2-29 所示。

4）场景 5 的时间轴设置如图 2-2-30 所示。

图 2-2-29 注意事项页面设置

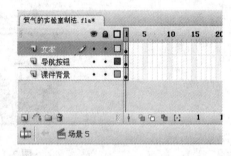

图 2-2-30 场景 5 时间轴设置

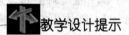教学设计提示

Flash 是一款功能强大的制作动画的软件，因此，在"实验演示"这一模块中，要充分利用软件的特点，制作实验动画演示效果。本课件是代替实验或者在学生进行实物实验之前的学习课件，用动画的形式将实验过程演示出来，能够让学生首先在直观上对实验过程有一定程度的掌握。该模块内容也是课件的亮点。

10．添加"停止"命令

1）选择场景 1，选择"课件背景"图层的最后一帧，选择【窗口】|【动作】命令，调出动作面板，选择【全局函数】|【时间轴控制】命令，双击【stop】命令，在脚本窗口中添加停止语句，如图 2-2-31 所示。

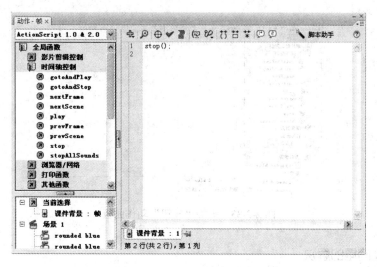

图 2-2-31 添加"停止"动作

2）用同样的方法，为其他场景添加停止命令。

11. 为导航按钮添加动作

1）选择场景 1，单击第一个按钮，打开动作面板，选择【全局函数】|【影片剪辑控制】命令，双击【on】命令，在脚本窗口中双击【press】命令，如图 2-2-32 所示。

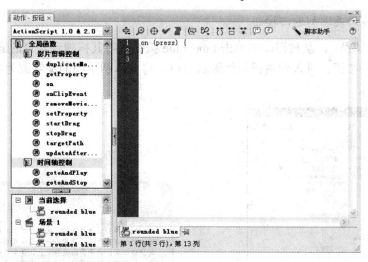

图 2-2-32 添加"按钮"动作面板

2）将鼠标放在第一个大括号后，按 Enter 键，将光标移至下一行，选择【时间轴控制】命令，双击【gotoandplay】命令。在脚本窗口中显示的"gotoandplay"语句后的括号内，输入（"场景 1"，1），如图 2-2-33 所示。

3）分别为其他按钮添加动作，将按钮分别链接至各个场景。

图 2-2-33 添加"按钮"动作面板

 问题及问题的解决

1）为什么在对按钮添加动作时显示"无法将动作应用于当前所选内容"。

Adobe Flash cs3 的脚本语言是 AS3，其代码不能写在的按钮上，只能写在帧里。因此不能对按钮添加动作。

2）如何解决无法为按钮添加动作的问题？

选择【文件】|【发布设置】命令，将 Actionscript 的版本设置为 Actionscript 2.0，如图 2-2-34 所示。

12. 为各场景添加返回按钮

1）选择场景 2，从按钮库中单击 tube blue 按钮，将其拖拽到舞台的适当位置，调整大小。双击按钮，进入到按钮元件编辑窗口，将文本图层中的文字改为"返回"，如图 2-2-35 所示。

图 2-2-34 版本修改设置

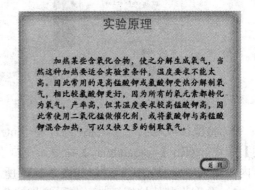

图 2-2-35 实验原理页面设置

2）为按钮添加动作，将按钮链接至场景 1。

3）复制该按钮，添加到其他场景中。

13.　测试场景与影片

要测试一个场景的全部内容，选择【控制】|【测试场景】命令。Flash 仅导出当前影片中的当前场景，然后将文件在新窗口中打开，且在文件选项卡中标示出当前测试的场景。

要测试一个动画的全部内容，选择【控制】|【测试影片】命令。Flash 将自动导出当前影片中的所有场景，然后将文件在新窗口中打开。

执行测试影片与测试场景命令均会自动生成.swf 文件，且自动将它置于当前影片所在的文件夹中，而它的导出设置则以 Flash【发布设置】对话框中的默认设置为基础，要改变这些设置，选择【文件】|【发布设置】命令，在【发布设置】对话框中进行必要的调整。如果对当前的测试结果满意，就可以将作品发表了。

14.　课件的发布与导出

（1）课件的发布

可以将 Flash 影片发布成多种格式，而在发布之前需进行必要的发布设置，定义发布的格式以及相应的设置，达到最佳效果。

选择【文件】|【发布设置】命令，弹出【发布设置】对话框，在对话框中选择所要发布的类型。并对每个类型进行设置，"格式"发布设置对话框如图 2-2-36 所示和"Flash"发布设置对话框如图 2-2-37 所示。

设置完成后，单击【发布】按钮。

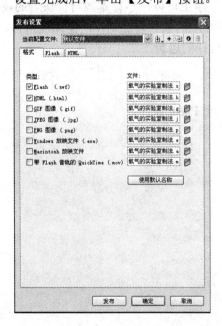
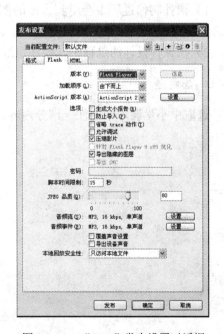

图 2-2-36　"格式"发布设置对话框　　　　图 2-2-37　"flash"发布设置对话框

（2）导出影片

选择【文件】|【导出】|【导出影片】命令，弹出【导出影片】对话框，如图 2-2-38 所示。可根据需要选择导出影片的类型。

图 2-2-38　导出影片设置

2.2.5　训练须知

1）课件制作过程中会用到大量的图片素材，学生可以在进行本教材模块一的技能训练实验中搜集制作课件需用的相应素材，或用相应的软件自己制作所需图片素材。

2）在课件设计的过程中，要注重运用教学设计的思想。

2.2.6　思考题

选取中小学课本中的任一部分内容，制作一个 Flash 课件。

技能训练 2.3　Authorware 课件制作

训练目标

1. 通过训练，能熟练掌握教学设计过程。
2. 通过训练，在把握教学设计理念的前提下，依据课程内容进行合理的教学设计。
3. 通过训练，熟练掌握 Authorware 课件制作技术，并设计与制作 Authorware 课件。
4. 完善 Authorware 技术及教学设计技能。

训练任务

1. 根据教学内容及被教育对象，合理选择教学模式。
2. 选取中小学某门教材的某一知识单元，能进行合理的内容分析与教学设计。
3. 利用娴熟的 Authorware 技术制作一个完整的教学课件。

训练环境

1. 系统平台：Windows XP。
2. 制作软件技术：Macromedia Authorware 7.0。

2.3.1 选择教学内容

（1）教学内容

本技能训练选取的内容为人民教育出版社出版的五年级语文课程第五册上第五课古诗词三首之一：长相思。

（2）内容分析

康熙二十年，三潘之乱平定。竖年三月，玄烨出山海关至盛京告祭祖陵，纳兰性德扈从。本篇即作于此时。整首词，无一句写思乡，却句句渗透着对家乡的思念。词的大意是：将士们跋山涉水，向山海关那边进发。夜里，住宿帐篷，每个帐篷里都点起了灯。入夜，又是刮风，又是下雪，将士们从睡梦中醒来，再也睡不着了，不禁思念起故乡来，因为故乡温暖、宁静，是没有寒风朔雪之声的。

词的内容如下：

山一程，水一程，身向榆关那畔行，夜深千帐灯。

风一更，雪地更，聒碎乡心梦不成，故园无此声。

2.3.2 教学设计分析

1）依据课程性质与内容、学习对象，把此次课程设计为以学为主的教学模式。

2）以长相思、山、水、山海关、风雪、故园六幅画面配图朗诵《长相思》导入新课，让学生体会其中意境。

3）通过对诗人和诗词创作背景介绍，给予学生充分想象的空间，便于对本词的理解和赏析。

4）生字生词作为学生学习古诗词的重要环节，对拓展学习其他诗词很有帮助。

5）拓展练习，巩固所学，并学着体会其他诗歌所表达的意境。

2.3.3 教学设计的实施

1. 教学设计流程图

教学设计流程如图 2-3-1 所示。

2. 课件结构设计

课件结构设计如图 2-3-2 所示。

3. 课件脚本

课件脚本如表 2-3-1 所示。

2.3.4 课件制作步骤

1. 创建 Authorware 文档

1）新建一个 Authorware 文档。运行 Authorware，选择【文件】|【新建】|【文件】菜单命令，新建一个 Authorware 文档。选择【文件】|【另存为】菜单命令，弹出【保

存文件为】窗口，文件名修改为"长相思"，单击【保存】命令，在已选好的保存位置上会出现长相思.a7p 文件。

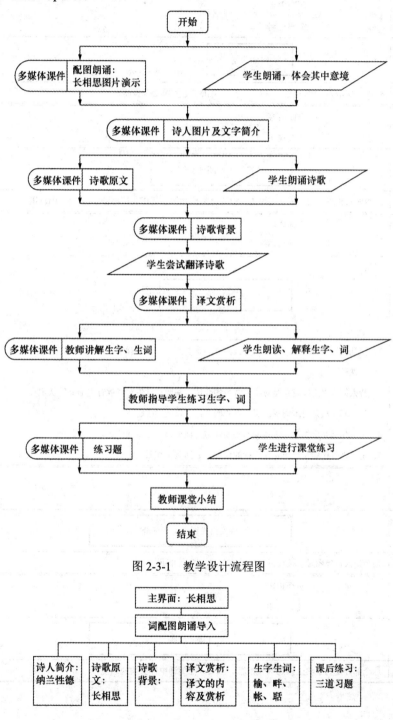

图 2-3-1　教学设计流程图

图 2-3-2　课件结构图

表 2-3-1 《长相思》课件脚本

页面序号	1	页面内容 简要说明	封面
屏幕 显示		封面背景	
说明	封面中显示为："长相思"，按任意键或单击，进入第 2 个页面		
页面序号	2	页面内容 简要说明	配图朗诵
屏幕 显示		《长相思》朗诵配图	
说明	配画面长相思、山、水、山海关、风雪、故园六幅，朗读《长相思》，体会其中意境		
页面序号	3	页面内容 简要说明	进入交互
屏幕 显示	背景 交互按钮		
说明	1. 交互按钮共有 7 个，分别为诗人简介、诗歌原文、诗歌背景、译文赏析、生字生词、课后练习、退出课件 2. 诗人简介、诗歌背景是对本词背景的介绍，藉此让学生对诗歌有更形象的认识 3. 译文和赏析是对本词更深层次意境的介绍，以便学生能体会 4. 生字生词是学生学习古诗词的必要环节，课后练习是本课的练习巩固部分 5. 退出课件按钮是退出正在运行的课件，返回到操作系统		
页面序号	4	页面内容 简要说明	诗人简介
屏幕 显示		诗人肖像图、诗人简介	
说明	显示诗人肖像图时，按任意键或单击，进入文字介绍		
页面序号	5	页面内容 简要说明	诗歌原文
屏幕 显示		Flash 动画	
说明	这个部分是为了学生熟悉《长相思》原文，在朗诵中体会词的意境		

续表

页面序号	6	页面内容	诗歌背景
		简要说明	

屏幕显示	诗歌背景介绍

说明	文字介绍

页面序号	7、8	页面内容	译文赏析
		简要说明	

屏幕显示	译文 交互按钮	赏析 交互按钮	返回 交互按钮

说明	1. 此时原有的 7 个按钮为不可用，单击返回按钮后返回第 3 个界面
	2. 译文和赏析部分是用分支结构组织起来的

页面序号	9	页面内容	生字生词
		简要说明	

屏幕显示	生词 交互热区域	返回 交互按钮

说明	1. 此时原有的 7 个按钮为不可用，单击返回按钮后返回第 3 个界面
	2. 当鼠标滑动到红色字体部分，实现热区交互，显示其含义

页面序号	10	页面内容	课后练习
		简要说明	

屏幕显示	课后练习 交互热区域	返回 交互按钮

说明	1. 此时原有的 7 个按钮为不可用，单击返回按钮后返回第 3 个界面
	2. 单击题标即可显示相应内容

页面序号	11、12	页面内容	退出课件
		简要说明	

屏幕显示	配图 长相思	谢谢使用 再见！
	11	12

说明	1. 配图长相思作为对本词的回顾，加深学生的印象
	2. 谢谢使用以移动方式出现，更具生动感

2）课件设置分辨率。选择【窗口】|【面板】|【属性】菜单命令，调出文件属性面板，选择【大小】下拉列表框中的 800×600（SVGA）命令，将课件运行的窗口大小设为 800×600 像素。【属性：文件】面板设置如图 2-3-3 所示。

图 2-3-3 【文件属性】面板

2. 设置主流程

根据课件脚本和制作思路为课件设计主流程，将所需图标拖动到主流程线上，并重新命名，如图 2-3-4 所示。

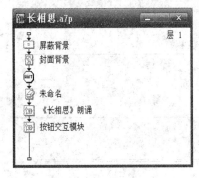

图 2-3-4 主流程设置

3. 制作课件封面

1）选择【窗口】|【面板】|【函数】菜单命令，弹出函数窗口，在【分类】右侧下拉列表框中选中长相思.a7p，单击【载入】命令，选中 cover.u32 函数文件。导入后，单击主流程最上方将手型指示图标设置在最前面，双击名为"屏蔽背景"的【计算】图标，弹出该计算的编辑窗口，写入 cover()。在运行时，可实现课件在屏幕中间，而屏幕其他地方是黑色的效果。

2）双击名为"封面背景"的【显示】图标，选择【文件】|【导入和导出】|【导入媒体】菜单命令，将已经制作好的图片导入该显示图标。这个图片是作为整个课件的封面背景图片。

3）单击【等待】图标，调出等待图标属性面板，取消选中【显示按钮】，以免所显示的按钮破坏画面整体效果，然后选中【单击鼠标】和【按任意键】两个复选框，将【时限】设为 5s。

4）单击【工具栏】里的 ，暂停时，单击名为【擦除封面】的擦除图标，调出擦除图标属性面板。单击设计窗口的【封面背景】图标，【被擦除的图标】中显示"封面背景"图标，擦除"封面背景"。

课件封面整体制作效果如图 2-3-5 所示。

教学设计提示

1）封面背景用于表达整个作品的目的与主题，在制作时可以选择与主题相关的背景。背景只是起到烘托作用，但不可以喧宾夺主，而影响了课件封面的主题。

2）为了突出古诗词"长相思"的主题，可在课件封面的设计中融入古诗词元素，突出主题思想。值得注意的是：封面主题的字号、大小及在封面的位置。

图 2-3-5　封面运行效果

4．制作"《长相思》朗诵"内容

1）双击群组图标【《长相思》朗诵】，Authorware 弹出第 2 层流程设计窗口，将所需图标拖动到该窗口中，并重新命名，如图 2-3-6 所示。

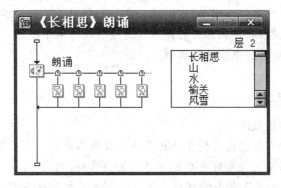

图 2-3-6　设置《长相思》朗诵的同步图标

2）单击名为【朗诵】的声音图标，调出声音图标属性面板，单击 导入... ，将已经选好的"长相思朗诵"声音文件导入该图标中。选择【计时】选项卡，将【执行方式】设为"等待直到完成"。

3）双击显示图标【长相思】，选择【文件】|【导入和导出】|【导入媒体】菜单命令，导入已制作好的图片。单击该显示图标，调出显示图标属性面板，单击特效后的 ... 按钮，弹出【特效方式】对话框，在【特效】列表框中选择【以相机光圈开放】选项，其他各选项按默认设置不做改动，单击【确定】按钮。效果如图 2-3-7 所示。

4）使用同样的方法完成其余 5 个显示图标内容的设置。

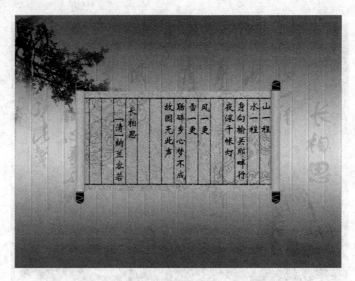

图 2-3-7 《长相思》朗诵运行效果

教学设计提示

1）导入为新课的一个重要的教学环节。精彩的导入能将学生注意力有效地集中在教学内容上，引起学生学习的兴趣。

2）本节教学内容为"长相思"，因此，在导入环节，用山、水、山海关、风雪和故园这几张与词中描绘的实物相关的图片，通过朗诵并展示图片，创设与词中形象相关的氛围，便于学生对词中意境的理解。

问题及问题的解决

如何设置声音和图像同步？

要想使声音文件与其他内容同步，必须将同步的内容放在声音图标的右下方，此时在同步内容对应的图标上方出现一个时钟样式的设置标志。

单击名称为"长相思"的显示图标上面的小时钟，操作区下方的【属性】对话框变为【属性：媒体同步】对话框。在【同步于】下拉列表框中选择"秒"选项，表示同步单位为秒。在下面的文本框中输入"0"，表示同步时间为 0 秒。在【擦除条件】下拉列表框中选择【在下一事件后】选项，表示在下一个事件响应之后擦除，如图 2-3-8 所示。

图 2-3-8 【属性：媒体同步】对话框

使用同样的方法设置其他 5 个显示图标的媒体同步属性，分别设置它们开始显示的时间是 14，16，19，39，51，也就是设置同步单位为秒，并分别在【同步于】下面的文本框中分别输入这 3 个数。

5. 制作课件交互导航功能

1）双击【按钮交互模块】群组图标，Authorware 弹出第 2 层流程设计窗口，将所需图标拖动到该窗口中，并重新命名，如图 2-3-9 所示。

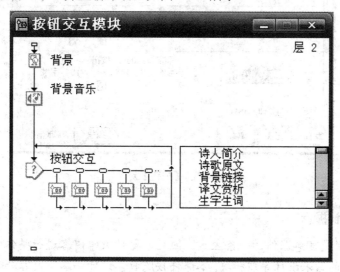

图 2-3-9 按钮交互模块流程设置

2）双击显示图标【背景】，选择【文件】|【导入和导出】|【导入媒体】菜单命令，导入已制作好的图片。单击显示图标，调出显示图标属性面板，勾选【防止自动擦除】复选框。【特效】设为"开门方式"。

3）单击名为【背景音乐】的声音图标，调出声音图标属性面板，单击 导入... ，将已经选好的背景音乐导入该图标中。选择【计时】选项卡，将【执行方式】设为"永久"。这个声音文件作为整个课件的背景音乐。

4）单击【诗人简介】群组图标上方的按钮交互图标⊟，调出交互图标属性面板，选择【按钮】选项卡，单击￣按钮，选择手形鼠标指针。这样当鼠标指针移动到这个按钮上时，鼠标指针会变为🖑形。然后单击 按钮... ，弹出【按钮】对话框，单击【添加】按钮，弹出【按钮编辑】对话框，在该对话框中完成对按钮的添加，完成后选择刚编辑的按钮，再单击【确定】按钮，如图 2-3-10 所示。

5）其他几个按钮交互参照步骤 4）所述方法设置。

6）所有按钮添加完毕后，打开工具栏上的【控制面板】，单击【运行】按钮，当所有按钮都显示在设计窗口中时，单击【暂停】按钮，在设计窗口中调整各按钮位置，如图 2-3-11 所示。

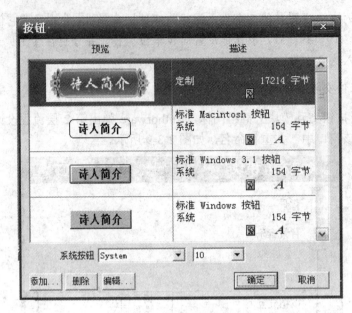

图 2-3-10 【按钮】对话框

教学设计提示

1）导航栏是贯穿课件的一条主线，因此，要对教学内容进行整体的教学设计，根据教学设计的结果设计导航模块。本课件按照教学设计将本节内容分为图 2-3-11 中显示的 6 个导航模块。

2）教师在设计课件的过程中，可以选择其他教学模式为基础进行设计，也可根据实际情况适当增减模块内容。

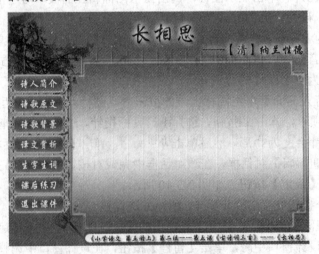

图 2-3-11 课件运行效果

问题及问题的解决

导航按钮如何平均分布？

按 shift 键选中 7 个按钮之后，选择【修改】|【排列】|"纵向分布"（图中第四行第二列）可以将 7 个按钮纵向平均分布。如图 2-3-12 所示。

6. 制作"诗人简介"内容

1）双击【诗人简介】群组图标，Authorware 弹出第 3 层流程设计窗口，将所需图标拖动到该窗口中，并重新命名，如图 2-3-13 所示。

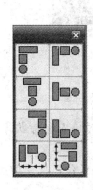

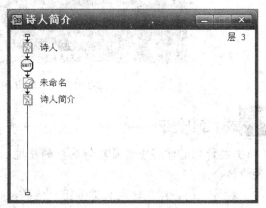

图 2-3-12　排列方式面板　　　　　　图 2-3-13　诗人简介流程结构

2）双击显示图标【诗人】，选择【文件】|【导入和导出】|【导入媒体】菜单命令，导入已制作好的图片，并调整图片位置。单击该显示图标，调出显示图标属性面板，单击特效后的 按钮，弹出【特效方式】对话框，在【特效】列表框中选择【从左到右】选项，其他各选项按默认设置不做改动，单击【确定】按钮。

3）单击等待图标，调出等待图标属性面板，取消选中【显示按钮】选项，以免所显示的按钮破坏画面整体效果，然后选中【单击鼠标】和【按任意键】两个复选框，将【时限】设为 5 秒。

4）双击显示图标【诗人简介】，选择【文件】|【导入和导出】|【导入媒体】菜单命令，选择已编辑好的文本文档，弹出【RTF 导入】对话框，取消勾选【创建新的显示图标】复选框，选中【忽略】复选框，其他设置不变，单击【确定】按钮。效果如图 2-3-14 所示。选中导入文本，设置为透明模式，通过执行【文本】菜单中命令设置字体，效果如图 2-3-15 所示。

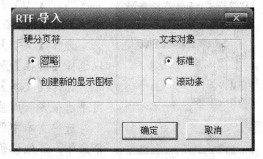

图 2-3-14　【RTF 导入】对话框

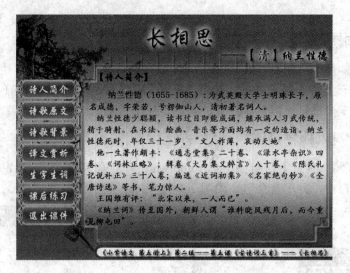

图 2-3-15　诗人简介模块运行效果

教学设计提示

1）对诗词的学习重要是理解其中的意境，而意境需通过对诗人和诗歌背景的了解逐步体会。

2）对诗人的介绍包括人物肖像图，他的经历及后世对他的评价，便于学生对其有更为直观的认识。

问题及问题的解决

如何设置文字格式？

在 Authorware 中，通过执行【文本】菜单中的命令设置文本的字体、大小、风格、对齐方式、消除锯齿等格式内容。选中需要设置字体的文本，进行如下设置：

选择【文本】|【字体】|【其他】菜单命令，打开【字体】对话框。在字体下拉列表中选择华文楷体字体，如图 2-3-16 所示。

图 2-3-16　【字体】对话框

选择【文本】|【大小】|【其他】菜单命令，打开【字体大小】对话框。在【字体大小】文本输入字体大小值为 16 磅。

选择【文本】|【风格】菜单命令，在打开的子菜单中可以选择【加粗】和【倾斜】风格效果。

选择【文本】|【消除锯齿】菜单命令，可以看到文本变得平滑很多，而且字号也比原来显得小了很多。

选中文本中的 "纳兰性德（1655—1685）"，【字体】选择宋体，其他设置保持不变。

选中"【诗人简介】"文本，【字体】选择华文行楷，【字体大小】选择 18 磅，其他设置不变。

7. 制作"诗歌原文"内容

1）双击群组图标【诗歌原文】，Authorware 弹出第 3 层流程设计窗口，将所需图标拖动到该窗口中，并重新命名，如图 2-3-17 所示。

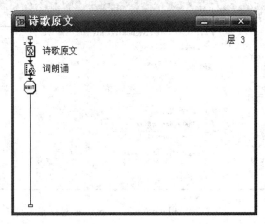

图 2-3-17 【诗歌原文】流程结构

2）双击显示图标【诗歌原文】，输入文字"【诗歌原文】"，并设置字体为华文楷体，18 磅，加粗，消除锯齿。选中此显示图标，右击选择【计算】，弹出【诗歌原文】计算编辑窗口，在窗口中输入"MediaPause（IconID@"背景音乐",TRUE)"，如图 2-3-18 所示。以免背景音乐和 Flash 中的声音相互干扰。但为了在跳转到其他模块时，仍能播放背景音乐，选择【按钮交互】图标，右击选择【计算】，弹出【按钮交互】计算编辑窗口，在窗口中输入"MediaPause（IconID@"背景音乐",FALSE)"，如图 2-3-19 所示。

图 2-3-18 【诗歌原文】显示图标附加的计算图标

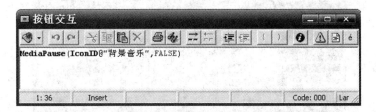

图 2-3-19 【按钮交互】交互图标附加的计算图标

3）选择【插入】|【媒体】|Flash Movie 菜单命令，弹出【Flash Asset 属性】对话框单击右侧的 Browse 按钮，弹出 Open Shockwave Flash Movie 对话框，从中选择已制作

好的 Flash 文件，单击【打开】按钮即可将动画导入。在【Flash Asset 属性】对话框中选中 Direct to Screen 复选框，可提升 Flash 动画的播放速度，其他设置如图 2-3-20 所示。单击【词朗诵】Flash 图标，选择【显示】选项卡，模式设置为"透明"，如图 2-3-21 所示。

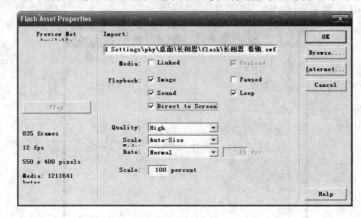

图 2-3-20　Flash Asset Properties 对话框

图 2-3-21　【属性】面板的【显示】选项卡

4）单击等待图标，调出等待图标属性面板，取消勾选【显示按钮】复选框，以免所显示的按钮破坏画面整体效果，然后勾选【单击鼠标】和【按任意键】两个复选框，将【时限】设为 69 秒，因为 Flash 中朗诵的时长为 69 秒。运行时效果如图 2-3-22 所示。

图 2-3-22　诗歌原文运行效果

8．制作"诗歌背景"内容

1）双击【诗歌背景】群组图标，Authorware 弹出第 3 层流程设计窗口，将所需图标拖动到该窗口中，并重新命名，如图 2-3-23 所示。

2）双击【背景链接】显示图标，输入文字"【诗歌背景】"，并设置字体为华文行楷，18 磅，加粗，消除锯齿。导入已编辑好的文本，设置为透明模式，并设置字体为华文楷体，20 磅，加粗，消除锯齿。【特效】选择"从上往下"。效果如图 2-3-24 所示。

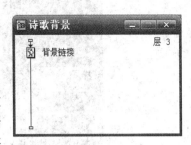

图 2-3-23　诗歌背景流程结构

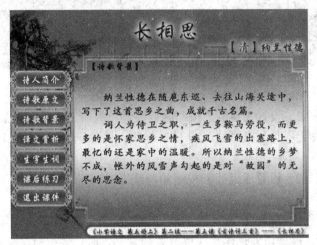

图 2-3-24　诗歌背景运行效果

9．制作"译文赏析"内容

1）双击【诗歌赏析】群组图标，Authorware 弹出第 3 层流程设计窗口，将所需图标拖动到该窗口中，并重新命名，如图 2-3-25 所示。

2）单击【译文】群组图标上方的按钮交互图标▭，调出交互图标属性面板，单击【按钮】选项卡，单击▭按钮，选择手形鼠标指针。这样当鼠标指针移动到这个按钮上时，鼠标指针会变为🖑形。然后单击 按钮... ，弹出【按钮】对话框，单击【添加】按钮，弹出【按钮编辑】对话框，在该对话框中完成对按钮的添加，完成后选择刚编辑的按钮，再单击【确定】按钮。

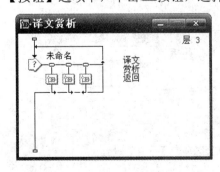

图 2-3-25　译文赏析流程结构

双击【译文】群组图标，导入已编辑好的文本，设置"原文"字体为楷体_GB2312，18 磅，加粗，消除锯齿，咖啡色；设置"译文"字体为黑体，18 磅，加粗，消除锯齿，黑色。【特效】选择"从上往下"。效果如图 2-3-26 所示。

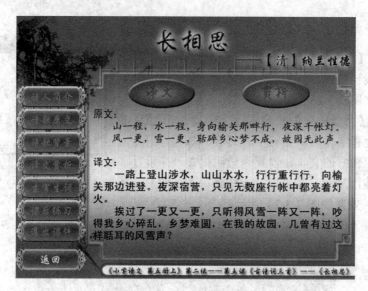

图 2-3-26 译文赏析运行效果

3）按照步骤（2）设置【赏析】按钮并调整其位置。双击【赏析】群组图标，导入文本后，设置字体为楷体_GB2312，20 磅，加粗，消除锯齿，黑色。【特效】选择"从上往下"。

4）按照步骤（2）设置【返回】按钮并调整位置。

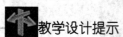教学设计提示

在该模块中，通过译文让学生理解原文的意思，通过赏析让学生对"长相思"这首词有更深层次的体会。

问题及问题的解决

如何设置交互分支？

在按钮交互对应的属性面板中的【响应】选项卡中，【分支】的作用是响应该交互分支后的流程走向，默认情况下为"重试"。当要退出该交互时，在【分支】下拉列表框中选择"退出交互"选项即可，如图 2-3-27 所示。

图 2-3-27 交互图标【属性】面板的【响应】选项卡【分支】设置

10.　制作"生字生词"内容

1）双击【生字生词】群组图标，Authorware 弹出第 3 层流程设计窗口，将所需图标拖动到该窗口中，并重新命名，如图 2-3-28 所示。

2）双击【带色诗文】显示图标，导入已编辑好的文本，标题"【生字生词】"字体设为华文行楷，18 磅，加粗，消除锯齿，黑色；《长相思》词原文设置为楷体 GB_2312，22 磅，加粗，消除锯齿，咖啡色；词原文中的"榆关"、"那畔"、"聒"选择红色；"榆关"、"那畔"、"聒"这三个词的下标①②③字体大小选择 10磅，风格选择下标；标题"生字"设为黑体，其他设置不变。【特效】选择"从左往右"。绘制注释背景矩形框边框颜色选为黑色，填充色为淡绿色，按 Ctrl+shift+↓下移一层；注释文字设为黑体，14 磅，如图 2-3-29 所示。

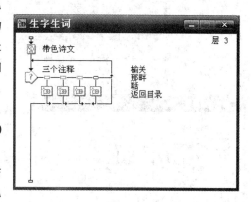

图 2-3-28　生字生词的流程结构

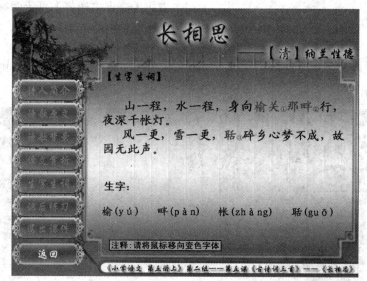

图 2-3-29　生字生词运行效果

3）单击【榆关】群组图标上方的热区域交互图标▦▦，调出交互图标属性面板，选择【热区域】选项卡，单击▢按钮，选择手形鼠标指针。这样当鼠标指针移动到这个按钮上时，鼠标指针会变为🖐形。然后在【匹配】下拉列表框中选择"指针处于指定区域内"，以便鼠标移动到热区域范围上即匹配当前的热区域响应，设置如图 2-3-30 所示。热区域的大小和位置可以在设计窗口中，使用鼠标拖动热区域范围周围的控制点来改变大小，拖动热区域内的图标名称就可以更改热区域的位置。

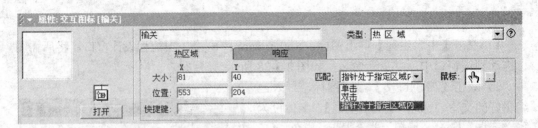

图 2-3-30 【属性】面板【热区域】选项卡【匹配】设置

图 2-3-31 课后练习流程结构

4)"那畔"和"聒"的热区域交互设置参考第 3)步设置。"返回"按钮设置参考"译文欣赏"模块中【返回】按钮的设置即可。

11. 制作"课后练习"内容

1)双击【课后练习】群组图标,Authorware 弹出第 3 层流程设计窗口,将所需图标拖动到该窗口中,并重新命名,如图 2-3-31 所示。

2)双击【请点击选择】显示图标,输入文字"【课后练习】",字体设为华文行楷,18 磅,加粗,消除锯齿,黑色;"(请点击题标)"字体设为华文楷体。题标背景是填充颜色为绿色、边框为淡绿色的圆形,题标为红色黑体,效果如图 2-3-32 所示。

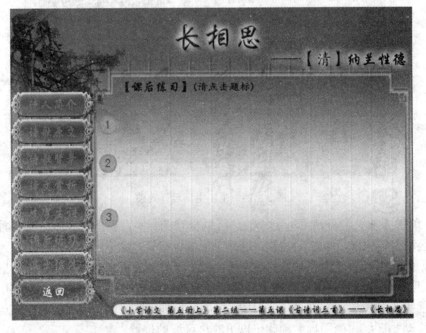

图 2-3-32 课后练习运行效果 1

3）热区域交互和按钮交互设置参考"生字生词"模块。为了三个题目显示后可一直保留在设计窗口中，在热区域交互的【响应】选项卡中【擦除】选择下拉列表中的"在退出时"。如图 2-3-33 所示。

图 2-3-33　【属性】面板的【响应】选项卡【擦除】设置

4）双击【第一题】群组图标，打开第 4 层流程设计窗口，添加显示图标，命名为"第一题题目"。双击该显示图标，输入题目内容并修改文字格式。

5）群组图标【第二题】和【第三题】设置参考步骤 4）设置。运行后效果如图 2-3-34 所示。

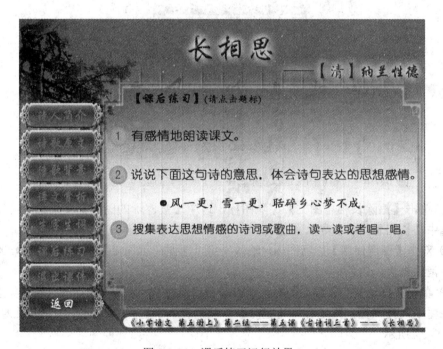

图 2-3-34　课后练习运行效果 2

12. 制作"退出课件"内容

1）双击【退出课件】群组图标，Authorware 弹出第 3 层流程设计窗口，将所需图标拖动到该窗口中，并重新命名，如图 2-3-35 所示。

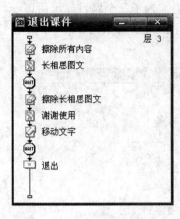

图 2-3-35 退出课件流程结构

2）单击【擦除所有内容】擦除图标，调出其属性面板，勾选【不擦除的图标】复选框，取消勾选【被擦除的图标】复选框，这样设置，则原设计窗口中所有内容均被清空。

3）双击【长相思图文】显示图标，导入已制作好的图片，双击该图片，弹出【图像】属性选项卡，在【显示】右侧的下拉列表框中选择比例，并将其大小调整为800×600。效果如图 2-3-36 所示。【特效】设为"左右两端向中展示"。

4）单击第一个等待图标，调出等待图标属性面板，取消勾选【显示按钮】选项，以免所显示的按钮破坏画面整体效果，然后勾选【单击鼠标】和【按任意键】两个复选框，将【时限】设为 2 秒。

图 2-3-36 长相思图文运行效果及图像【属性】面板的【版面布局】设置

5）单击【擦除长相思图文】擦除图标，选中【被擦除的图标】复选框，在设计窗口中选中【长相思图文】导入图片。

6）双击【谢谢使用】显示图标，输入文字"谢谢使用再见！"，设置为黑体，45 磅，加粗，消除锯齿，白色。

7）单击【移动文字】移动图标，在设计窗口中选择"谢谢使用再见！"，【类型】下拉列表框中选择"指向固定点"，【定时】下拉列表框中选择"时间（秒）"，设为 2 秒，如图 2-3-37 所示。

图 2-3-37 移动图标【属性】面板

8）第二个等待图标设置参考步骤 4），将【时限】设为 3 秒。

9）双击【退出】计算图标，然后在该函数输入窗口中输入 quit()，再关闭窗口。

至此，本课件实例制作完成，最后请选择【文件】|【保存】菜单命令，保存文件。

13. 课件的发布

（1）使用开始和结束标志调试课件

通常情况下按下【运行】按钮，Authorware 程序从流程线的开始处运行程序，直到流程线上最后一个图标或遇到 Quit()函数。但有时只需要调试整个程序的一部分，这时就可以利用开始标志 和结束标志 来调试程序。

使用开始标志和结束标志时，只需从图标选择板中将开始标志 拖放到流程线上需要调试的程序段的开始位置，将结束标志 拖放到流程线上需要调试程序的结束位置。此时，单击从开始标志处运行按钮 ，即可实现仅运行两个标记之间的程序段。

若要取消流程线上的开始和结束标志，只须再将其拖回到图标选择板中即可。

（2）课件的打包和发布

课件制作完成后，并对程序通过较为安全的测试之后，应当将课件打包。打包后的课件会脱离 Authorware 编辑环境，成为可独立运行的可执行程序。

打包发布之前，需要对打包发布的各项参数进行设置。选择【文件】|【发布】|【发布设置】菜单命令或按 Ctrl+12 组合键打开【一键发布】对话框。设置打包文件的格式，如只用于 CD、局域网、本地硬盘，不需要在网上进行发布，则在【格式】选项卡的【发布到 CD，局域网，本地硬盘】选项组中，勾选【打包为】复选框、【集成为支持 Windows 98，ME，NT，2000 或 XP 的 Runtime 文件】复选框和【复制支持文件】复选框，取消勾选【发布为 Web】选项组中【Web 播放器】和【Web 页】复选框的选择，如图 2-3-38 所示。

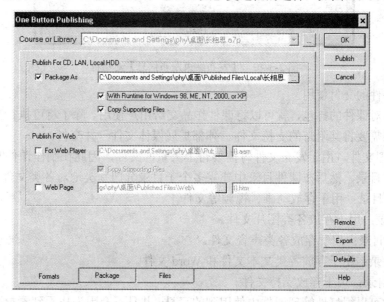

图 2-3-38　【一键发布】对话框

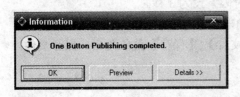

图 2-3-39 发行成功 Information 对话框

勾选【打包为】复选框后，将会在一键发布时进行 CD、局域网和本地硬盘的打包。右侧文本框中输入打包文件的存放路径。也可以单击右侧的 ... 按钮，弹出【打包文件为】对话框，选择一个存放路径。

设置好后，单击发布按钮 Publish ，则对当前程序进行打包发行，发布结束弹出一个对话框，如果对话框的标题为 Information 则表示发行成功，发行成功【Information】对话框如图 2-3-39 所示。如果对话框标题为 Warning 则表示发行过程中可能找不到文件或链接中断等，单击【细节】查看发布细节，【发布结束发布信息】对话框如图 2-3-40 所示，然后对出现错误进行更正并再次打包即可。

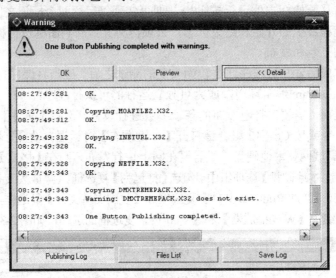

图 2-3-40 【发布结束发布信息】对话框

（3）课件的交付使用

完成了对课件的打包，就可以将课件作品交给用户使用。除了将可执行文件交给用户之外，还需要将其附带的支持文件、外部扩展媒体文件一并交付。

1）整理文件。由于发布文件时需要带上大量的文件，因此在制作课件时，首先建立一个课件目录，然后在课件目录中建立多个子目录分门别类地对各类文件进行存放。

Movie 目录：用于存放动画、视频等文件。

Pic 目录：用于存放各类图片文件。

Sound 目录：用于存放各类声音文件。

Text 目录：用于存放各类文本文件和 Word 文件。

Xtras 目录：用于存放支持文件。

这样做可以很好地管理课件中使用到的素材，并且不会因为找不到素材而使课件的播放受到影响。

2）复制文件。需要复制的文件主要包括以下文件：

① UCD 文件。程序中使用了外部扩展 UCD，则应将其复制到课件目录中。例如，本课件中使用了外部函数文件 cover.u32，需将其复制到课件目录中。

② Xtras 扩展插件。使用一键发布，Authorware 在发布时会自动搜索并复制 Xtras 文件到课件目录里。但是，除【内部】外，其他特效如课件中使用的 DmXP 过渡中的左右两端向中展示，在一键发布过程中无法将其相应的 Xtras 复制到课件目录里。这时，可以通过选择【命令】|【查找 Xtras】菜单命令，打开 Find Xtras 对话框，单击【查找】按钮，Authorware 会将当前程序所用到的 Xtras 查找出来，如图 2-3-41 所示。

然后，在 Authorware 安装目录下的 Xtras 文件夹中找到 DmXtremePack.X32，Dmtool for authorware 文件夹如图 2-3-42 所示。然后将其复制到发布后的文件夹 Published Files/Local/Xtras 中即可。

图 2-3-41　Find Xtras 对话框

图 2-3-42　Dmtool for authorware 文件夹

2.3.5　课件的运行

课件制作完成后，一定要运行该课件，并详细检查运行情况，发现问题及时修改，保证课件的教学质量。

2.3.6　训练须知

1）课件制作过程中会用到大量的图片素材，学生可以在进行本教材模块一的技能训练实验中搜集制作课件需用的相应素材，或用相应的软件自己制作所需图片素材。

2）设计课件过程中所需的教材中的资源可登录 http://www.pep.com.cn 网站下载。

3）在课件设计的过程中，要注重运用教学设计的思想。

2.3.7　思考题

1）设计并制作高三语文《将进酒》课件。

2）设计并制作《义务教育课程标准实验教科书数学》（一年级上册）《认识平面图形》课件。

技能训练 2.4　网络课程的开发

训练目标

1. 熟悉 Dreamweaver 建立站点的方法，了解 HTML 语言。
2. 通过训练，在把握教学设计理念的前提下，依据课程内容进行合理的教学设计。
3. 通过训练，熟练操作 Dreamweaver cs 3.0 软件，学会如何插入网页元素和布局网页。
4. 学会创建特定样式的框架网页文档。

训练任务

1. 普通网页与框架网页的创建与保存。
2. 选取中小学某门教材的某一知识单元，能进行合理的内容分析与教学设计。
3. 利用 Dreamweaver cs 3.0 技术来制作一个完整的教学课件。
4. 根据教学内容确定主题，设置网页背景与建立超链接。

训练环境

1. 操作系统：Windows XP/2000/2003。
2. 工具软件：Adobe Dreamweaver cs 3.0。
3. 相关的多媒体素材若干。

2.4.1　选择教学内容

（1）教学内容

光的折射与反射。

（2）内容分析

1）物理学科的教学在于培养学生科学的实验技能，掌握基本的知识和原理。由于学生人数较多，实验资源方面的限制，因此不易做"海市蜃楼"的实验。

2）物理课本上有海市蜃楼的介绍，但真正的海市蜃楼只出现在海边和沙漠地带，也不是经常能见到的，这种奇妙的自然现象，若能够在计算机上得以再现，让更多的人认识其科学内涵，将是非常有意义的，在旅游业等领域也有重要的应用价值。由于海市蜃楼成像条件的特殊性及复杂性，通过创设问题情境将此现象与所要讲的物理知识联系起来，利用学生原有的知识结构，通过联想、类比、归纳等把新知识与原掌握知识结合起来解决问题。

2.4.2　教学设计分析

1）依据本课程的性质和教学内容，将此课件设计为以学为主的教学模式。同时将理论知识与相应的实验环节结合起来，以达到理论与实验的齐头并进。

2）以"海市蜃楼"这一现象的呈现导入新课，用这一案例说明了本节课的主题性内容，吸引学生学习的兴趣。

3）围绕新课主题层层展开，以虚拟教师这个角色来开展课堂式讲解。

4）拓展练习，巩固所学，以不同题型来了解学生的掌握情况。

2.4.3　教学设计的实施

1. 教学设计流程图

教学设计流程如图 2-4-1 所示。

2. 课件结构设计

课件结构设计如图 2-4-2 所示。

3. 课件脚本

课件脚本如表 2-4-1 所示。

2.4.4　网页制作步骤

1. 网页开发的前期策划与准备

1）选择教学主题：本案例以"光的反射与折射"为主题，将理论与实验结合起来讲解。

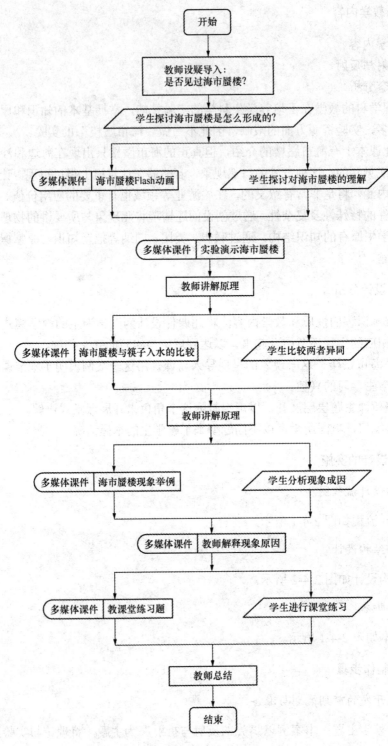

图 2-4-1　设计教学流程图

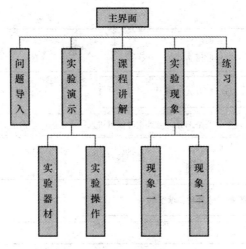

图 2-4-2　课件结构设计图

表 2-4-1　《海市蜃楼现象探析》课件脚本

页面序号	1	页面内容	封面
		简要说明	
屏幕 显示	封面背景		
说明	封面中显示为：海市蜃楼"现象是怎样形成的呢？		
页面序号	2	页面内容	单击"蜃楼—故事"
		简要说明	
屏幕 显示	海市蜃楼现象的 Flash 展示		
说明			
页面序号	3	页面内容	点击实验演示
		简要说明	
屏幕 显示	背景　实验器材交互按钮　　　实验演示交互按钮		
说明	1. 实验器材交互按钮共有 7 个，分别为诗人简介、诗歌原文、诗歌背景、译文赏析、生字生词、课后 练习、退出课件 2. 当单击实验演示交互按钮时，实验一步一步地演示给学生		
页面序号	4	页面内容	虚拟教师讲解
		简要说明	
屏幕 显示	大课堂		
说明	由虚拟教师对光的折射与反射现象进行讲解与说明		

续表

页面序号	5	页面内容	蜃景——空气中的全反射
		简要说明	
屏幕 显示	Flash 交互式动画		
说明	分为现象一与现象二两个部分，当点击时候可进入；点击解释按钮是文字性的说明		
页面序号	6	页面内容	练习题页面
		简要说明	
屏幕 显示	判断题、选择题、填空题		
说明	文字介绍		

2）确定网页的制作内容：分析教学内容、教学目标；分析使用者的特点；确定网页的主要模块、教学策略和表现形式；确定课件的主页、结构框架、交互界面、导航策略、媒体素材等设计。

3）选择、制作并检测所需的多媒体素材，转化为正确的文件格式。

2. 网页的开发——创建站点

1）创建本地站点。创建站点之前，先在 F 盘上建立一个文件夹 Course，以便为站点指定存储位置，然后选择【站点】|【新建站点】命令，打开站点定义对话框，在该对话框中先输入站点名称为"海市蜃楼现象探析"，然后选择本地根文件夹，如图 2-4-3 所示。

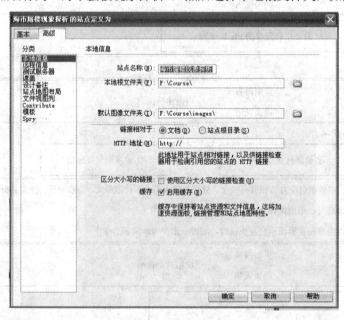

图 2-4-3　编辑站点

2）搭建网站的目录结构。在文件面板中切换到新创建的站点，然后利用快捷菜单创建文件和文件夹。本网站的目录结构如图 2-4-4 所示。

图 2-4-4　新建的站点

3. 新建 Html 文件

启动 Dreamweaver cs 3.0 程序，选择【文件】|【新建】菜单命令，打开【新建文档】对话框，选择基本页选项为 HTML，单击【创建按钮】，在布局插入栏中，单击【框架】按钮添加图标，在弹出的下拉菜单中选择一种预设的框架集模式，这里选择【顶部和嵌套的左侧框架】选项，如图 2-4-5 所示，选择【文件】|【保存全部】命令，如图 2-4-6 所示，分别命名为 index.html（框架文件），top.html（上部），left.html（左侧），main.html，如图 2-4-7 所示。

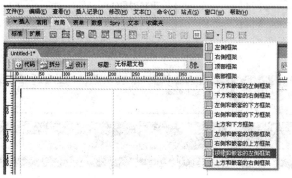

图 2-4-5　框架插入图　　　　　　　　　　图 2-4-6　框架保存图

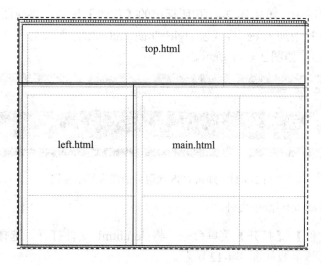

图 2-4-7　框架保存文件图

4. 制作 top.html 文件

1）选择【文件】|【打开】命令，将 top.html 文件打开， 选择【插入记录】|【表格】菜单命令，插入 1 行 4 列的表格，具体参数如图 2-4-8 所示。

2）选择第一个单元格，选择【插入记录】|【图像】命令，如图 2-4-9 所示，选择图像源文件为 main_01.gif，分别在第二、三、四个单元格中插入 main_02.gif，main_03.gif，main_04.gif，如图 2-4-10 所示。

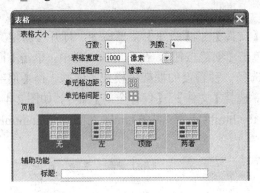
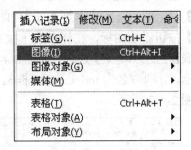

图 2-4-8　插入表格对话框　　　　　　　　图 2-4-9　插入图像

图 2-4-10　设计视图

3）在设计视图中，单击图 2-4-10 所标记的【代码】按钮，将视图切换到代码视图模式，在 body 标签中加入 css 样式表 style="margin:0px;"，图片与页面之间就紧密贴合上，没有间隙存在，如图 2-4-11 所示。

图 2-4-11　加入 CSS 代码后的图像显示位置

5. 制作导航栏 left.html 文件

1）选择【文件】|【打开】菜单命令，将 left.html 文件打开，选择 【插入记录】|【表格】命令，具体参数如图 2-4-12 所示。

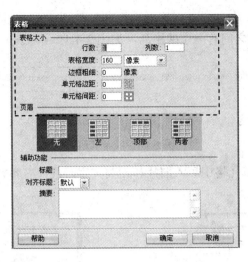

图 2-4-12　表格设置对话框

2）将光标置于单元格中，在属性面板中设置"垂直"对齐方式为顶端，设置单元格的高度为 518，同时设置背景设置为 main_05.gif 图片，具体如图 2-4-13所示。

图 2-4-13　单元格属性设置

接下来，在 body 标签中加入 css 样式表 style="margin:0px;"，图片与页面之间就紧密贴合上，没有间隙存在。

3）在该表格中嵌套插入 6 行 2 列单元格，具体参数设置如图 2-4-14 所示。

图 2-4-14　表格属性设置

4）选中该单元格，在<table>标签中加入 style="margin-top:50px; margin-left:20px;"，使得表格与另一个表格之间有一定的距离，如图 2-4-15 所示。

```
<table width="116" border="0" cellspacing="0" cellpadding="0" style="margin-top:50px; margin-left:20px;">
<tr>
    <td> </td>
    <td> </td>
</tr>
</table>
```

图 2-4-15　css 代码

5）分别在对应的单元格中填入图片和相关文字，具体内容如图 2-4-16 和图 2-4-17 所示。

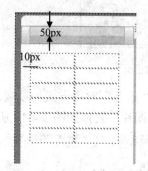

图 2-4-16　表格的外边距设置　　　　　图 2-4-17　表格内插入内容

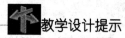教学设计提示

　　1）导航栏可让学习者从一个页面转到另一个页面，采用超文本的形式，将图、文、声、像等不同媒体信息整合，构成了一个丰富而生动的超媒体学习环境。作为"框架"来帮助组织信息并使之模块化，本案例中将页面分为三个部分，包括 top、left、main 部分，学习者一目了然，这种资源组织和呈现方式较为合理，减轻学习者检索和查找信息的负担，降低学习者外在认知负荷，有助于提高认知效果。

　　2）教师在设计课件的过程中，可以选择其他教学模式为基础进行设计，也可根据实际情况适当增减模块内容。例如本例中将其分为不同的学习步骤。

6. 制作 main.html 文件

1）选择【文件】|【打开】命令，将 main.html 文件打开，选择【插入记录】|【表格】命令，该表格为 1 行 1 列，宽度 843，高度是 518，表格的背景图片为 main_06.gif。

2）在单元格中填写相应文字内容：{"海市蜃楼"现象成因分析及模拟实验 "海市蜃楼"现象是远处景物反映在天空或地面而形成的幻景，夏天，在海面或沙漠上空有时会出现。}，并将其文字居中。

7. 创建问题情境导入模块（right1.html）

1）选择【文件】|【新建】命令，将文件名保存为 right1.html，同时将该文件标题改为"蜃楼-故事"，如图 2-4-18 所示。

图 2-4-18　网页标题名称

2）选择【插入记录】|【表格】命令，设置其为 1 行 1 列，表格宽度为 843px,高度为 518px，具体参数如图 2-4-19 所示。

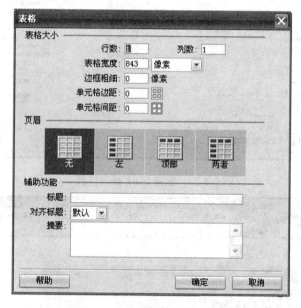

图 2-4-19　表格属性设置

3）将光标移至单元格中，打开属性面板，设置单元格的水平和垂直均为居中对齐。如图 2-4-20 所示。

图 2-4-20　单元格的设置

4）选择【插入记录】|【媒体】|【Flash】命令，如图 2-4-21 所示，或按 Ctrl+Alt+F 组合键，在 images 目录下将 1.swf 文件插入到表格中，如图 2-4-22 和图 2-4-23 所示。

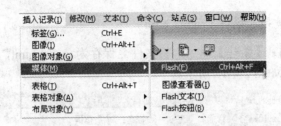

图 2-4-21　Flash 插入

图 2-4-22　选择 Flash 插入位置

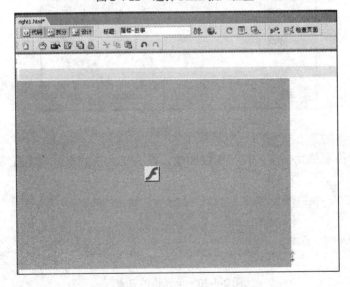

图 2-4-23　Flash 文件插入后的网页

5）将鼠标指针定位在 1.swf 所存放的单元格中，将对齐方式改为水平：左对齐；垂直：居中。具体设置如图 2-4-24 所示。

图 2-4-24　单元格属性设置

6）将鼠标指针定位到 Flash 文件的前边，选择【插入记录】|【Html】|【特殊字符】|【不换行空格】命令，插入 8 个空格。具体菜单如图 2-4-25 所示。

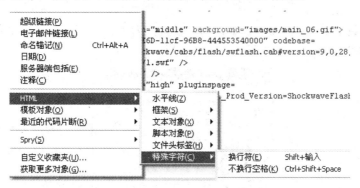

图 2-4-25　空格字符的插入

教学设计提示

1）问题情境设计。关于问题情境设计模块，本例中采用 Flash 软件制作，但其中也包含着教学设计的思想，现提示如下：根据前期的分析，将"折射定律"陈述性知识置于沙漠"海市蜃楼"情节中，通过"沙漠场景—人物走路—人物犹豫掉入虚幻的绿洲"这一情节将问题展示出来，具体故事情节为："走在沙漠中的人，会看到远处物体的倒景，仿佛是从水面反射出来的一样。沙漠里的行人常被这种景象所迷惑，以为前方有水源而奔向前去，但总是可望而不可及"，如图 2-4-26 所示。

图 2-4-26　"海市蜃楼"故事情节

2）以问题为中心组织教学，学习活动围绕一个或一系列问题展开，以问题为起点、问题的解决为中间过程、问题反思为结束，学习的过程是一个发现问题、解决问题和问题反思的过程。

3）联系生活实际现象。学习和生活二者之间是相辅相成的，问题来源于生活，教材中的内容也与生活实际紧密联系，通过讲述生活中的相关内容，会使学生感觉到科学就在身边，不会很陌生，有一种亲近感，使学生对各种现象的认识逐步加深，同时激发学生的学习热情。

8. 创建实验演示模块（right2.html）

1）选择【文件】|【新建】命令，将文件名保存为 right2.html，同时将该文件标题改为"实验演示"，如图 2-4-27 所示。

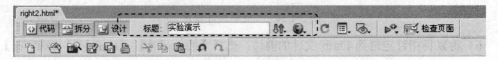

图 2-4-27　网页标题名称

2）选择【插入记录】|【表格】命令，设置其为 1 行 1 列，表格宽度为 843px,高度为 518px,具体参数如图 2-4-28 所示。

图 2-4-28　表格属性设置

3）将鼠标指针移至单元格中，打开属性面板，设置单元格的水平和垂直均为居中对齐，如图 2-4-29 所示。

图 2-4-29　单元格属性设置

4）选择【插入记录】|【媒体】|【Flash】命令，如图 2-4-30 所示。或按 Ctrl+Alt+F 组合键，将 2.swf 文件插入到表格中，如图 2-4-31 和图 2-4-32 所示。

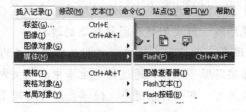

图 2-4-30　Flash 插入

图 2-4-31 选择 Flash 插入位置

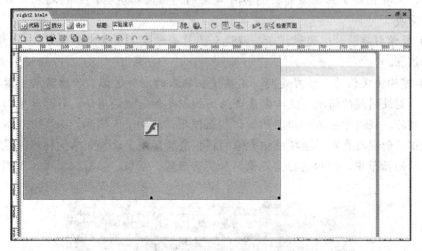

图 2-4-32 Flash 文件插入后的网页

5）将鼠标指针定位在 2.swf 所存放的单元格中，将对齐方式改为水平：左对齐；垂直：居中；如图 2-4-33 所示。

图 2-4-33 单元格属性设置

6）将鼠标指针定位到 Flash 文件的前边，选择【插入记录】|【Html】|【特殊字符】|【不换行空格】命令，插入 8 个空格，如图 2-4-34 所示。

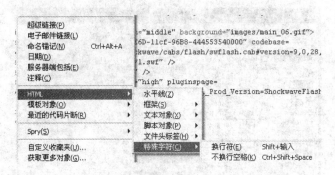

图 2-4-34 空格字符的插入

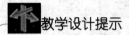教学设计提示

1）实验是教学活动的重要环节，既有符号性学习，如对实验原理、注意事项的理解与掌握，也存在观察性学习，如教师的演示、实验现象的观察等，由于实验环境的约束，具有良好交互能力和较高仿真效果的网络虚拟实验，可满足教师课堂演示实验的需要。

2）教学引导设计：通过提示、解说和图片等学生不在意的微观方式来特殊强调某些知识点。

3）建构主义认为，学习是与一定情境相联系的。将虚拟实验原理与生活实际联系起来，创设问题的情境，使学生亲自经历知识是如何被使用的，引起学生回忆原有的知识经验，促进学生旧知识与新知识相互作用，建构个人化的、深层次理解的、自己的知识。创设与真实实验环境相类似的模拟实验环境，让学生感觉到好像置身于屏幕所显示的情节中，建构实验室场景，如实验教室、黑板、实验仪器等，如图 2-4-35 所示。

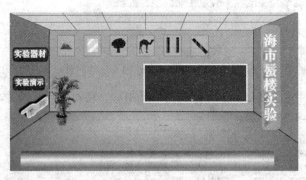

图 2-4-35 海市蜃楼实验图

9. 创建虚拟教师的讲解模块（right3.html）

1）选择【文件】|【新建】命令，随后选择【文件】|【保存】命令，将文件名保存为 right3.html，同时将该文件标题改为"教师讲解"，如图 2-4-36 所示。

图 2-4-36　网页标题名称

2）选择【插入记录】|【表格】命令，设置其为 1 行 1 列，表格宽度为 843px,高度为 518px，具体参数如图 2-4-37 所示。

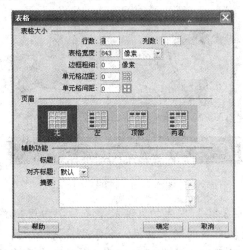

图 2-4-37　表格属性设置

3）将鼠标指针移至单元格中，打开属性面板，设置单元格的水平和垂直均为居中对齐。如图 2-4-38 所示。

图 2-4-38　单元格属性设置

4）选择【插入记录】|【媒体】|【Flash】命令，或按 Ctrl+Alt+F 组合键，将 1.swf 文件插入到表格中，如图 2-4-39 所示。

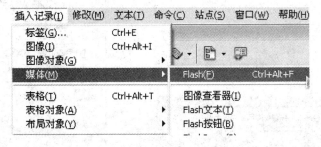

图 2-4-39　flash 插入

教学设计提示

1）对于先前提出来的问题，即"为什么绿洲是虚幻的"，以虚拟演示的形式来讲解给学生听，采用文字展示与下边的动态演示相搭配的形式（图 2-4-40 中①②），使学生在掌握最基本的成因的同时，将文字与现实世界中的空间联系起来，也能更形象化一些，以便于学习者对知识的整体性理解。

图 2-4-40　讲解界面

2）在展示了"海市蜃楼"发生的真实故事之后，由虚拟教师带着"学生"进入虚拟课堂学习，这种生动直观的场景切换，令学生愉快轻松的"游戏式"转变，有效激发了学生的兴趣，调动了学生的学习积极性。在对"海市蜃楼"具体现象的理论知识的陈述过程中，需要虚拟教师给予一定的讲解，同时在下方配合文字说明，使学生从视觉和听觉上一起来对信息进行加工，同时也使知识更容易从短时记忆进入到长时记忆。

10. 创建海市蜃楼现象演示模块（right4.html）

1）选择【文件】|【新建】命令，随后选择【文件】|【保存】命令，将文件保存为 right2.html，同时将该文件标题改为"海市蜃楼现象"。如图 2-4-41 所示。

2）选择【插入记录】|【表格】，设置其为 1 行 1 列，表格宽度为 843px，高度为 518px，具体参数如图 2-4-42 所示。

图 2-4-41　网页标题名称　　　　　　图 2-4-42　表格属性设置

3）将鼠标指针移至单元格中，打开属性面板，设置单元格的水平和垂直均为居中对齐。如图 2-4-43 所示。

图 2-4-43　单元格属性设置

4）选择【插入记录】|【媒体】|【Flash】命令，或按 Ctrl+Alt+F 组合键，将 1.swf 文件插入到表格中，如图 2-4-44 所示。

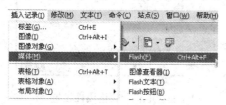

图 2-4-44　flash 插入

教学设计提示

在 right4.html 中，为了使学生达到对知识的深度理解而不是死记硬背，故在后期又进行了关于"海市蜃楼"现象的进一步拓展。海市蜃楼经常发生在沙漠或者在海面上，在图 2-4-45 中列出发生的两种现象，同时现象一与现象二之间是可以切换的。

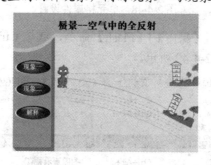

图 2-4-45　海市蜃楼现象说明

11．练习模块（right5.html）

1）选择【文件】|【新建】命令，随后选择【文件】|【保存】命令，将文件保存为 right5.html，同时将该文件标题改为"实验演示"。如图 2-4-46 所示。

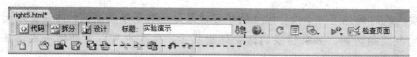

图 2-4-46　网页标题名称

2）选择【插入记录】|【表格】命令，设置其为 1 行 1 列，表格宽度为 843px,高度为 518px,具体参数如图 2-4-47 所示。

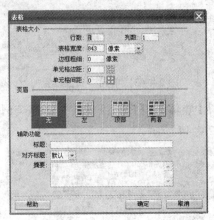

图 2-4-47 表格属性设置

3）将鼠标指针移至单元格中，打开属性面板，设置单元格的水平和垂直均为居中对齐。如图 2-4-48 所示。

图 2-4-48 单元格属性设置

4）选择【插入记录】|【媒体】|【Flash】命令，或按 Ctrl+Alt+F 组合键，将 1.swf 文件插入到表格中，如图 2-4-49 所示。

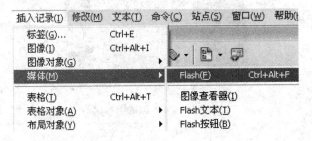

图 2-4-49 Flash 插入

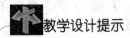 教学设计提示

必要与及时的练习对于检验学生的学习效果是一种简单而高效的方法。以图 2-4-50 所呈现的判断题为例，如果错误的话会弹出提示，学生也可以重新做一次，正确则给予鼓励。选择题如图 2-4-51 所示。

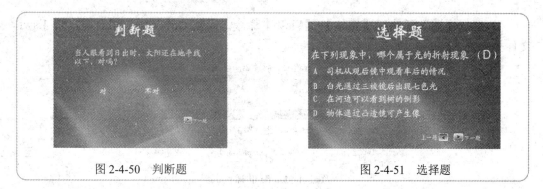

图 2-4-50　判断题　　　　　　　　　　　　　　图 2-4-51　选择题

12．评价模块（right6.html）

1）选择【文件】|【新建】命令，随后选择【文件】|【保存】命令，将文件保存为 right6.html，同时将该文件标题改为"评价"，如图 2-4-52 所示。

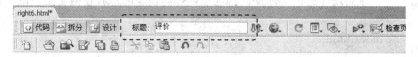

图 2-4-52　网页标题名称

2）选择【插入记录】|【表格】命令，设置其为 1 行 1 列，表格宽度为 843px,高度为 518px,具体参数如图 2-4-53 所示。

图 2-4-53　表格属性设置

3）将鼠标指针移至单元格中，打开属性面板，设置单元格的水平和垂直均为居中对齐。如图 2-4-54 所示。

图 2-4-54　单元格属性设置

4）选择【插入记录】|【媒体】|【Flash】命令，或按 Ctrl+Alt+F 组合键，将 1.swf 文件插入到表格中。 如图 2-4-55 所示。

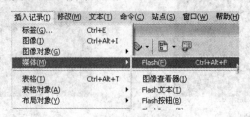

图 2-4-55 flash 插入

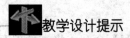教学设计提示

为了了解学生对本网络课程的意见与想法，采用问卷调查法和访谈法对"海市蜃楼"虚拟实验问题情境的设计进行了评价，将已经做好的调查问卷放在网页上，做个链接。

13. 修改 index.html 文件

1）选择【文件】|【打开】菜单命令，将 index.html 文件打开。

2）选择【窗口】|【框架】菜单命令显示出"框架"面板，如图 2-4-56 和图 2-4-57 所示。

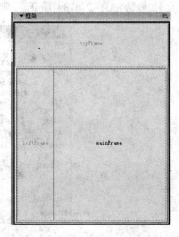

图 2-4-56 调出框架面板 图 2-4-57 框架面板

3）选中框架，即单击图中 1 所在的位置，显示属性工具栏，将行的高度值设置为 95px，如图 2-4-58 所示。

图 2-4-58 框架属性设置

4）选中框架，即单击图中 2 所在的位置，将列的高度值设置为 160px。

14．添加链接

1）在 index.html 文件中，选中 left.html 中的"蜃楼-故事"这些字，打开属性检查器中的链接，将链接文件设置为 right1.html，在"目标"下拉列表框中选择为 mainFrame。如图 2-4-59 所示。

图 2-4-59　链接属性设置

2）同理，实验演示、讲解、现象、练习、评价分别链接到 right2.html～right6.html 上。

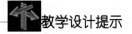 **教学设计提示**

当教学信息的呈现布局不够明朗时，很容易使信息加工系统的认知负担过重，学习者就势必需要分散一部分精力用于思考这方面问题，从而加重认知负荷。

15．网页的测试

1）测试超链接的正确性。在 Dreamweaver 中打开站点首页，按 F12 键预览页面，在浏览器中测试每一个页面，看内容是否能正确显示，主要是超链接是否正确。

2）用不同的分辨率测试。为了确保不同的浏览者能够看到一致的页面效果，要求在不同的分辨率下进行测试，至少在 800×600 像素和 1024×768 像素二种分辨率下进行测试。

2.4.5　训练须知

1）课件制作过程中会用到大量的图片素材，学生可以在进行本教材模块四的技能训练实验中搜集制作课件需用的相应素材，或用相应的软件自己制作所需图片素材。

2）设计课件过程中所需的教材中的资源可登陆 http://www.pep.com.cn、http://www.mianfeimoban.com 网站下载。

3）在课件设计的过程中，要注重运用教学设计的思想，参考优秀网络课件的界面设计风格。

2.4.6　思考题

1）选择一个与自己所学专业相关的知识点或熟悉的主题，用 Dreamweaver cs3 开发一个简单的网页/网站。

2）制作九年级物理教材中第 12 章第五节内容的教学课件：热现象——温度计。

具体要求：A：内容要体现一定的教学策略。

　　　　　　B：包含多媒体信息，即具有多媒体表现形式（两种以上媒体形式）。

3）如何在网页中加入背景音乐和视频？

下篇

综合技能

　　本篇主要介绍两种综合技能,分别为现代教育技术综合技能训练和教育技术成果与实施评价,其中,在现代教育技术综合技能训练和教育技术的训练中,包括了四种综合技能的训练,分别是:PowerPoint 多媒体课件的设计与制作、Flash 多媒体课件的设计与制作、网络课程的设计与开发和多媒体课件综合训练;对教育技术成果实施与评价的训练来说,主要有三种综合技能的训练,分别是:多媒体教室和微格教室的使用、教学成果的评价和教学成果评价的综合训练。

现代教育技术综合技能训练

现代教育技术的应用能力最终要通过完成课件及其它作品来体现，本模块通过对学生在 PPT 课件综合设计与制作、FLASH 课件综合设计与制作、网页课件综合设计与制作三个综合实例的讲解与训练，让学生在完成作品的同时，真正理解和掌握现代教育技术技能。

下篇　综合技能

技能训练 3.1　PowerPoint 多媒体课件的设计与制作

学习目标

训练目标

1. 通过对教材内容进行分析后，有针对性地进行教学设计，并制作出完整的课件脚本。
2. 了解和掌握 PPT 多媒体课件制作的主要工作思路与方法。
3. 通过制作一个综合的 PPT 多媒体课件，掌握 PPT 多媒体课件的制作技术。

训练任务

1. 选取中学九年级化学课程教学内容中的一节课程，通过对教学内容进行分析与设计，制作一个完整的课件脚本。
2. 根据课件脚本，应用 PPT 多媒体课件制作技术，完成一个综合的 PPT 多媒体课件的制作。

训练环境

1. 硬件环境：计算机主频 200MHz 以上，内存在 1GB 以上，声卡，音箱。
2. 软件环境：Windows XP，PowerPoint 2003。

3.1.1　教学内容选择

1）教材分析：《燃烧和灭火》是人民教育出版社九年级化学教材上册第七单元第一节的内容。在日常生活中，初中学生已经比较熟悉燃烧的现象，本课程中的内容是对之前所学过"燃烧"的意义进行深入了解并且应用于实际之中。可以为学生进一步学习的"化学反应中能量的变化"起到铺垫的作用。通过本节课的学习，让学生掌握与燃烧相关的知识，并与生活中的燃烧现象及火灾现象相结合，用来全面提高学生的综合能力，是初中化学课程中很有特点的一节课程。

2）学习对象分析：九年级学生已经具备了较好的化学基础知识，并且在生活中已经积累了一些与化学相关的认知，具有一定的判断能力，初步掌握了问题的解决方法，但还未上升到理论阶段，欠缺综合分析能力。

3.1.2　教学设计分析

通过对教材及教学内容分析后，确定采用以"教"为主的学习方案，教师在教学活动中，充分利用 PPT 多媒体课件的特点，为学生模拟出与学习内容相关的化学实验场景，让学生直观地观察到实验中出现的各种情况。鉴于学生对课外知识有浓厚兴趣，因此将教材内容略为拓展，增加了火灾自救常识。使教学内容和社会生活相互渗透，真正做到化学与生活实际紧密联系。

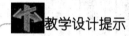**教学设计提示**

教师的教学设计要在对教材和学生深入分析的基础上来进行，力求做到因材施教和因"才"施教，要全面考虑教学内容和学生的潜在联系。这样才能在教学设计中找到最合适的授课方式，达到最佳的教学效果。

3.1.3　教学设计实施

1. 教学设计流程图设计

教学设计流程如图 3-1-1 所示。

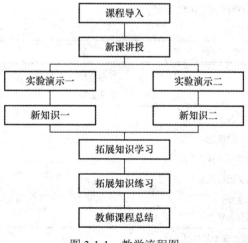

图 3-1-1　教学流程图

2. 课件结构设计和脚本卡片的编写

课件结构设计如图 3-1-2 所示。脚本卡片的编写如表 3-1-1 所示。

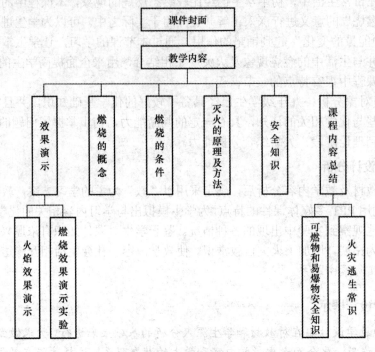

图 3-1-2 课件结构设计

表 3-1-1 脚本卡片的编写

模块序号	1	页面内容	课件封面
		简要说明	
屏幕显示	1. 课件名称文字 2. 课件封面修饰图片 3. 烧杯图片		
说明	主要内容在母版中制作		
模块序号	2	页面内容	教学内容
		简要说明	
屏幕显示	1. 效果演示 2. 燃烧的概念 3. 燃烧的条件 4. 灭火的原理与方法 5. 安全知识 6. 课程内容总结		
说明	文字放在条型的背景上		

模块序号	3	页面内容 简要说明	效果演示
屏幕显示	1. 火焰效果图片 2. 燃烧效果演示实验		
说明	1. 火焰效果图片为 Gif 格式动画文件 2. 每一项内容放在单独的 PPT 页上		
模块序号	4	页面内容 简要说明	燃烧的概念
屏幕显示	1. 燃烧效果实验数据表 2. 燃烧的概念		
说明	1. 火焰效果图片为 Gif 格式动画文件 2. 每一项内容放在单独的 PPT 页上		
模块序号	5	页面内容 简要说明	燃烧的条件
屏幕显示	1. 燃烧条件分析实验 2. 燃烧条件分析 3. 燃烧条件		
说明	每一项内容放在单独的 PPT 页上		
模块序号	6	页面内容 简要说明	灭火的原理与方法
屏幕显示	1. 火灾的危害 2. 灭火的原理与方法		
说明	在火灾的危害中加入视频		
模块序号	7	页面内容 简要说明	安全知识
屏幕显示	1. 易燃物和易爆物安全知识 2. 火灾逃生常识		
说明	火灾逃生常识用 Flash 动画进行演示		
模块序号	8	页面内容 简要说明	课程内容总结
屏幕显示	总结课程内容中的知识		
说明	简单明了		

续表

模块序号	9	页面内容	课件封底
		简要说明	
屏幕显示	谢谢		
说明	艺术字体的使用		
模块序号	10	页面内容	灭火原理动画演示
		简要说明	
屏幕显示	各种情况下蜡烛火焰的熄灭情况		
说明	5种情况用动画进行演示		

3. 课件制作步骤

启动 PowerPoint 2003 程序，新建空白演示文稿，命名为"燃烧与灭火"。

（1）制作课件封面

选择【视图】|【母版】|【幻灯片母版】命令，调出幻灯片母版视图。在其空白处单击鼠标右键，选择【背景】命令，打开填充效果面板，设置填充颜色值为 R255，G189，B101 的颜色和白颜色进行渐变填充，具体填充设置如图 3-1-3 所示。

图 3-1-3　设置幻灯片母版填充效果

在标题母版上，选择【插入】|【图片】|【来自文件】命令，插入一个有 6 个白色正方形的图片，并放在图中右下角的合适位置。

用绘图工具绘制 1 个小的白色正方形，选择【编辑】|【复制】和【编辑】|【粘贴】命令，复制出完全相同的 6 个白色正方形，并放置在图中左上角的合适位置。

选择【插入】|【图片】|【来自文件】命令，依次插入 6 个图片，并调整图片的大小，使其略小于下方的白色正方形。

　　选择【插入】|【图片】|【来自文件】命令，插入"烧杯"图片，并调整烧杯的位置至图中左下角的合适位置。幻灯片母版视图的效果如图 3-1-4 所示。

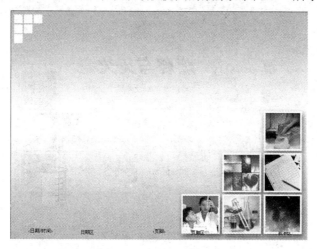

图 3-1-4　插入幻灯片母版右下角图片

　　复制左上角的 6 个正方形，并粘贴到幻灯片母版上，依次选择每 1 个小的白色正方形，改变其填充颜色，效果如图 3-1-5 所示。

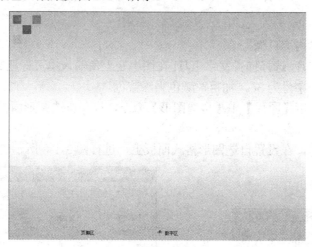

图 3-1-5　插入幻灯片母版左上角形状

　　关闭母版视图，返回至幻灯片编辑状态。

　　在第 1 页上，选择【插入】|【图片】|【来自文件】命令，插入博士帽效果图片，并放置到图中右上角的合适位置。

　　选择横排文字工具，输入课件标题文字"燃烧与灭火"，设置字体为黑体，字号为48，加粗，倾斜，输入英文"chemistry"，设置字体为 Verdana，字号为 28，加粗，倾斜。

　　输入文字"初中化学　九年级　上册"，设置字体为宋体，字号为 20。课件封面最终效果如图 3-1-6 所示。

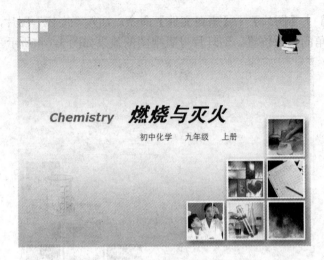

图 3-1-6 幻灯片封面

实用制作技巧

　　母版是 PPT 课件制作中最常用的工具，可以把每个 PPT 页中相同的内容都放在母版内，这样在每一个页面中可以显示，不用每一页中都重复制作，可以极大地减少重复工作。

　　（2）制作教学内容页面

　　添加新的幻灯片。选择横排文字工具，在图中左上角输入本页标题文字"教学内容"，设置字体为黑体，字号为 36，加粗，颜色为深蓝色。

　　选择【插入】|【图片】|【自选图形】命令，打开自选图形面板，并选择基本形状中的圆角矩形。如图 3-1-7 所示。

　　绘制圆角矩形，在设置自选图形格式面板上，进行图 3-1-8 所示的设置。

图 3-1-7 添加自选图形　　　　　　　　　　图 3-1-8 设置自选图形格式

　　再绘制 1 个小的圆角矩形，并设置其填充颜色为白色，并输入文字"燃烧与灭火教学内容纲要"。

　　绘制矩形并填充为绿色，并为其添加高光效果。输入文字"效果演示"。复制当前组合，并粘贴至图中，修改其填充颜色为蓝色，修改其文字为"燃烧的概念"。

　　用同样的复制－粘贴－修改的方法，完成其他的纲要内容制作。

　　选中"效果演示"文字及其下面的矩形背景，右击，选择【组合】|【组合】命令，对其进行组合。

　　重复前面的操作，对每个纲要文字和背景进行组合。选中全部组合，单击屏幕左下角的绘图工具栏，选择【绘图】|【对齐或分布】|【水平居中】命令。操作面板如图 3-1-9 所示。

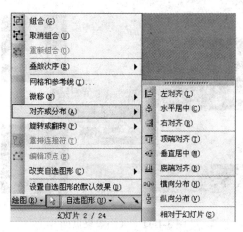

图 3-1-9　设置自选图形对齐方式

本页完成的效果如图 3-1-10 所示。

图 3-1-10　教学内容页面

（3）制作火焰效果页面

添加新的幻灯片。

选择横排文字工具，在图中左上角输入本页标题文字"火焰效果"，设置字体为黑体，字号为36，加粗，颜色为深蓝色，并调整至合适位置。

选择【插入】|【图片】|【来自文件】命令，插入4张火焰燃烧效果图片，并调整图片到合适的位置。

在左下角绘制1个矩形，用R255，G51，B0的颜色进行填充。用文字横排工具输入文字"想一想：我们生活中的燃烧现象？"。设置字体为隶书，字号为24，颜色为黑色，加粗，倾斜，并居中对齐。效果如图3-1-11所示。

图3-1-11 火焰效果页面

选中前一步画好的矩形。选择【幻灯片放映】|【自定义动画】命令，打开自定义动画面板。单击添加效果按钮，选择【进入】|【出现】命令，如图3-1-12所示。设置开始方式为"之后"。

在自定义动画面板上单击添加效果按钮，选择【强调】|【忽明忽暗】命令，如图3-1-13所示，设置开始方式为"之后"。

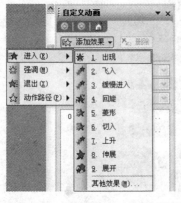

图3-1-12 设置标题文字动画效果

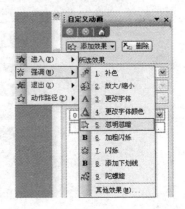

图3-1-13 设置"想一想"动画效果

（4）制作燃烧效果演示页面

添加新幻灯片。

选择横排文字工具，在图中左上角输入本页标题文字
"燃烧效果演示实验"，设置字体为黑体，字号为 36，加
粗，颜色为深蓝色，并调整至合适位置。

选择【插入】|【图片】|【来自文件】命令，插入
3 张燃烧效果演示实验图片，内容分别为铁、碳、硫在氧
气中燃烧，并调整图片到合适的位置。选择横排文字工具，
在图片下方输入相应的文字。

选中第 1 张图片。在自定义动画面板上，单击添加效
果按钮，选择【进入】|【其他效果】命令，打开添加进
入效果面板，选择渐变效果。如图 3-1-14 所示。并设置
开始方式为"之后"。

选中第 2 张和第 3 张图片。重复上一步操作，为 3
张图片都添加渐变出现效果动画。效果如图 3-1-15 所示。

（5）制作燃烧实验数据表页面

添加新的幻灯片。

图 3-1-14　设置图片动画效果

选择横排文字工具，在图中左上角输入本页标题文字"燃烧实验数据表"，设置字
体为黑体，字号为 36，加粗，颜色为深蓝色，并调整至合适位置。

图 3-1-15　燃烧效果演示实验页面

选择【插入】|【表格】命令，打开表格面板，插入 1 个 4 列，6 行的表格。

选中第 3 行的 2-4 列，右击在菜单中选择【合并单元格】命令，进行合并单元格操
作，同理对第 5 行的 2-4 列进行合并单元格操作。

在表格中输入需要的文字。选中全部单元格，右击在菜单中选择【边框和填充】命

令，打开设置表格格式面板，并如图 3-1-16 所示进行设置。

选中表格中的第 1 行，右击，在菜单中选择【边框和填充】命令，打开设置表格格式面板，并进行设置如图 3-1-17 所示，为表格填充颜色 R102，G177，B204。

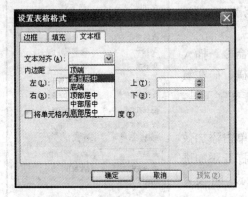

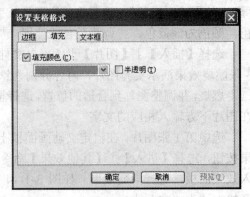

图 3-1-16　设置表格文本框对齐方式　　　　图 3-1-17　设置表格填充颜色

实用制作技巧

在 PPT 中插入表格有两种方法，对于简单的表格可以在 PPT 中直接插入并进行编辑，而相对复杂的表格，则可以在 Excel 电子表格中编辑完成后，再复制到 PPT 中来，这样更加便捷合理。

重复上一步操作，为第 3 行，第 5 行填充背景颜色。效果如图 3-1-18 所示。

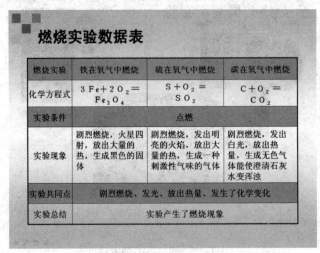

图 3-1-18　燃烧实验数据表页面

（6）制作燃烧的概念页面

添加新的幻灯片。

选择横排文字工具，在图中左上角输入本页标题文字"燃烧的概念"，设置字体为黑体，字号为 36，加粗，颜色为深蓝色，并调整至合适位置。

选择横排文字工具，输入文本"可燃物与氧气发生的一种发光、放热的剧烈的氧化反应叫做燃烧。"设置字体为宋体，字号为 32，颜色为黑色，单独选中文字"燃烧"，设置字体为黑体，字号为 32，颜色为红色。

输入文本"想一想"，设置字体为黑体，字号为 28，颜色为黑色，加粗。

绘制 1 个矩形，用 R255，G51，B0 的颜色进行填充。用文字横排工具输入文字"是不是任何物质都能燃烧？例如：酒精、水、粉笔、木条、玻璃棒、蜡烛等？"。设置字体为隶书，字号为 24，颜色为黑色，加粗，倾斜，并居中对齐。

复制并粘贴已经做好的矩形，用 R200，G84，B20 的颜色进行填充。修改文字为"如何才能使酒精、蜡烛、木条燃烧？"，文字设置不变。

再次复制粘贴已经做好的矩形，用 R242，G211，B96 的颜色进行填充。修改文字为"如果把正在燃烧的蜡烛用烧杯罩住，它还能一直燃烧吗？"，文字设置不变。完成效果如图 3-1-19 所示。

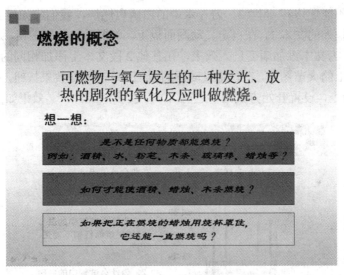

图 3-1-19　燃烧的概念页面

（7）制作燃烧条件分析实验页面

添加新的幻灯片。

选择横排文字工具，在图中左上角输入本页标题文字"燃烧的条件分析实验"，设置字体为黑体，字号为 36，加粗，颜色为深蓝色，并调整至合适位置。

选择横排文字工具，输入文本"实验：在一个烧杯中，放入热水，在两个试管中分别放入白磷和红磷，在热水中也放入一块白磷 。"设置字体为楷体，字号为 24，颜色为蓝色，加粗。

选择自选图形工具栏中基本形状，以及线条和其他工具，如图 3-1-20 所示。绘制如图 3-1-21 所示的实验结构图示，并输入相应的文字。

图 3-1-20 插入自选图形

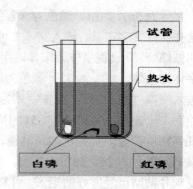

图 3-1-21 实验结构图示

选择横排文字工具，输入文本"1．为什么试管中的白磷能燃烧而红磷不能燃烧？"设置字体为黑体，字号为 24，颜色为黑色，加粗。

复制并粘贴刚刚输入的文本，并修改文本内容为"2．为什么试管中的白磷能燃烧而水中的白磷不能燃烧？"和"3．若让水中的白磷也燃烧，我们应如何尝试？"。

选择已经输入的文本 1，在自定义动画面板上，单击添加效果按钮，选择【进入】｜【渐变】命令，为文本添加渐变进入效果，在其他 2 段文本上添加相同的效果。

选中白磷上的火苗图形，在自定义动画面板上，单击添加效果按钮，选择【强调】｜【忽明忽暗】命令，设置开始方式为"之前"，速度为"非常快"。效果如图 3-1-22 所示。

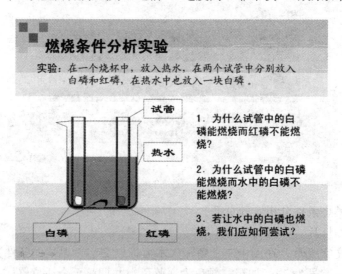

图 3-1-22 燃烧条件分析实验页面

（8）制作燃烧条件分析页面

添加新的幻灯片。

选择横排文字工具，在图中左上角输入本页标题文字"燃烧的条件分析"，设置字体为黑体，字号为 36，加粗，颜色为深蓝色，并调整至合适位置。

在左上角绘制一个矩形，用蓝色填充，并输入文字"讨论"。设置字体为黑体，字号为 24，颜色为黑色，并居中对齐。

选择横排文字工具，输入"1．由上述实验试管中的白磷燃烧而红磷不燃烧的事实，说明燃烧需要什么条件？"、"2．试管中的白磷燃烧而热水中的白磷不燃烧的事实，说明燃烧还需要什么条件？"、"3．由本来在热水中不燃烧的白磷，在通入氧气或空气后燃烧的事实，再次说明燃烧还需要什么条件？"、"4．综合上述讨论，可得出燃烧需要那些条件？"4 段文字。设置字体为黑体，字号为 20，颜色为黑色，并调整文字的行间距离和文字位置至合适。效果如图 3-1-23 所示。

选择横排文字工具，输入"达到燃烧的最低温度"、"需要氧气或空气"、"需要氧气或空气""可燃物，氧气或空气，达到燃烧的最低温度"4 段文字。并调整文字位置在上面文字中间。设置最后 1 段文字字体为隶书，字号为 24，颜色为红色，加粗，倾斜。

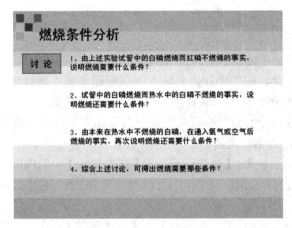

图 3-1-23　燃烧条件分析页面

选择"达到燃烧的最低温度"文本，在自定义动画面板上，单击添加效果按钮，选择【进入】｜【其他效果】命令，打开添加进入效果面板，为文本添加菱形进入效果，如图 3-1-24 所示。

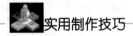实用制作技巧

　　自定义动画面板是 PPT 课件制作中最经常使用的工具之一，可以用来产生效果丰富的动画效果，它提供了几十种常用动画效果的快速制作方法，但在一个课件中添加这种自定义动画不宜超过 5 种，如果动画效果过多，会让人产生眼花缭乱的感觉。

图 3-1-24　设置文字动画效果

重复上一步，在其他 3 段文本上都添加相同的菱形进入效果。完成后的效果如图 3-1-25 所示。

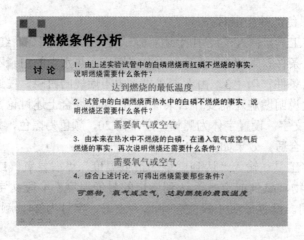

图 3-1-25　燃烧条件分析页面

（9）制作燃烧条件页面

添加新的幻灯片。

选择横排文字工具，在图中左上角输入本页标题文字"燃烧的条件"，设置字体为黑体，字号为 36，加粗，颜色为深蓝色，并调整至合适位置。

输入文字"经过以上实验分析可知燃烧应具备如下条件："，设置字体为隶书，字号为 32，颜色为黑色，加粗，倾斜。

选择自选图形工具栏中，【自选图形】|【基本形状】中的椭圆形状工具绘制椭圆，设置填充颜色为 R125，G148，B247，边线颜色为 R221，G221，B221。具体设置如图 3-1-26 所示。

选择自选图形工具栏中，【自选图形】|【基本形状】中的椭圆形状工具绘制椭圆，设置填充方式如图 3-1-27 所示。调整大小，产生白色高光效果。

图 3-1-26　设置自选图像格式

图 3-1-27　设置自选图形填充效果

　　输入文字"可燃物",框选绘制好的两个椭圆和文字,右击,选择【组合】|【组合】命令。效果如图 3-1-28 所示。

　　复制出 2 个相同的圆形,并修改其背景颜色为 R102,G177,B204 和 R200,G84,B20。修改文字为"氧气"和"着火点"。

　　选择自选图形工具栏中,【自选图形】|【箭头总汇】中的箭头工具绘制箭头,填充设置如图 3-1-29 所示。

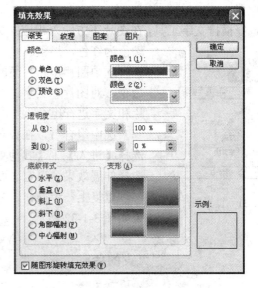

图 3-1-28　自选图形效果图　　　　　　　　图 3-1-29　设置箭头填充效果

　　再复制出 2 个已经做好的箭头,并调整全部箭头的大小、位置和方向到合适位置。效果如图 3-1-30 所示。

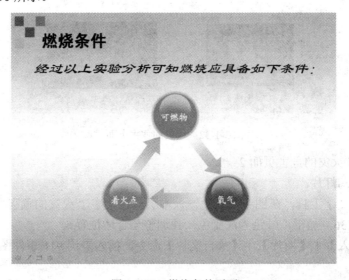

图 3-1-30　燃烧条件页面

（10）制作火灾的危害页面 1

添加新的幻灯片。

选择横排文字工具，在图中左上角输入本页标题文字"火灾的危害"，设置字体为黑体，字号为36，加粗，颜色为深蓝色，并调整至合适位置。

选择【插入】|【图片】|【来自文件】命令，插入 3 张火灾危害图片，内容分别为"泉州大桥爆炸事件"、"衡阳居民楼火灾"和"巴格达调车场火灾"，调整图片到合适的位置。

选择横排文字工具，在图片下方输入相应的文字。设置字体为华文新魏，字号为28，颜色为红色，加粗。

选中图片 1 和下面的文字，右击，选择【组合】|【组合】命令，对图片和文字进行组合，用相同的方法，对其他两组图片和文字进行组合。

选中组合 1，在自定义动画面板上，单击添加效果按钮，选择【进入】|【其他效果】命令，打开添加进入效果面板，选择伸展效果。自定义面板设置如图 3-1-31 所示。

图 3-1-31　设置图片动画

重复上一步操作，为其他 2 个组合添加伸展效果动画。效果如图 3-1-32 所示。

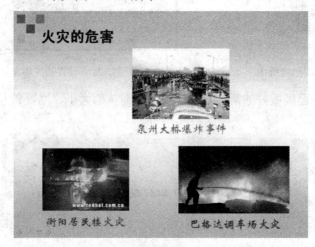

图 3-1-32　火灾的危害页面

（11）制作火灾的危害页面 2

添加新的幻灯片。

选择横排文字工具，在图中左上角输入本页标题文字"火灾的危害"，设置字体为黑体，字号为36，加粗，颜色为深蓝色，并调整至合适位置。

选择【插入】|【图片】|【来自文件】命令，插入美国 911 事件图片，调整图片到合适的位置。

选择横排文字工具，在图片下方输入相应的文字。设置字体为黑体，字号为28，颜色为黑色，加粗，倾斜。

选中图片及其下方的文字，进行组合。在自定义动画面板上，单击添加效果按钮，选择【进入】|【其他效果】命令，打开添加进入效果面板，选择伸展效果。效果如图 3-1-33 所示。

图 3-1-33　火灾的危害页面 2

（12）制作火灾的危害页面 3

添加新的幻灯片。

选择横排文字工具，在图中左上角输入本页标题文字"火灾的危害"，设置字体为黑体，字号为 36，加粗，颜色为深蓝色，并调整至合适位置。

选择【插入】|【影片和声音】|【文件中的影片】命令，打开插入影片对话框，如图 3-1-34 所示。选择要插入的影片，单击确定后，弹出的对话框如图 3-1-35 所示，选择"在单击时"选项。

图 3-1-34　插入影片

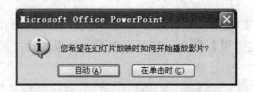

图 3-1-35 设置影片播放方式

调整视频文件的大小和位置,效果如图 3-1-36 所示。

图 3-1-36 火灾的危害页面 3

(13)制作灭火的原理和方法页面 1

添加新的幻灯片。

选择横排文字工具,在图中左上角输入本页标题文字"灭火的原理和方法",设置字体为黑体,字号为 36,加粗,颜色为深蓝色,并调整至合适位置。

输入文本"根据生活经验和灭火原理判断下列点燃的蜡烛能否燃烧",设置字体为宋体,字号为 24,颜色为黑色,加粗,倾斜。

选择【插入】|【表格】命令,插入 1 个 5 行 6 列的表格,在表格中输入所需的文字。

选中全部单元格,右击在菜单中选择【边框和填充】命令,打开设置表格格式面板,并如图 3-1-37 和图 3-1-38 所示进行设置。

选中第 1 行中的文字,设置为黑体,字号为 24,颜色为黑色,加粗。

选中第 1 列中的文字,设置为黑体,字号为 24,颜色为黑色,加粗。

选中表格中的第 1 行,右击,在菜单中选择【边框和填充】命令,打开设置表格格式面板,为表格填充颜色 R102,G177,B204。

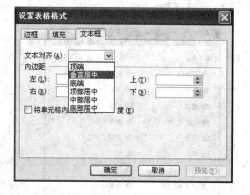

图 3-1-37　设置表格边框　　　　　　　　图 3-1-38　设置表格文本框对齐方式

重复上一步操作，为第 3 行，第 5 行填充背景颜色。

在第 2 行表格中，选择【插入】|【图片】|【来自文件】命令，依次插入 5 张所需的图片，调整图片到合适大小。效果如图 3-1-39 所示。

	1号蜡烛	2号蜡烛	3号蜡烛	4号蜡烛	5号蜡烛
动画演示					
实验内容	点燃后截去蜡烛心	点燃后扣一个烧杯	点燃后往烧杯中注入盐酸	点燃后用嘴吹灭	点燃后保留不变
实验现象	熄灭	熄灭	熄灭	熄灭	不熄灭
原因	无可燃物	无氧气	无氧气	降低着火点	不变

图 3-1-39　灭火原理和方法页面

（14）制作灭火的原理和方法页面 2

添加新的幻灯片。

选择横排文字工具，在图中左上角输入本页标题文字"灭火的原理和方法"，设置字体为黑体，字号为 36，加粗，颜色为深蓝色，并调整至合适位置。

输入文本"结论：灭火可以通过以下方法"，设置字体为黑体，字号为 32，颜色为黑色。选中"结论"修改文字颜色为蓝色。

输入文本"清除或隔绝可燃物、隔绝空气、降温到着火点以下"并放置到不同的行上。选中文本，在工具栏上单击【编号】按钮，为文本添加编号。

选中文本，在自定义动画面板上，单击添加效果按钮，选择【进入】|【其他效果】，打开添加进入效果面板，选择向内溶解效果。如图 3-1-40 所示，并设置开始方式为"之后"。

完成后效果如图 3-1-41 所示。

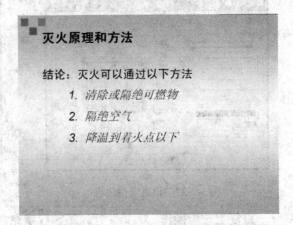

图 3-1-40 设置文字动画效果　　　　　图 3-1-41 灭火原理和方法页面 2

（15）制作可燃物和易爆物安全知识页面 1

添加新的幻灯片。

选择横排文字工具，在图中左上角输入本页标题文字"可燃物和易爆物安全知识"，设置字体为黑体，字号为 36，加粗，颜色为深蓝色，并调整至合适位置。

输入文本"可燃物和易爆物的特点"，在工具栏上单击【编号】工具按钮，为文字添加上编号。

在下一行输入"可燃物与氧气接触面积越大，氧气浓度越高，燃烧就越剧烈。在一定空间内积聚燃烧，并有气体生成，可以引起爆炸。"，设置字体为宋体，字号为 24，颜色为黑色。

在新的一行中，输入文本"与火灾有关的图标"。在工具栏上单击【编号】工具按钮，为文字添加上编号。

选择【插入】|【图片】|【来自文件】命令，依次插入 2 张所需的图片，调整图片到合适大小，并在图片下方输入相应的文字。

选中图片和文字，右击选择【组合】|【组合】命令，对图片和文字进行组合操作。

选中第 1 行文字，在自定义动画面板上，单击添加效果按钮，选择【进入】|【其他效果】命令，打开添加进入效果面板，选择渐变动画效果。

重复上一步操作，为全部文字和图片添加渐变动画效果。设置如图 3-1-42 所示。

图 3-1-42 设置文字、图片动画效果

本页完成效果如图 3-1-43 所示。

（16）制作可燃物和易爆物安全知识页面 2

添加新的幻灯片。

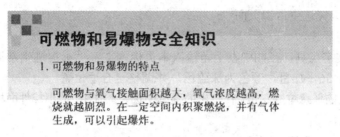

图 3-1-43   可燃物和易爆物安全知识页面

选择横排文字工具，在图中左上角输入本页标题文字"可燃物和易爆物安全知识"，设置字体为黑体，字号为 36，加粗，颜色为深蓝色，并调整至合适位置。

绘制 1 个矩形，用 R102，G177，B204 的蓝颜色进行填充。调整矩形的大小和位置至合适，作为图标背景。

选择【插入】|【图片】|【来自文件】命令，依次插入 6 张所需的图片，调整图片到合适大小，并在图片下方输入相应的文字。

框选全部的图片和文字，右击选择【组合】|【组合】对图片和文字进行组合操作。

选中第 1 行文字，在自定义动画面板上，单击添加效果按钮，选择【进入】|【其他效果】命令，打开添加进入效果面板，选择回旋动画效果。设置开始方式为"之后"，速度为"非常快"。效果如图 3-1-44 所示。

图 3-1-44   可燃物和易爆物安全知识页面 2

（17）制作火灾逃生常识页面

添加新的幻灯片。

选择横排文字工具，在图中左上角输入本页标题文字"火灾逃生常识"，设置字体为黑体，字号为 36，加粗，颜色为深蓝色，并调整至合适位置。

在工具栏上的任意位置右击，在弹出的菜单中选中"控件"调出控件面板。如图 3-1-45 和图 3-1-46 所示。

图 3-1-45　调出控件工具箱　　　　　图 3-1-46　控件工具箱

单击控件面板上右下角的"其他"控件按钮，显示其他控件。拖动右侧的滑块，找到并单击"Shockwave Flash Object"控件。如图 3-1-47 所示。

当鼠标指针变成"+"后，在要插入 Flash 文件的位置上拖出一个白色矩形框。并调整该矩形框的大小和位置至合适。

在白色矩形上右击，选择【属性】命令，打开属性面板。找到【Movie】栏，在后面的栏中输入 Flash 文件所在的路径和完整的文件名称。如：E:\ hzts.swf。如图 3-1-48 所示。

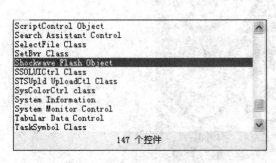

图 3-1-47　选择 Shockwave Flash Object　　　　图 3-1-48　控件属性设置

设置完成后则可以在 PPT 播放时正常观看 Flash 动画文件，完成效果如图 3-1-49 所示。

图 3-1-49　火灾逃生常识页面

（18）制作课程内容总结页面

添加新的幻灯片。

选择横排文字工具，在图中左上角输入本页标题文字"课程内容总结"，设置字体为黑体，字号为 36，加粗，颜色为深蓝色，并调整至合适位置。

输入文本"1. 燃烧需要同时具备三个条件：①可燃物；②氧气（或空气）；③温度达到可燃物的着火点。2. 灭火的原理：①清除可燃物或使可燃物与其他物品隔离；②隔绝氧气（或空气）；③使温度降低到着火点以下。3. 认识到火灾的危害性，学会逃生自救、学会如何报警"。设置字体为宋体，字号为 28，颜色为黑色，加粗。

选中文字"燃烧需要同时具备三个条件"和"灭火的原理"修改文字颜色为红色。

选中第 1 行文字，在自定义动画面板上，单击添加效果按钮，选择【进入】|【其他效果】命令，打开添加进入效果面板，选择切入动画效果。设置开始方式为"单击时"，方向为"底部"，速度为"非常快"。

重复上一步操作，为其他文字添加切入动画效果。效果如图 3-1-50 所示。

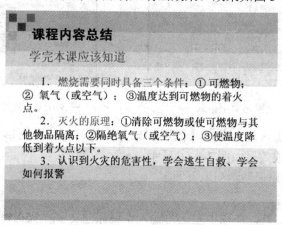

图 3-1-50　课程内容总结页面

（19）制作封底页面

添加新的幻灯片。

选择【插入】|【图片】|【艺术字】命令，打开艺术字库面板，如图 3-1-51 所示。

任意选择一种艺术字效果，单击调出"编辑艺术字文字"面板，输入文字"谢谢！"设置字体为隶书，字号为 36，加粗，并单击【确认】按钮。如图 3-1-52 所示。

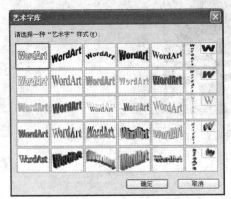

图 3-1-51　插入艺术字　　　　　　　图 3-1-52　编辑"艺术字"文字

右击文字，在菜单中选择【设置艺术字格式】命令，打开设置艺术字格式面板，如图 3-1-53 和图 3-1-54 所示，并进行设置。

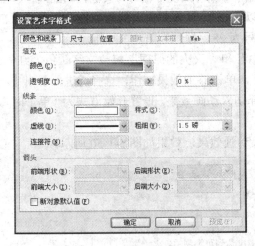
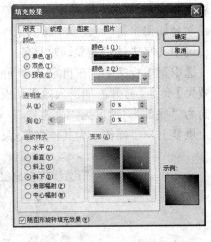

图 3-1-53　设置艺术字格式　　　　　　图 3-1-54　设置艺术字填充效果

选中文字，在工具栏上单击【阴影样式】按钮，选择【阴影样式 14】图标，如图 3-1-55 所示。完成效果如图 3-1-56 所示。

（20）制作灭火原理动画演示页面 1

添加新的幻灯片。

选择横排文字工具，在图中左上角输入本页标题文字"灭火原理动画演示"，设置字体为黑体，字号为 36，加粗，颜色为深蓝色，并调整至合适位置。

输入文字"1 号蜡烛点燃后截去蜡烛心"等所需文字。选择【插入】|【图片】|【来自文件】命令，插入所需的蜡烛图片和火苗图片，调整图片大小和位置。

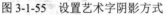

图 3-1-55　设置艺术字阴影方式

图 3-1-56　封底页面

用矩形工具绘制 1 个矩形，并放置到火苗图片上方。在自定义动画面板上，单击添加效果按钮，选择【进入】|【其它效果】命令，打开添加进入效果面板，选择切入动画效果。设置开始方式为"单击时"，方向为"自左侧"，速度为"快速"。

选中火苗图片，在自定义动画面板上，单击添加效果按钮，选择【退出】|【其它效果】命令，打开添加进入效果面板，选择擦除动画效果。设置开始方式为"之后"，方向为"自顶部"，速度为"非常快"。

选中文字"熄灭"，在自定义动画面板上，单击添加效果按钮，选择【进入】|【其它效果】命令，打开添加进入效果面板，选择盒状动画效果。设置开始方式为"单击时"，方向为"内"，速度为"非常快"。

选中文字"清除可燃物"，在自定义动画面板上，单击添加效果按钮，选择【进入】|【其他效果】命令，打开添加进入效果面板，选择盒状动画效果。设置开始方式为"之后"，方向为"内"，速度为"非常快"。自定义动画面板设置如图 3-1-57 所示。

在自选图形工具栏上单击，选择【动作按钮】命令，找到返回动作按钮，如图 3-1-58 所示。

图 3-1-57　设置文字动画效果

图 3-1-58　插入动作按钮

单击并拖动鼠标，绘制出 1 个返回按钮。在弹出的动作设置面板中进行图 3-1-59 和图 3-1-60 所示的设置，并放置到图中右下角。

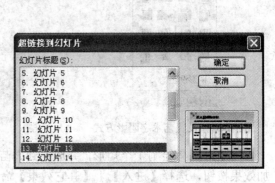

图 3-1-59　按钮动作设置　　　　　　　　图 3-1-60　设置超链接地址

完成效果如图 3-1-61 所示。

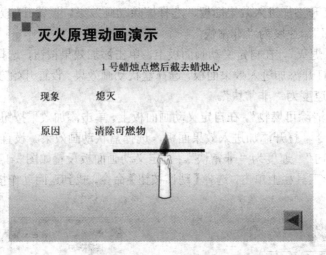

图 3-1-61　灭火原理动画演示页面

（21）制作灭火原理动画演示页面 2

添加新的幻灯片。

选择横排文字工具，在图中左上角输入本页标题文字"灭火原理动画演示"，设置字体为黑体，字号为 36，加粗，颜色为深蓝色，并调整至合适位置。

输入文字"2 号蜡烛点燃后扣一个烧杯"等所需文字。选择【插入】|【图片】|【来自文件】命令，插入所需的蜡烛图片、火苗图片和烧杯图片，调整图片大小和位置。

选中烧杯图片，在自定义动画面板上，单击添加效果按钮，选择【动作路径】|【绘

制自定义路径】|【自由曲线】命令，绘制 1 条由烧杯至蜡烛的倒 U 形曲线。设置开始方式为"之前"，路径为"解除锁定"，速度为"慢速"。

选中火苗图片，在自定义动画面板上，单击添加效果按钮，选择【退出】|【其它效果】命令，打开添加进入效果面板，选择擦除动画效果。设置开始方式为"之后"，方向为"自顶部"，速度为"非常快"。

选中文字"熄灭"，在自定义动画面板上，单击添加效果按钮，选择【进入】|【其它效果】命令，打开添加进入效果面板，选择盒状动画效果。设置开始方式为"单击时"，方向为"内"，速度为"非常快"。

选中文字"隔绝空气"，在自定义动画面板上，单击添加效果按钮，选择【进入】|【其它效果】命令，打开添加进入效果面板，选择盒状动画效果。设置开始方式为"之后"，方向为"内"，速度为"非常快"。

复制并粘贴前一页所做的返回按钮。效果如图 3-1-62 所示。

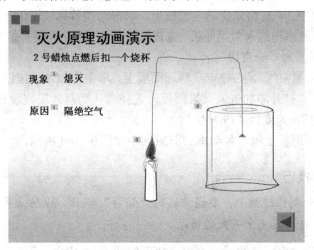

图 3-1-62　灭火原理动画演示页面 2

（22）制作灭火原理动画演示页面 3

添加新的幻灯片。

选择横排文字工具，在图中左上角输入本页标题文字"灭火原理动画演示"，设置字体为黑体，字号为 36，加粗，颜色为深蓝色，并调整至合适位置。

输入文字"3 号蜡烛点燃后往烧杯中注入盐酸"等所需文字。选择【插入】|【图片】|【来自文件】命令，插入所需的蜡烛图片、火苗图片和烧杯图片，调整图片大小和位置。

在自选图形工具栏上单击，选择【基本形状】命令，找到圆柱体形状，如图 3-1-63 所示。调整圆柱体的大小和位置与烧杯的形状相吻合。

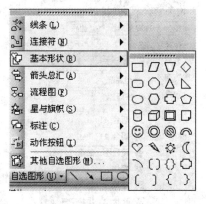

图 3-1-63　插入自选图形

　　选中绘制好的圆柱体，在自定义动画面板上，单击添加效果按钮，选择【进入】|【其它效果】命令，找到伸展动画效果。设置开始方式为"之前"，方向为"自底部"，速度为"快速"。

　　复制并粘贴烧杯和圆柱体并进行组合后，调整大小和位置。在自定义动画面板上，单击添加效果按钮，选择【动作路径】|【对角线向右上】命令，绘制 1 条路径，并调整路径方向。设置开始方式为"单击时"，路径为"解除锁定"，速度为"中速"。

　　在自定义动画面板上，单击添加效果按钮，选择【强调】|【陀螺转】命令，绘制 1 条路径，并调整路径方向。设置开始方式为"之后"，数量为"90 度 逆时针"，速度为"中速"。

　　选中火苗图片，在自定义动画面板上，单击添加效果按钮，选择【退出】|【其它效果】命令，打开添加进入效果面板，选择擦除动画效果。设置开始方式为"之后"，方向为"自顶部"，速度为"非常快"。

　　选中文字"熄灭"，在自定义动画面板上，单击添加效果按钮，选择【进入】|【其它效果】命令，打开添加进入效果面板，选择盒状动画效果。设置开始方式为"单击时"，方向为"内"，速度为"非常快"。

　　选中文字"隔绝空气"，在自定义动画面板上，单击添加效果按钮，选择【进入】|【其它效果】命令，打开添加进入效果面板，选择盒状动画效果。设置开始方式为"之后"，方向为"内"，速度为"非常快"。

　　在自定义动画面板上调整各动画的前后顺序如图 3-1-64 所示。

实用制作技巧

　　在 PPT 课件制作过程中，要经常进行"保存"操作，以防止系统或软件故障造成死机而出现工作内容完全丢失的情况。

　　复制并粘贴前一页所做的返回按钮。效果如图 3-1-65 所示。

图 3-1-64　设置动画效果

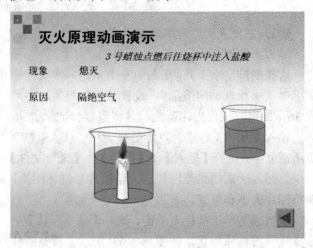

图 3-1-65　灭火原理动画演示页面 3

（23）制作灭火原理动画演示页面 4

添加新的幻灯片。

选择横排文字工具，在图中左上角输入本页标题文字"灭火原理动画演示"，设置字体为黑体，字号为 36，加粗，颜色为深蓝色，并调整至合适位置。

输入文字"4 号蜡烛点燃后用嘴吹灭"等所需文字。选择【插入】|【图片】|【来自文件】命令，插入所需的蜡烛图片、火苗图片，调整图片大小和位置。

在自选图形工具栏上单击，选择【箭头总汇】命令，选择向右方向的箭头形状，绘制出向右的箭头，调整箭头的大小和位置。

在自定义动画面板上，单击添加效果按钮，选择【动作路径】|【向右】命令，设置开始方式为"单击时"，路径为"解除锁定"，速度为"中速"。

选中火苗图片，在自定义动画面板上，单击添加效果按钮，选择【退出】|【其它效果】命令，打开添加进入效果面板，选择擦除动画效果。设置开始方式为"之后"，方向为"自顶部"，速度为"非常快"。

选中文字"熄灭"，在自定义动画面板上，单击添加效果按钮，选择【进入】|【其它效果】命令，打开添加进入效果面板，选择盒状动画效果。设置开始方式为"单击时"，方向为"内"，速度为"非常快"。

选中文字"降低着火点"，在自定义动画面板上，单击添加效果按钮，选择【进入】|【其它效果】命令，打开添加进入效果面板，选择盒状动画效果。设置开始方式为"之后"，方向为"内"，速度为"非常快"。

复制并粘贴前一页所做的返回按钮。效果如图 3-1-66 所示。

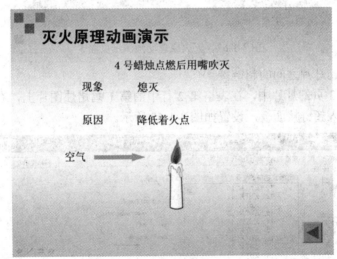

图 3-1-66　灭火原理动画演示页面 4

（24）制作灭火原理动画演示页面 5

添加新的幻灯片。

选择横排文字工具，在图中左上角输入本页标题文字"灭火原理动画演示"，设置字体为黑体，字号为36，加粗，颜色为深蓝色，并调整至合适位置。

输入文字"5号蜡烛点燃后保留不变"等所需文字。选择【插入】|【图片】|【来自文件】命令，插入所需的蜡烛图片、火苗图片，调整图片大小和位置。

选中文字"不熄灭"，在自定义动画面板上，单击添加效果按钮，选择【进入】|【其它效果】命令，打开添加进入效果面板，选择盒状动画效果。设置开始方式为"单击时"，方向为"内"，速度为"非常快"。

选中文字"不变"，在自定义动画面板上，单击添加效果按钮，选择【进入】|【其它效果】命令，打开添加进入效果面板，选择盒状动画效果。设置开始方式为"之后"，方向为"内"，速度为"非常快"。

复制并粘贴前一页所做的返回按钮。效果如图3-1-67所示。

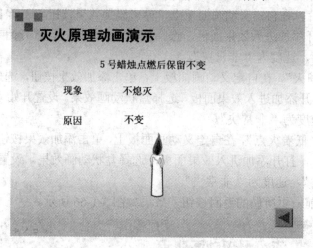

图3-1-67　灭火原理动画演示页面5

（25）制作幻灯片之间的超链接

返回到第13页幻灯片中，在表格第2行中的第1幅蜡烛图片上，右击，选择【超链接】，打开插入超链接面板，设置如图3-1-68所示。

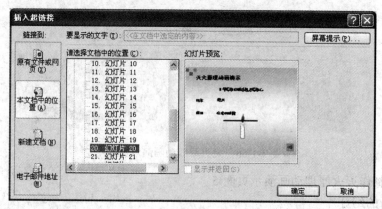

图3-1-68　制作幻灯片超链接

重复上一步操作，为其他图片设置超链接。按 F5 键，播放全部 PPT 课件内容。
至此，本课件制作完成。

3.1.4　训练须知

1）课件制作练习的过程中必须严格按照课件制作流程进行练习，不要边想边做。

2）对于用到的图片素材进行统一管理，存放在指定的文件夹内。

3）在课件的制作要美观，文字大小合适，颜色搭配合理。

3.1.5　思考题

选取中小学课本中的任一部分内容，制作一个完整的 PPT 多媒体课件。

要求：

1）要把教学设计思想贯穿于课件制作的全过程，充分体现课件服务教学的思想。

2）尽量应用教材中所学习到的各种 PPT 课件制作技术，在课件中添加文字、图片、表格、声音、视频和动画各种多媒体元素，使课件美观丰富。

3）在课件中要使用链接和按钮，使课件具有良好的互动性。

技能训练 3.2　Flash 多媒体课件的设计与制作

学习目标

训练目标

1. 通过对教材内容进行分析后，有针对性地进行教学设计，并制作出完整的课件脚本。
2. 了解和掌握 Flash 多媒体课件制作的主要工作思路与方法。
3. 通过制作一个综合的 Flash 多媒体课件，熟练掌握 Flash 软件中的各种工具的应用技巧，真正掌握 Flash 多媒体课件的制作技术。

训练任务

1. 选取小学三年级语文教学内容中的一节课程，通过对教学内容进行分析与设计，制作一个完整的课件脚本。
2. 根据课件脚本，应用 Flash 多媒体课件制作技术，完成一个综合的 Flash 多媒体课件的制作。

训练环境

1. 硬件环境：计算机主频 200MHz 以上，内存在 1GB 以上，声卡，音箱。
2. 软件环境：Windows XP，Flash CS3。

3.2.1　教学内容选择

本技能训练选取的教学内容为小学三年级语文（下）第三课《荷花》，作者是叶圣陶。作者用朴实无华的语言来描写了一池荷花的美丽，生动形象地表现了荷花的色、香、形，通过对荷花的深入刻画来表现作者对生活的热爱。主要的教学内容如下：

1）课文朗读。

2）学习生字：荷、莲、蓬、裳、翩、蹈。

3）学习组词：荷花、莲花、莲蓬、衣裳、翩翩起舞、舞蹈。

4）学习造句：（略）。

3.2.2　教学设计分析

通过对教材及教学内容分析后，确定采用以"学"为主的探究式学习方案，教师为学生创建学习环境并引导学生进行学习活动。因此，在教学活动中，除了正常的学习内容之外还应该设计一些提高学生学习兴趣和综合能力的活动环节。最终确定课件要从以下几个方面进行设计和制作：

1）以 Flash CS3 作为课件开发工具进行课件的制作。

2）课件主体框架为三大部分：学习部分、练习部分、拓展部分，其中的每个大部分又包含 3 个小的部分。

3）课件除了要保证教学内容之外，还要具有很好的娱乐性和互动性，以调动学生的自主学习兴趣。

教学设计提示

课件的制作是由教学内容所决定，不同的教学内容所要用的课件也不同。此课程教学内容适用于探究式学习方案，在课件设计和制作时要充分考虑学生的心理特点。

3.2.3　教学设计实施

1.　教学设计流程图设计

教学设计流程如图 3-2-1 所示。

2.　课件结构设计

一个完整的课件脚本是制作一个课件的前提和基础，它是课件编制的直接依据。就像电视片的编制不能直接依据文学剧本，而是根据分镜头稿本进行拍摄一样。要编写课件脚本首先要对课件的使用有一些认识，充分了解所要表现的内容，在脚本编写的过程中，内容要尽量详细丰富，如图片、文字、按钮出现的顺序、位置等。尽管脚本的编制没有一个相对固定的格式，但至少应该具备课件教学目标主要信息的描述（表 3-2-1）、课件整体结构图（图 3-2-2）和脚本卡片（表 3-2-2）等几方面的内容。

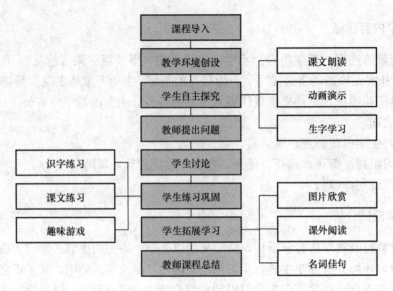

图 3-2-1 教学设计流程设计

表 3-2-1 课件教学目标信息描述

课件题目	荷花	创作思路	以探究式学习为主
教学目标	（略）	内容简介	（略）
创作平台	Flash CS3		

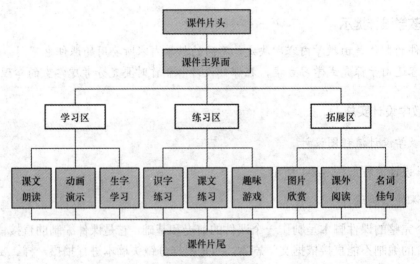

图 3-2-2 课件结构设计图

　　课件的整体结构图就是课件的主要框架，它的特点是结构清晰、明确。从结构图上，可以清楚地看到要制作课件的每个部分，但这还是远远不够的。还需要对课件做一步的细化工作，这就需要制作脚本卡片。与结构图不同的是脚本卡片的制作应该尽量详细，应该清楚表达出课件的制作思路和内容。它是课件制作的主要依据，具体脚本卡片内容如表 3-2-2 所示。

表 3-2-2　脚本卡片的编写（共 12 个模块）

模块序号	1	页面内容 简要说明	课件片头
屏幕显示	1．课件名称文字 2．荷塘飞鸟动画 3．制作人员名单		
说明	单击动画进入课件主界面		
模块序号	2	页面内容 简要说明	课件主界面
屏幕显示	1．主页面背景图片 2．各模块按钮 3．教材封面图片 4．课文导读文字		
说明	主页面背景与各模块按钮在所有模块中都存在，不发生改变		
模块序号	3	页面内容 简要说明	课文朗读
屏幕显示	1．课文内容文字 2．朗读、停止、重读三个按钮 3．学生思考内容		
说明	1．课文内容文字随朗读向上方移动 2．三个按钮用来控制朗读的方式与进程		
模块序号	4	页面内容 简要说明	动画演示
屏幕显示	1．动画演示主场景 2．动画控制"停止"和"播放"按钮		
说明	荷花演示动画		
模块序号	5	页面内容 简要说明	生字学习
屏幕显示	1．"米字格"生字动画演示主区域 2．发音、笔画、部首、组词、造句按钮，单击相应的按钮就可以看到相对应的效果 3．要学习的 6 个生字		
说明	单击相应的文字就可以在动画演示区域进行演示		

续表

模块序号	6	页面内容 简要说明	识字练习
屏幕显示	用单选题的形式进行文字的练习		
说明	答题有时间的限制		
模块序号	7	页面内容 简要说明	课文练习
屏幕显示	用判断题的形式进行课文内容的练习		
说明	答题有时间的限制		
模块序号	8	页面内容 简要说明	趣味游戏
屏幕显示	用连线游戏来练习课文中词语的合理搭配 上行显示：雪白的 嫩黄的 翩翩的 碧绿的 饱胀的 下行显示：舞蹈 荷叶 荷花 花骨朵 莲蓬		
说明	用 5 个星星来显示答对题目的数量		
模块序号	9	页面内容 简要说明	图片欣赏
屏幕显示	1. 荷花图片 2. 控制图片切换按钮		
说明	总计 5 张图片		
模块序号	10	页面内容 简要说明	课外阅读
屏幕显示	小池 杨万里 泉眼无声惜细流 树阴照水爱晴柔 小荷才露尖尖角 早有蜻蜓立上头		
说明	以动画演示诗歌《小池》		
模块序号	11	页面内容 简要说明	名言佳句
屏幕显示	1. 莲，花之君子者也。《爱莲说》周敦颐 2. 接天莲叶无穷碧，映日荷花别样红。《晓出净慈寺送林子方》杨万里 3. 小荷才露尖尖角，早有蜻蜓立上头。《小池》杨万里		
说明	列出三个描写荷花的名言佳句		
模块序号	12	页面内容 简要说明	课件片尾
屏幕显示	课件制作人员名单		
说明	制作人员名单由下向上移动		

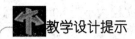**教学设计提示**

　　课件的脚本的编写，不仅可以体现出作者的教学设计思想，也可以为课件的制作提供直接的依据，并且让其他人可以更好地理解和把握作者的设计思想。因此，要制作一个好的课件一定要有一个好的脚本。

　　3. 课件制作的前期准备工作

　　在准备好课件制作的脚本之后，还要进行其他必要的准备工作，其中最主要的就是课件所用素材的准备工作。

　　素材主要包括文字素材、音频素材、图片素材、动画素材等。素材的准备工作，首先是各种素材的搜集；其次是对所搜集到的素材进行编辑，应用各种工具软件对所用的素材进行编辑加工，使各种素材达到课件制作的要求。

　　除了素材的准备工作之外，还要进行课件制作工具的准备，如 Flash CS3，以及必要的字体等。

　　在以下课件实例的制作过程中，我们默认为各项准备工作已完成，全部素材都可以在 Flash CS3 中直接使用，并且学生已经熟练掌握 Flash CS3 中常用工具的使用，具有较好的动画制作能力。

　　4. 课件制作步骤

　　根据脚本卡片所设计的详细内容，参照课件的结构图，把 12 个模块分别放置到相对应的场景中，由于教材内容和字数所限，在课件实例制作过程中，只对主要的制作步骤进行陈述，个别具体的技术问题不做详细讲解。

　　（1）课件片头的制作

　　启动 Flash CS3，选择【文件】|【新建】命令，打开新建文档面板，在新建文档对话框中选择 AS 2.0 类型的 Flash 文件。如图 3-2-3 所示。

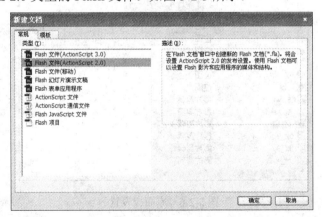

图 3-2-3　新建文档面板设置

　　在属性面板上单击【大小】按钮，打开文档属性面板，设置文档大小为 800*600 像素，背景色为白色，帧频为 24fps。设置如图 3-2-4 所示。

　　选择【插入】｜【场景】命令，新建场景 2，重复应用新建场景命令，连续新建 11 个场景。

　　选择【窗口】｜【其他面板】｜【场景】命令，打开场景面板，将场景名称更改为片头、主场景、课文朗读、动画演示、生字学习、识字练习、课文练习、趣味游戏、图片欣赏、课外阅读、名言佳句和片尾总计 12 个场景，如图 3-2-5 所示。

图 3-2-4　文档属性设置　　　　　　　　　图 3-2-5　场景面板设置

　　选择【文件】｜【导入】｜【导入到库】命令，把课件所要使用的全部素材导入到库中。（在下面的制作步骤中将不再涉及素材的导入操作）如图 3-2-6 所示。

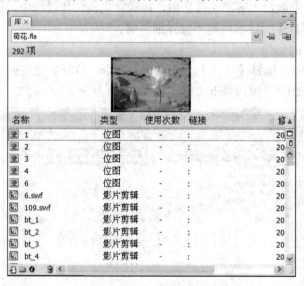

图 3-2-6　库面板设置

　　在"片头"场景中，选择【插入】｜【新建元件】命令，创建影片剪辑类型元件，返回到"片头"场景中，在属性面板上设置其实例名称为"SWF"并放置到舞台上。

现代教育技术技能与训练

在"片头"场景的第 1 帧上添加图 3-2-7 所示的语句命令。（利用 loadMovie 命令在空元件中加载"片头动画 1.swf"文件）

图 3-2-7　动作面板脚本命令

实用制作技巧

loadMovie 命令主要用于加载已有的 SWF 格式的动画素材。通过调用已有的动画素材，可以极大地减少动画制作工作量，并且使课件结构更加科学合理。

在时间轴面板上，单击新建图层按钮，修改图层名称为文字层，用文字工具在合适的位置上输入所需的文字。

在时间轴面板上，单击新建图层按钮，修改图层名称为按钮层，添加与"片头动画 1"同样大小的透明按钮，在按钮上添加图 3-2-8 所示的语句命令。

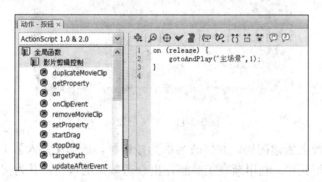

图 3-2-8　场景跳转命令设置

至此片头动画制作完成，效果如图 3-2-9 所示。

实用制作技巧

课件的片头是课件中最先被人看到的部分，因此，往往给人的印象最为深刻，在片头的设计和制作上应该简单明了，不宜过于烦琐，所呈现的内容最好与课件的内容相关联，起到画龙点睛的作用。

（2）课件主界面的制作

在"主场景"中打开库面板，并把库中的"背景图片"拖放到舞台上。主界面背景效果如图 3-2-10 所示。

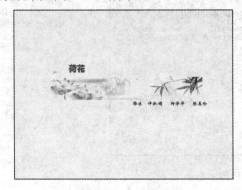

图 3-2-9 片头动画完成效果　　　　　图 3-2-10 背景图片效果

在时间轴面板上新建图层，并修改名称为文字层。在文字层上输入所需的文字，并调整字体、字号至合适的效果。在右上角绘制荷花图标，效果如图 3-2-11 所示。

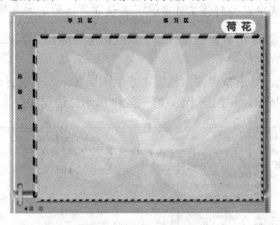

图 3-2-11 文字层效果

在时间轴面板上新建图层，并修改名称为按钮层。选择【插入】|【新建元件】命令，新建按钮类型元件，利用渐变工具制作出合适效果的按钮，并为按钮添加相应的文字。制作出"课文朗读"、"动画演示"、"生字学习"、"识字练习"、"课文练习"、"趣味游戏"、"图片欣赏"、"课外阅读"、"名言佳句"一共 9 个不同颜色的按钮，并将这些做好的按钮摆放在合适的位置上，最后在文字"退出"上添加透明按钮。

实用制作技巧

　　按钮是课件制作时最经常用的交互工具，常见的按钮都可分为按钮背景和文字两个部分，这两个部分要放在不同的图层上，这样便于进行编辑。透明按钮就是 Alpha 值为 0 的按钮，虽然看不到但可以实现按钮的功能，是经常使用的按钮。

为"课文朗读"按钮添加图 3-2-12 所示的语句命令。

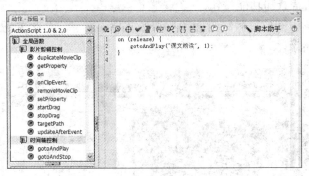

图 3-2-12 课文朗读按钮动作语句命令

参照上一步，为其他 8 个按钮添加相对应的语句命令，最后为"退出"按钮添加 quit();语句命令。效果如图 3-2-13 所示。

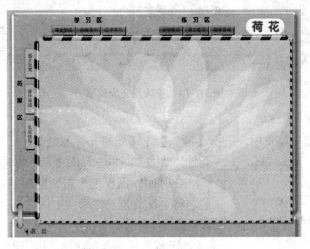

图 3-2-13 按钮完成效果

在"主场景"中右击任意帧，在弹出的菜单中选择"选择所有帧"命令，再次右击并选择"复制帧"命令，复制当前场景中的所有帧。

选择【插入】|【新建元件】命令，新建一个名称为"整体背景"的影片剪辑元件，并将所有帧粘贴至"整体背景"元件中。

实用制作技巧

对于不同场景中的相同元素可以在一个场景中制作完成后，并且调试完全没有问题后再进行帧复制，但这样做修改起来比较麻烦，合理的方法是将所有相同的部分制作成为一个元件，当需要修改时则只修改元件，所有场景中的元件都将相应地发生改变。

将“整体背景”元件依次拖放至每一个场景中，这样每一个场景中都有了一个和主场景中完全相同的背景和功能按钮。

在“主场景”中间放置教材封面图片和课文导读文字，至此主场景内容制作完成，效果如图 3-2-14 所示。

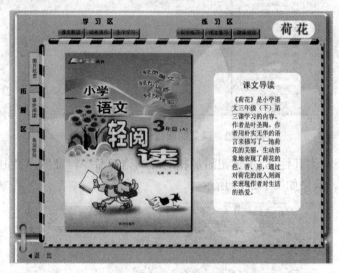

图 3-2-14　主场景完成效果

（3）课文朗读的制作

在“课文朗读”场景中，选择【插入】|【新建元件】命令，新建类型为影片剪辑元件“课文”，并进入课文元件编辑状态。

荷　花

清早，我到公园去玩，一进门就闻到一阵清香。我赶紧往荷花池边跑去。

荷花已经开了不少了。荷叶挨（ai）挨挤挤的，像一个个碧绿的大圆盘。白荷花在这些大圆盘之间冒出来。有的才

图 3-2-15　课文文字效果

在时间轴面板上单击新建图层按钮，修改新建图层名称为配音层，将库中的课文朗读.mp3 文件拖放至配音层中。

把图层 1 改名为背景，用矩形工具绘制一个白色的圆角矩形作为文字背景，调整矩形的大小和位置。

在时间轴面板上单击新建图层按钮，修改新建图层名称为文字层，输入课文文本，调整文字的字体和大小，效果如图 3-2-15 所示。

实用制作技巧

由于 Flash 这个软件主要是用来制作动画，它本身的文字编辑和排版功能有限，因此，当需要在 Flash 中输入和编辑较多的文字时，最好先在 Word 中输入完成并进行简单排版后，再复制粘贴至 Flash 中。

在与配音层最后一帧相同位置上，右击选择“插入关键帧”，调整文字的位置让最后一行显示在白色背景上。

在第一帧上右击，选择【创建补间动画】命令，制作出文字由下至上运动的移动补间动画。在第一帧和最后一帧上添加 stop();语句命令。

在时间轴面板上单击新建图层按钮，修改新建图层名称为遮罩层。绘制一个与白色背景位置和大小完全相同的黑色矩形，右击图层在菜单中选择【遮罩层】命令。

 实用制作技巧

> 遮罩动画是最常用的几种动画之一，常用来制作一些特殊效果。遮罩最主要的特点可以概括为"黑透白不透"。即遮罩层上的黑色部分为透明的部分，可以显示下面图层中的内容，而白色为不透明的部分，只能显示本图层中的内容。

在时间轴面板上单击新建图层按钮，修改新建图层名称为按钮层。选择【窗口】|【公用库】|【按钮】命令，打开公用库并选择合适的按钮，添加"播放"、"停止"和"重放" 3 个按钮，并分别添加图 3-2-16 所示的语句命令。

图 3-2-16　播放、停止和重放按钮动作命令

调整完成后的时间轴面板图层如图 3-2-17 所示。

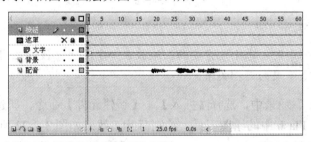

图 3-2-17　时间轴面板设置

在"课文朗读"场景中，制作"想一想"中的内容，效果如图 3-2-18 所示。

（4）动画演示的制作

在"动画演示"场景中，选择【插入】|【新建元件】命令新建影片剪辑类型元件"荷花 1"。

利用 Flash 中的绘图工具，绘制一个花瓣，复制出多个花瓣，调整每个花瓣的大小和位置，并添加个花茎，绘制出一支完整的荷花。效果如图 3-2-19 所示。

图 3-2-18　课文朗读场景完成效果

图 3-2-19　荷花元件效果

在"动画演示"场景中，选择【插入】|【新建元件】命令，新建影片剪辑类型元件"荷花 2"。复制"荷花 1"中的一个花瓣，粘贴至当前元件中。插入多个关键帧，并在每个关键帧上调整花瓣的形态，并为花瓣创建移动补间动画，产生一个动态花瓣效果。时间轴面板上的帧如图 3-2-20 所示。

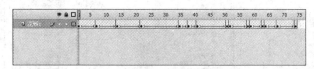

图 3-2-20　荷花花瓣动画

重复上一步骤，制作出 15 片花瓣，并调整花瓣的位置，产生分层的效果，最后为荷花绘制一个花蕊。完成的"荷花 2"元件效果如图 3-2-21 所示。

 实用制作技巧

在绘制动画图形时，每个元素要独立地放在一个层上，彼此之间才能互不影响，同时也利于调整上下层的遮挡关系。

在"动画演示"场景中，选择【插入】|【新建元件】命令，新建影片剪辑类型元件"荷叶"。利用 Flash 中的绘图工具，绘制荷叶，效果如图 3-2-22 所示。

图 3-2-21　荷花效果

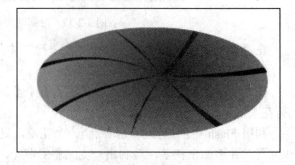

图 3-2-22　荷叶效果

　　把在"动画演示"场景中，选择【插入】|【新建元件】命令，新建影片剪辑类型元件"树"。利用 Flash 中的绘图工具，绘制树，效果如图 3-2-23 所示。

　　主要元件的绘制工作完成后，在"动画演示"场景中，选择【插入】|【新建元件】命令，新建影片剪辑类型元件"荷花池"。

　　在"荷花池"元件中，新建背景层，用工具箱中的油漆桶工具制作渐变效果的蓝天和池水。

　　在时间轴面板上，新建白云图层，把白云图片拖放至舞台上，并为白云制作移动补间动画，使白云由左向右移动。

　　在时间轴面板上，新建荷花图层，从库中把荷花 1、荷花 2 和荷叶元件拖放至舞台上，并复制出若干个，并调整各元件的位置和大小。

　　在时间轴面板上，新建树图层，把河岸、亭子、树等图片和元件摆放到合适的位置，效果如图 3-2-24 所示。

图 3-2-23　柳树效果

图 3-2-24　荷花池动画

　　在"动画演示"场景中，选择【插入】|【新建元件】命令，新建影片剪辑类型元件"荷花动画"。把"荷花池"元件拖放至舞台上，并制作由上至下，由左至右的移动补间动画，用来产生镜头平移效果。

　　用缩放工具把"荷花池"元件放大，制作缩放效果的移动补间动画，产生镜头拉远效果。

　　在"动画演示"场景中，新建动画层，并把"荷花动画"拖放至舞台上。

　　新建遮罩层，按照画面显示大小需要，在合适的位置上绘制一个黑色的矩形。并把这个图层转换为遮罩层。

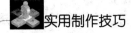　实用制作技巧

　　用遮罩来控制场景的局部显示是动画制作中常用的方法，通过这种方法，只需要改变遮罩层下面的图片的位置、大小、明暗等属性，就可以很好地模拟出镜头运动效果。

　　新建按钮层，选择【窗口】|【公用库】|【按钮】命令，找到合适的"播放"和"停止"按钮，并拖放至舞台上的合适位置，按照前文所述的方法为按钮添加相应的动作语句命令。效果如图 3-2-25 所示。

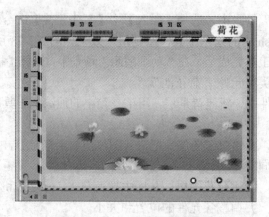

图 3-2-25 动画控制按钮的制作

（5）生字学习的制作

在"生字学习"场景中，选择【插入】|【新建元件】命令，新建影片剪辑类型元件"米字格"，利用直线工具绘制米字格，效果如图 3-2-26 所示。

在"生字学习"场景中，选择【插入】|【新建元件】命令，新建影片剪辑类型元件"荷字结构"。绘制一个白色的圆角矩形，并调整大小和位置至合适。

选择【插入】|【新建元件】命令，新建按钮类型元件，制作一个小方形按钮，输入文字"发音"，用同样的方法制作其他 4 个按钮，分别为"笔画"、"部首"、"组词"、"造句"。为"荷字结构"添加投影滤镜，效果如图 3-2-27 所示。

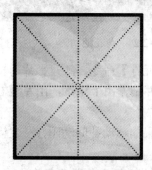

图 3-2-26 米字格效果

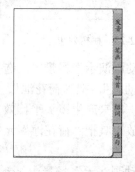

图 3-2-27 文字学习内容按钮

在"生字学习"场景中，选择【插入】|【新建元件】命令，新建影片剪辑类型元件"生字板"，把生字板图片拖入舞台，在生字板上输入要学习的生字。

在"生字学习"场景中，选择【插入】|【新建元件】命令，新建按钮类型元件"透明按钮"，制作一个方形的按钮，并在属性面板上设置 Alpha 值为 0。从库面板中拖出 6 个透明按钮，分别放置到每个生字上。效果如图 3-2-28 所示。

图 3-2-28 生字板效果

在"生字学习"场景中，把"米字格"元件、"生字板"元件拖入舞台中的合适位置上，制作完成的背景如图 3-2-29 所示。

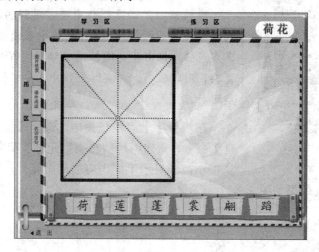

图 3-2-29　生字板与米字格效果

在"生字学习"场景中，选择【插入】|【新建元件】命令，新建影片剪辑类型元件"荷字笔画动画"，利用逐帧动画制作"荷"字一笔一笔出现的效果，并在最后一帧上添加"stop();"命令。效果如图 3-2-30 所示。

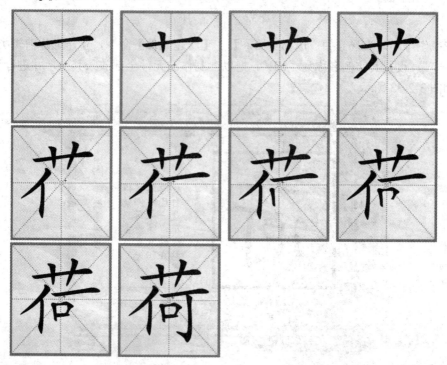

图 3-2-30　文字笔划效果

图 3-2-31 时间轴面板设置

实用制作技巧

逐帧动画是动画制作中经常用到的动画制作方式，它的特点是逐帧进行编辑，制作出来的动画流畅、细腻，真实感强。但由于是逐帧进行编辑，所以制作过程相对复杂，用时较多。在实际制作中，要根据动画制作的需要进行应用。

在"生字学习"场景中，选择【插入】|【新建元件】命令，新建影片剪辑类型元件"荷字结构动画"，制作按钮控制显示不同内容的动画元件。时间轴面板如图 3-2-31 所示，完成效果如图 3-2-32 所示。

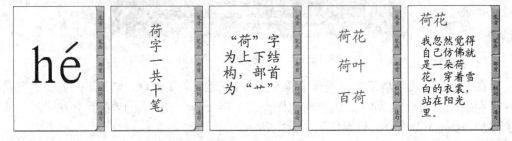

图 3-2-32 荷字学习内容

在"生字学习"场景中，选择【插入】|【新建元件】命令，新建影片剪辑类型元件"荷字"，设置其实例名称为"HE"。把以上制作的元件全部放入其中，并进行调整，效果如图 3-2-33 所示。

图 3-2-33 荷字学习内容组合效果

选中"荷"字所在位置的透明按钮，按 F9 键打开动作面板，输入如下所示命令：

```
on (release) {
    //控制文字是否显示。
    _root.LIAN._visible = false;
    _root.PENG._visible = false;
    _root.SHANG._visible = false;
    _root.PIAN._visible = false;
    _root.DAO._visible = false;
    _root.HE._visible = true;
    //设置荷字的透明度为100
    _root.HE._alpha = 100;
    //播放荷字动画
    _root.HE.play();
}
```

重复上面的制作步骤，分别制作其他生字的动画。并由透明按钮来控制在"米字格"内所显示的生字，完成场景动画的制作。

实用制作技巧

元件是课件制作中最常用的部分，它最大的特点是可以重复使用，便于修改和编辑。在动画制作过程中，我们应尽可能地把动画放在元件中，利用元件的嵌套关系，对元件进行调用和控制。

（6）识字练习的制作

在"识字练习"场景中，新建题目层，并输入图 3-2-34 所示的文字。

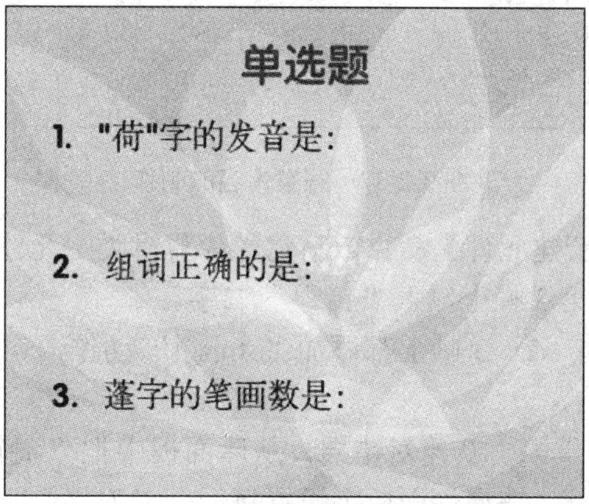

单选题

1. "荷"字的发音是：

2. 组词正确的是：

3. 蓬字的笔画数是：

图 3-2-34　单选题问题

新建选项层，选择【窗口】|【组件】命令，打开组件面板，添加图 3-2-35 所示组件，并对组件进行图 3-2-36 所示的设置。

图 3-2-35　组件面板　　　　　　　　　　图 3-2-36　组件检查器面板

重复第二步的操作，依次为每个题目选项进行添加和设置，最后的效果如图 3-2-37 所示。

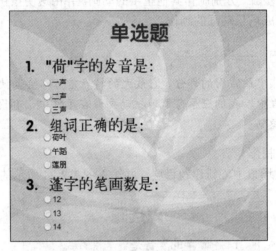

图 3-2-37　答案内容的制作

选择【插入】|【新建元件】命令，新建影片剪辑类型元件"对错"，在第 2 帧上输入"正确"二字，在第 3 帧上输入"错误"二字。

新建图层 2，在第 1、2、3 帧上都添加"stop();"动作语句命令。时间轴面板帧如图 3-2-38 所示。

在"识字练习"场景中，新建对错层，从库面板中把"对错"元件拖入舞台中，放置在每一个题目的后面。在属性面板上设置每一个"对错"元件的 Alpha 的值为 0，使其变成完全透明。

在"识字练习"场景中，新建计时层，输入文字"TIME"，在文字后添加一个文本框，设置如图 3-2-39 所示。

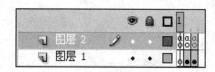 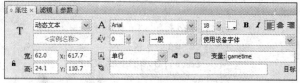

图 3-2-38 图层设置 　　　　　　图 3-2-39 动态文本的属性设置

新建按钮层，添加"重做"按钮，设置其实例名称为 btn2，并添加如下命令：

```
on (release) {
    //设置初始分数为 0
    fenshu = 0;
    //清除 setInterval 方法的使用效果
    clearInterval(intervalID);
    //返回第一帧
    gotoAndPlay(1);
    //设置提交按钮可选
    _root.btn.enabled = true;
    //设置时间、对错选项回到初始状态，即第一帧
    _root.notime.gotoAndStop(1);
    _root.p1.gotoAndStop(1);
    _root.p2.gotoAndStop(1);
    _root.p3.gotoAndStop(1);
    //重置所有单选组件，使其处于未选择状态
    for (i=0; i<=10; i++) {
        _root["daan"+i].selected = false;
    }
}
```

添加"提交"按钮，设置实例名称为 btn，并添加如下命令：

```
on (release) {
    clearInterval(intervalID);
    //设置选择单选组件 2、组件 4、组件 8 为正确答案，分数累加。
    if (daan2.getState() == true) {
        //如果选择单选组件 2，则分数累加 4 分，显示正确答案。
        fenshu += 4;
        _root.p1.gotoAndStop(2);
    } else {
        //否则，则显示错误答案
        _root.p1.gotoAndStop(3);
    }
    if (daan4.getState() == true) {
        fenshu += 4;
        _root.p2.gotoAndStop(2);
    } else {
        _root.p2.gotoAndStop(3);
```

```
    }
    if (daan8.getState() == true) {
        fenshu += 4;
        _root.p3.gotoAndStop(2);
    } else {
        _root.p3.gotoAndStop(3);
    }
}
```

实用制作技巧

　　元件实例名称和元件名称是不同的两种名称，当要用动作语句对元件进行调用和控制时，就必须要用到元件的实例名称，元件实例名称在属性面板上进行设置，并且不能使用中文名称。对元件设置实例名称时，最好标明元件属性，如以 mc、btn 开头，分别代表了影片剪辑和按钮元件。

输入文本"分数"，在文本后添加动态文本，设置如图 3-2-40 所示。

图 3-2-40　动态文本的属性设置

新建 ACTION 层，在第 1 帧上输入如下命令：

```
//设置初始分数为 0，初时时间为 60
fenshu = 0;
gametime = 60;
//设置 callback 函数
function callback() {
    //设置时间减 1
    gametime--;
    //当时间为 0 时，设置提交按钮状态为不可选择，显示没有时间文字，清除
setInterval 效果
    if (gametime == 0) {
        _root.btn.enabled = false;
        _root.notime.gotoAndStop(2);
        clearInterval(intervalID);
    }
}
//设置每隔 1 秒钟，执行一次 callback 命令
var intervalID:Number = setInterval(callback, 1000);
```

在 ACTION 层的第 2 帧上输入"stop();"动作语句命令。

识字练习场景制作完成的效果如图 3-2-41 所示。

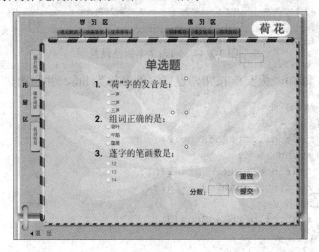

图 3-2-41　识字练习场景完成效果

（7）课文练习的制作

在"课文练习"场景中，新建题目层，并输入图 3-2-42 所示的文字。

在"课文练习"场景中，新建选择层，选择【插入】|【新建元件】命令，新建影片剪辑类型元件"错"，在图层 1 第 1 帧上输入（×）。

新建按钮层，创建透明按钮。

新建 ACTION 层，在第 1 帧和第 2 帧上输入"stop();"语句命令。时间轴面板如图 3-2-43 所示。

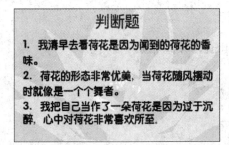

图 3-2-42　判断题问题内容

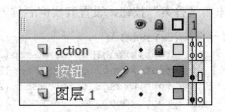

图 3-2-43　图层设置

重复 2～4 步，制作出（√）元件。

在"课文练习"场景中，在第 1 题后面添加（×）和（√）元件，为设置实例名称为 wrong1 和 good1。在第 2 题和第 3 题后面也添加错、对元件并设置相应的实例名称。

在"识字练习"场景中，新建计时层，输入文字"TIME"，在文字后添加一个文本框，设置如图 3-2-44 所示。

图 3-2-44　动态文本属性设置

新建按钮层，添加"提交"按钮，设置实例名称为 btn，并添加如下所示命令：

```
on (release) {
    if (a1 == 0) {
        _root.p1.gotoAndStop(2);
        fenshu += 4;
        clearInterval(intervalID);
        _root.btn.enabled = false;
    } else {
        _root.p1.gotoAndStop(3);
    }
    if (a2 == 1) {
        _root.p2.gotoAndStop(2);
        fenshu += 4;
    } else {
        _root.p2.gotoAndStop(3);
    }
    if (a3 == 1) {
        _root.p3.gotoAndStop(2);
        fenshu += 4;
    } else {
        _root.p3.gotoAndStop(3);
    }
}
```

添加"答案"按钮，设置其实例名称为 btn1，并添加如下命令：

```
on (release) {
    _root.wrong1.gotoAndStop(1);
    _root.wrong2.gotoAndStop(2);
    _root.wrong3.gotoAndStop(2);
    _root.good1.gotoAndStop(2);
    _root.good2.gotoAndStop(1);
    _root.good3.gotoAndStop(1);
    clearInterval(intervalID);
    _root.btn.enabled = false;
}
```

添加"重做"按钮，设置其实例名称为 btn2，添加如下命令：

```
on (release) {
    fenshu = 0;
    clearInterval(intervalID);
```

```
gotoAndPlay(1);
_root.btn.enabled = true;
_root.notime.gotoAndStop(1);
for (i=0; i<=3; i++) {
    _root["wrong"+i].gotoAndStop(1);
    _root["good"+i].gotoAndStop(1);
    _root["p"+i].gotoAndStop(1);
}
}
```

输入文本"分数",在文本后添加动态文本,设置如图 3-2-45 所示。

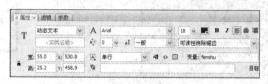

图 3-2-45　动态文本属性设置

新建 ACTION 层,在第 1 帧上输入如下命令:

```
fenshu = 0;
gametime = 60;
function callback() {
    gametime--;
    if (gametime == 0) {
        _root.btn.enabled = false;
        _root.notime.gotoAndStop(2);
        clearInterval(intervalID);
    }
}
var intervalID:Number = setInterval(callback, 1000);
```

在 ACTION 层的第 2 帧上输入"stop();"动作语句命令。

课文练习场景制作完成的效果如图 3-2-46 所示。

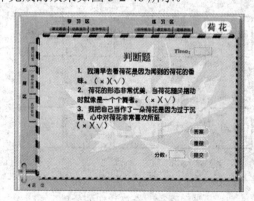

图 3-2-46　课文练习场景效果

（8）趣味游戏的制作

在趣味游戏场景中，用绘图工具绘制图 3-2-47 所示的背景。

在趣味游戏场景中，选择【插入】|【新建元件】命令，新建影片剪辑类型元件 bt_1，绘制图 3-2-48 所示的元件。

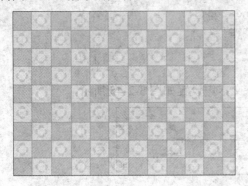

图 3-2-47　趣味游戏场景背景效果　　　　　　图 3-2-48　按钮元件的制作

在库面板中，右击 bt_1 元件，选择直接复制命令，复制出 bt_2 元件，双击 bt_2 元件进入编辑状态，修改文字"雪白的"为"嫩黄的"。

重复第 3 步操作，制作出 bt_3、bt_4、bt_5 元件，并拖放至舞台上，效果如图 3-2-49 所示。

图 3-2-49　部分按钮的效果

重复第 3 步操作，制作出 mc_1、mc_2、mc_3、mc_4、mc_5 元件，拖放至舞台上效果如图 3-2-50 所示。

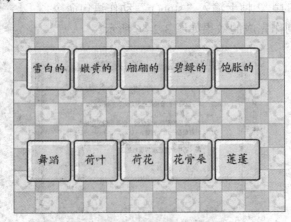

图 3-2-50　全部按钮的效果

　　选择【插入】|【新建元件】命令，新建图形类型元件"星星"，在第 1 帧上绘制黄色的星星图形，在第 2 帧上绘制红色的星星图形。

　　选择【插入】|【新建元件】命令，新建影片剪辑类型元件"计数器"，设置实例名称为 star_mc。在计数器元件的第 1 帧上拖入 5 个"星星"元件，连续插入 5 个关键帧，在 1～6 帧上都放入 5 个星星元件。

　　在计算器元件中，新建图层 2，在 1～6 帧上添加"stop();"语句命令。并对 2～6帧进行图 3-2-51 所示进行设置。

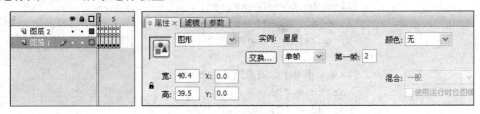

图 3-2-51　属性面板的设置

　　在趣味游戏场景中，新建重置图层，拖入 replay 按钮，插入如下动作命令：

```
on (release) {
    unloadMovie("line_mc");
    _root.star_mc.gotoAndStop(1);
}
```

在趣味游戏场景中，新建 ACTION 图层，在第 1 帧上添加如下动作命令：

```
function zx() {
    //遍历所有元件
    for (var i = 1; i<=7; i++) {
        //遍历所有以"bt_"为起始字母的元件
        _root["bt_"+i].onPress = function() {
            //取元件的第 4 个数值，即数字值，并赋给 cc 变量
            //取元件的第 x 轴坐标值，赋值给 xx 变量
            //取元件的第 y 轴坐标值，赋值给 yy 变量
            var cc = Number(String(this._name).slice(3));
            var xx = getProperty(String(this._name), _x);
            var yy = getProperty(String(this._name), _y);
            _root.cc = cc;
            _root.xx = xx;
            _root.yy = yy;
        };
        _root["mc_"+i].onPress = function() {
            //遍历所有以"mc_"为起始字母的元件
            var dd = Number(String(this._name).slice(3));
            var xx1 = getProperty(String(this._name), _x);
            var yy1 = getProperty(String(this._name), _y);
            _root.dd = dd;
```

```
        _root.xx1 = xx1;
        _root.yy1 = yy1;
        //判断cc值是否等于dd值
        if (cc == dd) {
            //如果等于，则在bt_元件和mc_元件之间画线
            line_mc.lineStyle(2, 0x000000, 100);
            line_mc._x = xx-Number(cc*100)-20;
            line_mc._y = yy-102;
            line_mc.moveTo(xx, yy);
            line_mc.lineTo(xx1, yy1-85);
            _root.star_mc.play();
        } else {
            //如果不等于，则重置cc、dd值
            var cc = "";
            var dd = "";
        }
    };
    }
}
zx();
//清空影片剪辑元件
this.createEmptyMovieClip("line_mc", 0);
```

趣味游戏场景制作完成，效果如图 3-2-52 所示。

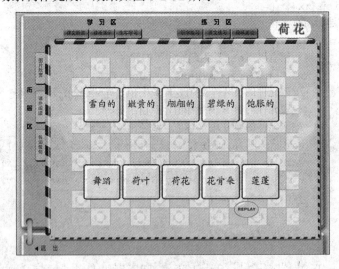

图 3-2-52　趣味游戏场景完成效果

（9）图片欣赏的制作

在图片欣赏场景中，选择【插入】|【新建元件】命令，新建影片剪辑类型元件"图片欣赏"。

在图片欣赏元件中的第 1~5 帧上，各插入一幅荷花图片。

新建按钮图层，选择【窗口】|【公用库】|【按钮】命令，打开按钮面板，选择前进和后退按钮。在前进和后退按钮上添加图 3-2-53 和图 3-2-54 所示的动作语句命令。

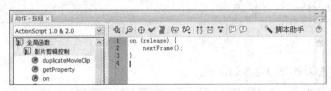

图 3-2-53　前进按钮动作设置

图 3-2-54　后退按钮动作设置

在按钮图层的第 1 帧上添加"stop();"动作语句命令，时间轴面板的设置如图 3-2-55 所示。

在图片欣赏场景中，将图片欣赏元件拖放至舞台的合适位置上。场景完成效果如图 3-2-56 所示。

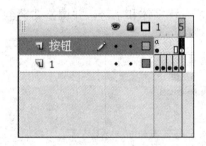

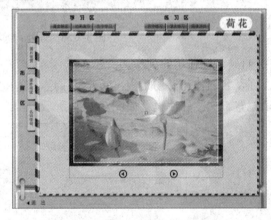

图 3-2-55　图层面板设置　　　　图 3-2-56　图片欣赏场景完成效果

（10）课外阅读的制作

在"课外阅读"场景中，新建文字层，输入文字"小池"，"杨万里"，设置字体和字号，并调整位置至合适。

选择【插入】|【新建元件】命令，创建影片剪辑类型元件，返回至"课外阅读"场景中，在属性面板上设置其实例名称为"SWF"并放置到舞台上。在"课外阅读"场景的第 1 帧上添加图 3-2-57 所示的语句命令。

图 3-2-57 动作面板设置

场景完成的效果如图 3-2-58 所示。

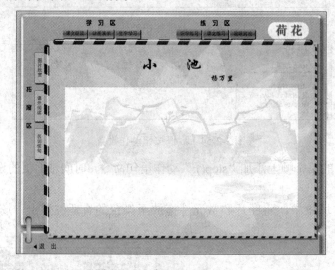

图 3-2-58 课外阅读场景效果

（11）名词佳句的制作

在"名词佳句"场景中，新建文字层，输入文字，设置字体和字号，并调整文字至合适位置。文字属性设置如图 3-2-59 所示。

图 3-2-59 名词佳句场景文字属性设置

场景完成效果如图 3-2-60 所示。

（12）课件片尾的制作

在"片尾"场景中，绘制 1 个黑色的矩形，在属性面板上设置大小宽为 800 像素，高为 600 像素，X，Y 位置为 0，0。

选择【插入】|【新建元件】命令，创建影片剪辑类型元件，在元件第 1 帧上输入文字，设置字体、字号，并调整文字位置至舞台之外的下方。

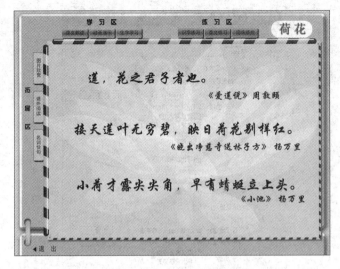

图 3-2-60 名词佳句场景效果

在 180 帧处按 F6 键，插入关键帧，调整文字位置至舞台中央处。

在第 1 帧上右击，选择创建补间动画，制作文字由下至上的移动补间动画。

片尾制作完成的效果如图 3-2-61 所示。

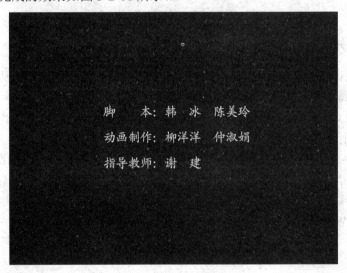

图 3-2-61 片尾效果

（13）课件的调试与发布

课件的调试与发布是课件制作中最后的环节。选择【文件】|【发布设置】命令，
打开发布设置面板。如图 3-2-62 所示进行设置完成后，单击发布。

完成本例课件的制作。

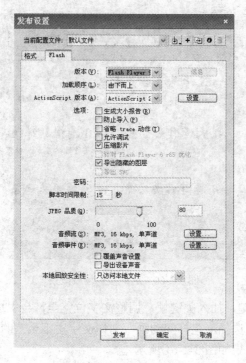

图 3-2-62 发布设置面板

3.2.4 训练须知

1）此技能训练要求学生具有较好的 Flash CS3 软件应用能力，并且具有一定的编程能力，可以熟练使用常用 ActionScript 2.0 脚本命令语句进行编程。

2）学生应具有较强的图像处理能力，熟练使用 Photoshop CS3 等图像处理软件，根据课件需要进行图像的处理。

3）在课件设计的过程中，要注重发挥 Flash 动画课件的特点，强调课件的互动性。

3.2.5 思考题

参照本章节的学习内容，选取中小学课本中的任一部分内容，制作一个综合的 Flash 课件。

要求：

1）所选取的课程内容要适合用 Flash 动画来进行表现，动画要形象、生动、美观。

2）充分发挥 Flash 动画课件的特点，要充分体现出美观性、生动性、互动性和趣味性。

3）课件应具有良好的逻辑结构，并且对课件的素材进行优化，制作完成的课件不应过大。

技能训练 3.3 网络课程的设计与开发

学习目标

训练目标

1. 通过对教材内容进行分析后，有针对性地进行教学设计，并制作出完整的课件脚本。
2. 了解和掌握网络课程的设计与开发过程，掌握网页制作的方法。
3. 通过制作一个网络课程教学平台，掌握简单的网页制作。

训练任务

1. 选取中学八年级历史课程教学内容中的一节课程，通过对教学内容进行分析与设计，制作一个完整的课件脚本。
2. 根据课件脚本，应用 Dreamweaver CS3 制作网络课程平台。

训练环境

1. 硬件环境：计算机主频 200MHz 以上，内存在 1GB 以上，声卡，音箱。
2. 软件环境：Windows XP，PowerPoint 2003。

3.3.1 教学内容选择

《郑和下西洋》是人教版八年级历史教材第二课的内容。主要是讲述了中国明代著名航海家郑和七次下西洋的历史壮举，详细地叙述了郑和下西洋的目的、条件、过程、意义等内容。

3.3.2 教学设计分析

通过对教材及教学内容分析后，确定采用以"教师积极引导，学生自主探究"为主的学习方案，教师在教学活动中，充分利用网络课程教学平台的特点，为学生提供自主学习平台。引导学生在网络上搜集与课程相关的各种资料，拓宽学生的知识面，调动学生主动学习的积极性。

1. 教学重点

1）郑和七次下西洋的主要过程。

2）郑和下西洋的主要目的。

3）郑和下西洋的重要意义。

2. 学生讨论的问题

1）为什么郑和可以下西洋，而在其他朝代没有相同的壮举？

2）郑和下西洋给大明王朝带来了哪些影响？

3）如何来评价郑和下西洋？

4）郑和下西洋对后世产生了哪些深远的影响？

教学设计提示

教师的教学设计要在全面考虑各种因素的情况下，来选择最合理的教学方式。单纯地以教师讲授为主会让课堂沉闷，学生兴趣不高；而完全让学生自行探索，又容易让课堂过于放松学生注意力分散，学习效率下降。因此在教学设计中要力求寓教于乐，但教学活动必须在教师的掌控之下。

3.3.3 教学设计实施

1. 教学设计流程图

教学设计流程如图 3-3-1 所示。

2. 网络课程教学平台结构设计和脚本卡片的编写

网络课程教学平台结构设计如图 3-3-2 所示。脚本卡片的编写如表 3-3-1 所示。

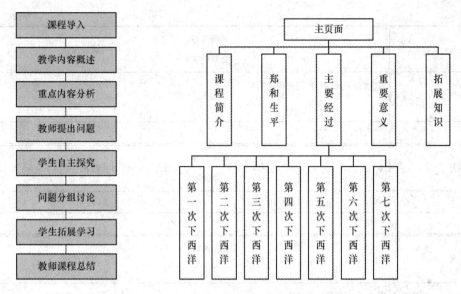

图 3-3-1　教学设计流程图　　　　图 3-3-2　网络课程教学平台结构设计图

表 3-3-1　脚本卡片的编写（共 12 个模块）

模块序号	1	页面内容	网络课程效果图制作
		简要说明	
主要内容	1. 根据教学内容设计网络课程结构图		
	2. 根据结构图设计和制作网页效果图		
说明	效果图的制作直接决定着网页整体的效果		
模块序号	2	页面内容	效果图切片
		简要说明	
主要内容	对效果进行切片并保存为网页格式		
说明	把带有特效的图片切成小块放入网页中		
模块序号	3	页面内容	站点定义
		简要说明	
屏幕显示	对站点进行定义，明确网站结构		
说明	科学合理的网站结构可以保证网页工作不出现问题		
模块序号	4	页面内容	主页面制作
		简要说明	
屏幕显示	1. 主页面背景		
	2. 网页导航栏		
	3. 各模块内容		
说明	背景为一张图片		

续表

模块序号	5	页面内容 简要说明	课程简介
屏幕显示	《郑和下西洋》的课程内容简介		
说明	二级页		
模块序号	6	页面内容 简要说明	郑和生平
屏幕显示	郑和的主要生平和主要功绩		
说明	二级页		
模块序号	7	页面内容 简要说明	主要过程
屏幕显示	第一次下西洋主要过程 第二次下西洋主要过程 第三次下西洋主要过程 第四次下西洋主要过程 第五次下西洋主要过程 第六次下西洋主要过程 第七次下西洋主要过程		
说明	二级页		
模块序号	8	页面内容 简要说明	重要意义
屏幕显示	1. 历史意义 2. 现实意义		
说明	二级页		
模块序号	9	页面内容 简要说明	拓展知识
屏幕显示	与航海相关的知识		
说明	二级页		

3. 课件制作步骤

（1）制作网络课程页面效果图

为网络课程页面效果图准备好所需要的图片、字体等素材。

启动 Photoshop CS3，新建一个空白的图像文档，设置如图 3-3-3 所示。

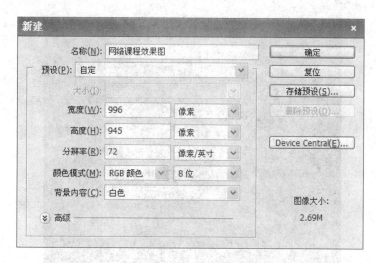

图 3-3-3　新建图像

定义图案并填充，产生背景底纹效果，如图 3-3-4 所示。

图 3-3-4　设置图案填充

添加标题文字"郑和下西洋"，设置字体为"迷你繁方篆"。添加郑和人像图片，帆船图片，制作装饰线条，效果如图 3-3-5 所示。

图 3-3-5　设置图片标题

制作导航栏以及各功能模块，效果如图 3-3-6 所示。

图 3-3-6　导航栏及功能模块效果图

不同的模块内容要放在各自的文件夹中，对图层进行科学合理的管理。图层面板文件夹如图 3-3-7 所示。

最终完成的网络课程页面效果图如图 3-3-8 所示。

图 3-3-7　图层面板

图 3-3-8　网页效果图

实用制作技巧

　　网络课程页面效果图制作的好坏直接影响着主页面制作完成后的效果，在制作效果图时应该注意内容不要过于烦琐，颜色不要过多，正文字体要用宋体，12 号字，页面风格要以所要表现的内容为基础。

（2）页面效果图切片

　　效果图中的很多特效无法在 Dreamweaver 中制作，如透明、渐变，特殊的字体效果等，需要在 Photoshop 中进行处理完成后，分割后再到 Dreamweaver 中进行重新组合。这就必须要用到切片工具。

　　切片的方式有两种。可以一次性全部切片完成，也可以分步进行，边做边切，随时调整。我们采用一次性全部切片完成的方式。为了保证切片工作的准确性，在做切片时要与辅助线配合使用。切片做好后存储为 Web 所用格式，设置如图 3-3-9 所示。

图 3-3-9　制作网页切片

切片完成后所得到的图片要放在指定的文件夹内，并且只可以用字母命名，绝对不能使用中文名称，否则在以后的图片调用时会出现错误。效果如图 3-3-10 所示。

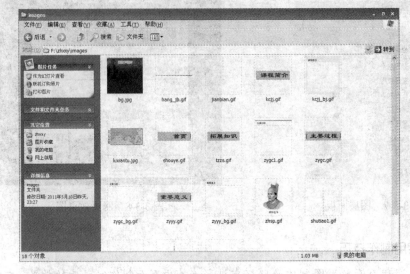

图 3-3-10　图片文件夹

（3）定义站点

1）创建本地站点。定义本地站点，就是在自己计算机的硬盘上建立一个目录，然后将所有与制作网页相关的文件都存放在里面，以便进行网页的制作和管理。因此，站点就可以理解成同属于一个 Web 主题的所有文件的存储地点。

在创建站点目录时，不要将所有的文件都存放在根目录下，否则容易混淆，不易于上传。另外，要按文件的类型建立不同的子目录，并且，目录的层次不能过深；最后还要注意目录命名要得当，不能使用中文或过长的目录。遵循以上原则，开始定义本地站点。

在 F 盘下新建 zhxxy 文件夹，双击打开文件夹后，新建 images、swf、css 三个文件夹。

启动 Dreamweaver CS3，选择【站点】|【新建站点】菜单命令，打开"站点定义为"对话框，在"您打算为您的站点起什么名字？"文本框中输入新建站点的名称：zhxxy，如图 3-3-11 所示。

单击【下一步】按钮，在打开的对话框中，系统询问是否使用服务器技术，选择【否，我不想使用服务器技术】单选按钮。

单击【下一步】按钮，系统询问在开发过程中要如何使用创建的文件，这里保持默认选项不变。在"您将把文件存储在计算机上的什么位置？"文本框中可输入本地站点的位置，也可以单击文本框后的 图标，在打开的"选择站点"对话框中设置文件的存储位置，本例中选择 F:\zhxxy 文件夹，如图 3-3-12 所示。

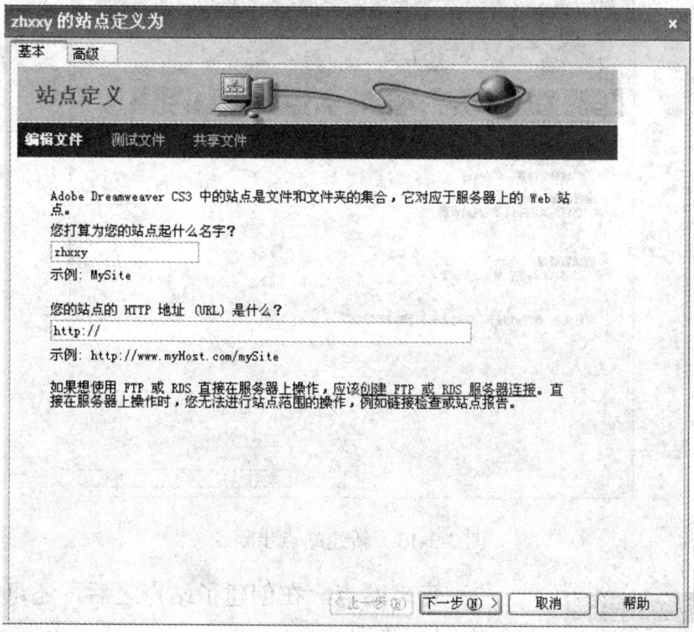

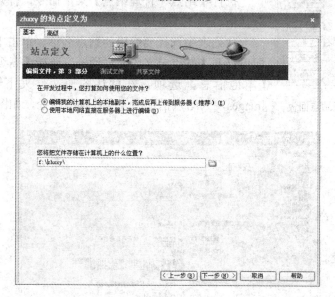

图 3-3-11 新建站点步骤 1

图 3-3-12 新建站点步骤 3

　　单击【下一步】按钮，在打开的对话框中的"您如何连接到远程服务器？"下拉列表框中设置站点连接方式为"无"。

　　单击【下一步】按钮直至完成，如图 3-3-13 所示。

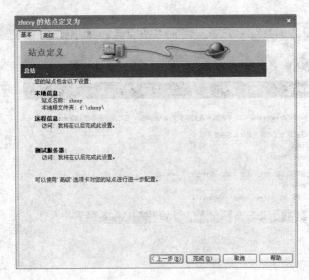

图 3-3-13 新建站点步骤 5

图 3-3-14 管理站点面板

2）管理站点。在创建了站点之后，还可以对站点属性进行编辑和管理。

执行【站点—管理站点】菜单命令，打开"管理站点"对话框，如图 3-3-14 所示。

从列表中选择要编辑的站点名称。单击【编辑】按钮，即可打开【站点定义为】对话框。选择【高级】选项下面的【本地信息】选项，在默认图像文件夹下输入 F:\zhxxy\images，为站点指定图像文件存储路径，如图 3-3-15 所示。

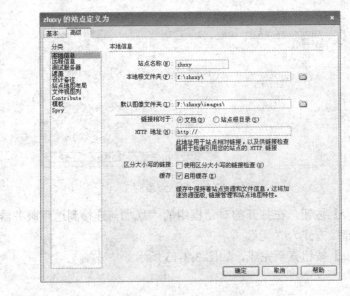

图 3-3-15 定义站点图像文件夹

对站点的修改全部完成后，单击【完成】按钮，可以关闭【管理站点】对话框，完成操作。

（4）主页面的制作

1）背景的制作。启动 Dreamweaver CS3，执行【文件】|【新建】菜单命令，打开【新建文档】对话框，选择基本页选项为 HTML，单击【创建按钮】，如图 3-3-16 所示；执行【文件】|【保存】菜单命令，选择站点根目录，保存网页为"index.html"。

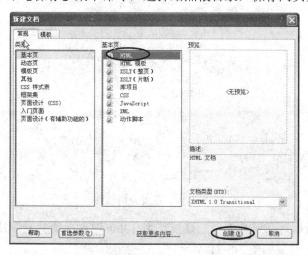

图 3-3-16　新建 html 网页

在属性面板上，单击【页面属性】按钮，打开页面属性面板，在"外观"分类上进行图 3-3-17 所示对网页的整体页面属性进行设置。

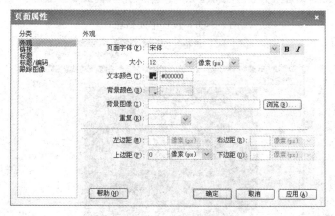

图 3-3-17　设置页面属性

选择【插入记录】|【表格】命令，插入 1 个 1 行 1 列的表格，宽度为 996 像素的表格。设置如图 3-3-18 所示。

在属性面板上设置对齐方式为"居中对齐"，设置背景图片为 images\bg.jpg，如图 3-3-19 所示。

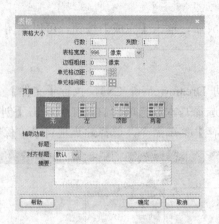

图 3-3-18　插入表格

图 3-3-19　设置表格属性

在表格内单击后，在属性面板上设置高为 1300 像素，使背景图片完全显示。设置如图 3-3-20 所示，效果如图 3-3-21 所示。

图 3-3-20　设置单元格属性

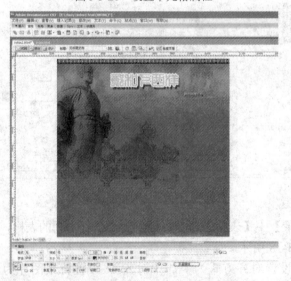

图 3-3-21　添加完背景的效果

　　2）导航条的制作。在属性面板上设置垂直对齐方式为"顶端",选择【插入记录】|【表格】命令,打开插入表格设置面板,插入 1 个 10 行 1 列的表格,宽度为 700 像素的表格。在属性面板上设置表格的对齐方式为"居中对齐",如图 3-3-22 所示。

图 3-3-22　插入表格

　　在表格的第 1 行内单击,在属性面板上设置"高"为 220 像素。

　　在表格的第 2 行内单击,在属性面板上设置"高"为 3 像素,背景色为#ffff00。切换到代码窗口,找到<td height="3" bgcolor="#ffff00"> </td>语句,删除字符串 。如图 3-3-23 所示。

```
1  <!DOCTYPE html PUBLIC "-//W3C//DTD XHTML 1.0 Transitional//EN" "http://www.w3.org/TR/xhtml1/DTD/xhtml1-transitional.dtd">
2  <html xmlns="http://www.w3.org/1999/xhtml">
3  <head>
4  <meta http-equiv="Content-Type" content="text/html; charset=utf-8" />
5  <title>无标题文档</title>
6  <style type="text/css">
7  <!--
8  body,td,th {
9      font-family: 宋体;
10     font-size: 12px;
11     color: #000000;
12 }
13 -->
14 </style></head>
15
16 <body>
17 <table width="996" border="0" align="center" cellpadding="0" cellspacing="0" background="images/bg.jpg">
18   <tr>
19     <td height="1300" valign="top"><table width="700" border="0" align="center" cellpadding="0" cellspacing="0">
20       <tr>
21         <td height="220"> </td>
22       </tr>
23       <tr>
24         <td height="3" bgcolor="#ffff00"> </td>
25       </tr>
```

图 3-3-23　删除空格代码

　　切至设计窗口,在表格的第 3 行内单击,在属性面板上设置"高"为 30 像素,背景色为#ffcc00。

　　在表格的第 4 行内单击,在属性面板上设置"高"为 3 像素,背景色为#ffff00。切换到代码窗口,找到<td height="3" bgcolor="#ffff00"> </td>语句,删除字符串 。

在工具栏上单击【常用】|【插入图像】按钮，打开【选择图像源文件】面板，在 F:\images 文件夹中找到已经切好的 shouye.gif 文件，并单击确定。弹出【图像标签辅助功能】面板，在替换文本框中输入"首页"，如图 3-3-24 和图 3-3-25 所示。

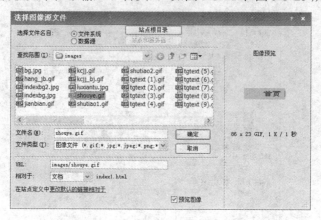

图 3-3-24　插入导航图像

实用制作技巧

　　表格是网页制作中最常用的工具，它不仅可以用来制作常用的表格数据等，还用来进行文字、线条和图片的定位，通过对表格的嵌套可以很方便地进行各种素材的控制。

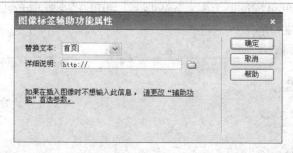

图 3-3-25　设置首页替换文本

重复上一步操作，依次插入其他导航图片，并设置相应的替换文本，完成导航条的制作。按 F12 键在 IE 浏览器中进行预览，效果如图 3-3-26 所示。

图 3-3-26　网页导航条效果

3）课程简介模块的制作。在表格的第 5 行内单击，在属性面板上设置"高"为 238 像素，背景为 images\jianbian.gif。属性面板具体设置如图 3-3-27 所示。

图 3-3-27 设置单元格背景

实用制作技巧

当制作一块有渐变效果的图片时，可以在 Photoshop 中把渐变直接切片成为一个图像，再放入网页中，但这种做法的结果是令页面显示速度变慢。合理的方法是制作 1 个如 jianbian. gif 图片一样效果的，只有 1 像素宽的图片，在表格中进行填充。

在表格的第 5 行内单击，选择【插入记录】|【表格】命令，打开插入表格设置面板，插入 1 个 11 行，2 列的表格，宽度为 684 像素的表格。在属性面板上设置表格的对齐方式为"居中对齐"。如图 3-3-28 所示。

图 3-3-28 设置表格属性

在表格第 1 列内单击，在工具栏上单击【常用】|【插入图像】按钮，打开【选择图像源文件】面板，在 F:\images 文件夹中找到 luxiantu.jpg 图像文件，并单击【确定】按钮。

在表格第 2 列内单击，在属性面板上的背景为 F:\images\kcjj_bg.gif 文件，设置如图 3-3-29 所示。

图 3-3-29 设置单元格属性

在表格第 2 列内输入文字"《郑和下西洋》是初中历史八年级（人教版）第二课的学习内容。主要介绍中国古代最著名的航海家郑和七次下西洋的伟大壮举。"

在 CSS 样式面板上，单击"样式"，右击选择新建，打开新建 CSS 规则面板，设置选择器类型为"类"，名称为"text1"，单击【确定】按钮，打开 CSS 规则定义设置面板。设置如图 3-3-30 所示。

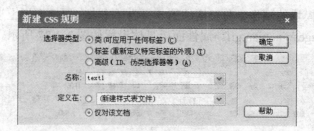

图 3-3-30 新建 CSS 规则

在 CSS 规则定义设置面板中选择方框分类，对边界进行图 3-3-31 所示的设置。选中输入的文字，在属性面板上应用"text1"样式。

实用制作技巧

CSS 样式是网页制作中非常常用的网页排版工具。通过设置 CSS 样式，我们可以很容易地对文字进行各种设置，在规则定义中比较常用的方框是专门用于表格中文字定位。CSS 样式定义完后可以反复使用，极大地提高了工作的效率。

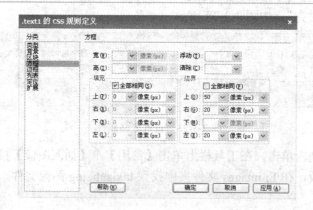

图 3-3-31 定义 CSS 规则的填充和边界

在表格第 2 列内输入文字"more>>"，在属性面板上设置字体为宋体，字号为 14，加粗，居中对齐。通过按【Ctrl+Shift+空格键】组合键，可以为文字添加空格，调整文字的位置。效果如图 3-3-32 所示。

图 3-3-32 线路图、课程简介效果

4）主要过程、重要意义和郑和生平模块制作。在表格的第 6 行内单击，在属性面板上设置背景颜色为#ffff99，水平居中对齐。在工具栏上单击【常用】|【插入图像】按钮，打开"选择图像源文件"面板，在 F:\images 文件夹中找到 hang_jb.gif 图像文件，并单击确定。属性面板设置如图 3-3-33 所示。

图 3-3-33　设置单元格属性

在表格的第 7 行内单击，在属性面板上设置背景颜色为#FFFFFF，选择【插入记录】|【表格】命令，打开插入表格设置面板，插入 1 个 2 行，5 列，宽度为 684 像素的表格。在属性面板上设置表格的对齐方式为"居中对齐"。

选中新插入的表格第 2 列中的 2 个单元格，右击，选择【表格】|【合并单元格】命令，进行合并单元格操作。

选中新插入的表格第 4 列中的 2 个单元格，右击，选择【表格】|【合并单元格】命令，进行合并单元格操作。

选中新插入的表格第 5 列中的 2 个单元格，右击，选择【表格】|【合并单元格】命令，进行合并单元格操作。合并完成的表格如图 3-3-34 所示。

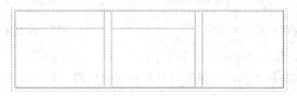

图 3-3-34　合并单元格

在表格第 1 行，第 1 列中单击，在工具栏上单击【常用】|【插入图像】按钮，打开"选择图像源文件"面板，在 F:\images 文件夹中找到 zygc_bj.gif 图像文件，并单击确定。

在表格第 2 行，第 1 列中单击，在属性面板中设置"高"为 167 像素。

在表格第 2 列中单击，在工具栏上单击【常用】|【插入图像】按钮，打开"选择图像源文件"面板，在 F:\images 文件夹中找到 shutiao1.gif 图像文件，并单击【确定】按钮。

在表格第 2 行，第 3 列中单击，在属性面板中设置"高"为 167 像素。

在表格第 4 列中单击，在工具栏上单击【常用】|【插入图像】按钮，打开【选择图像源文件】面板，在 F:\images 文件夹中找到 shutiao1.gif 图像文件，并单击确定。

在表格第 5 列中单击，在工具栏上单击【常用】|【插入图像】按钮，打开【选择图像源文件】面板，在 F:\images 文件夹中找到 zhsp_bg.gif 图像文件，并单击确定。

添加图片后的效果如图 3-3-35 所示。

图 3-3-35　插入单元格内图片

在表格第 2 行，第 1 列中单击，输入"郑和第 1 次下西洋　1405.6"等所需的文字。

在 CSS 样式面板上，单击"样式"，右键单击选择新建，打开新建 CSS 规则面板，设置选择器类型为"类"，名称为"list"，单击【确定】按钮，打开 CSS 规则定义设置面板。设置如图 3-3-36 和图 3-3-37 所示。

图 3-3-36　设置列表 CSS 规则

图 3-3-37　设置列表 CSS 填充

在表格第 2 行，第 3 列中输入如下文字：

① 历史意义。郑和下西洋加强了与亚非各国的交流，为南洋的开发和建设做出了贡献。但郑和下西洋也耗费了明朝大量的财力与物力。

② 现实意义 郑和下西洋让其他的国家进一步了解了中国的文化、经济、人文、物产等，促进了东西方文化的交流，给后世带来了深远的影响。

在 CSS 样式面板上，单击"样式"，右击选择新建，打开新建 CSS 规则面板，设置

图 3-3-38　设置"意义"文字 CSS 规则

选择器类型为"类"，名称为"text2"，单击确定，打开 CSS 规则定义设置面板。设置如图 3-3-38 所示。

选中文字"1.历史意义"和"2.现实意义"，在属性面板上设置样式为"text2"。

在 CSS 样式面板上，单击"样式"，右击选择新建，打开新建 CSS 规则面板，设置选择器类型为"类"，名称为"text3"，单击【确定】按钮，打开 CSS 规则定义设置面板。设置如图 3-3-39 和图 3-3-40 所示。

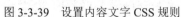

图 3-3-39　设置内容文字 CSS 规则　　　　图 3-3-40　设置内容 CSS 填充

选中其他内容文字，在属性面板上设置样式为"text3"。选中第 2 行，第 3 列表格，在属性面板上设置样式为"text3"。

在表格的第 8 行内单击，在属性面板上设置"高"为 3 像素，背景色为#CCCCCC。切换到代码窗口，找到<td height="3" bgcolor="#ffff00"> </td>语句，删除字符串 。按 F12 键进行预览，效果如图 3-3-41 所示。

图 3-3-41　主要过程、重要意义效果

5）拓展知识模块制作。在表格的第 9 行内单击，在属性面板上设置"高"为 30 像素，背景色为#FFFFFF。在工具栏上单击【常用】|【插入图像】按钮，打开【选择图像源文件】面板，在 F:\images 文件夹中找到 tzzs_bg.gif 图像文件，并单击确定。

在表格的第 10 行内单击，选择【插入记录】|【表格】命令，插入 1 个 1 行 20 列，宽度为 684 像素的表格。

在工具栏上单击【常用】|【插入图像】按钮，打开【选择图像源文件】面板，在 F:\images 文件夹中找到所需的图像文件，依次在每个表格内添加已经切好的图片。

在表格的第 11 行内单击，在属性面板上设置"高"为 15 像素，背景色为#FFFFFF。

在工具栏上单击【常用】|【插入图像】按钮，打开"选择图像源文件"面板，在 F:\images 文件夹中找到 hang_jb.gif 图像文件，并单击【确定】按钮。属性面板设置如图 3-3-42 所示。

图 3-3-42　设置单元格属性

主页面内容完成，效果如图 3-3-43 所示。

图 3-3-43　拓展知识效果

6）为主页面添加超级链接。

① 为导航栏添加超级链接。在主页面中选中导航栏中的"首页"图片，单击属性面板上的链接选项后的文件夹图标，打开选择文件面板，选择 index.html，并单击【确定】按钮，如图 3-3-44 所示。

属性面板的设置如图 3-3-45 所示。

图 3-3-44 超级链接文件选择面板

图 3-3-45 超级链接属性设置

在站点文件夹内新建 5 个空白的 html 文件，分别命令为 kcjj.html、zhsp.html、zygc.html、zyyy.html、tzzs.html，这 5 个文件是将要制作的二级页。

在主页面中选中导航栏中的"课程简介"图片，单击属性面板上的链接选项后的文件夹图标，打开选择文件面板，选择 kcjj.html，并单击【确定】按钮。

在主页面中选中导航栏中的"郑和生平"图片，单击属性面板上的链接选项后的文件夹图标，打开选择文件面板，选择 zhsp.html，并单击【确定】按钮。

在主页面中选中导航栏中的"主要过程"图片，单击属性面板上的链接选项后的文件夹图标，打开选择文件面板，选择 zygc.html，并单击【确定】按钮。

在主页面中选中导航栏中的"重要意义"图片，单击属性面板上的链接选项后的文件夹图标，打开选择文件面板，选择 zyyy.html，并单击【确定】按钮。

在主页面中选中导航栏中的"拓展知识"图片，单击属性面板上的链接选项后的文件夹图标，打开选择文件面板，选择 tzzs.html，并单击【确定】按钮。

② 为主页面中各模块添加超级链接。在主页面中选中"课程简介"模块中的文字"more>>"，单击属性面板上的链接选项后的文件夹图标，打开选择文件面板，选择 kcjj.html，并单击【确定】按钮。

在主页面中选中"主要过程"模块中的全部文字，单击属性面板上的链接选项后的文件夹图标，打开选择文件面板，选择 zygc.html，并单击【确定】按钮。

在主页面中选中"重要意义"模块中的全部文字，单击属性面板上的链接选项后的文件夹图标，打开选择文件面板，选择 zyyy.html，并单击【确定】按钮。

在主页面中选中"郑和生平"模块中的郑和图片，单击属性面板上的链接选项后的文件夹图标，打开文件选择面板，选择 zhsp.html，并单击【确定】按钮。

在主页面中选中"拓展知识"模块中的带文字的图片，单击属性面板上的链接选项后的文件夹图标，打开选择文件面板，选择 tzzs.html，并单击【确定】按钮。

（5）二级页模板的制作

选择【文件】|【新建】命令，打开【新建文档】对话框，选择基本页选项为 HTML，单击【创建按钮】，执行【文件】|【保存】菜单命令，选择站点根目录，保存网页为"moban.html"。

选择【插入记录】|【表格】命令，插入 1 个 1 行 1 列的表格，宽度为 996 像素的表格。

在属性面板上设置对齐方式为"居中对齐"，设置背景图片为 images\bg.jpg，如图 3-3-19 所示。

在表格内单击后，在属性面板上设置高为 1300 像素，使背景图片完全显示。

在属性面板上设置垂直对齐方式为"顶端"，选择【插入记录】|【表格】命令，打开插入表格设置面板，插入 1 个 10 行 1 列的表格，宽度为 700 像素的表格。在属性面板上设置表格的对齐方式为"居中对齐"。

在表格的第 1 行内单击，在属性面板上设置"高"为 220 像素。

在表格的第 2 行内单击，在属性面板上设置"高"为 3 像素，背景色为#ffff00。切换到代码窗口，找到<td height="3" bgcolor="#ffff00"> </td>语句，删除字符串 。如图 3-3-23 所示。

切至设计窗口，在表格的第 3 行内单击，在属性面板上设置"高"为 30 像素，背景色为#ffcc00。

在表格的第 4 行内单击，在属性面板上设置"高"为 3 像素，背景色为#ffff00。切换到代码窗口，找到<td height="3" bgcolor="#ffff00"> </td>语句，删除字符串 。

在工具栏上单击【常用】|【插入图像】按钮，打开【选择图像源文件】面板，在 F:\zhxxy\images 文件夹中找到已经切好的 shouye.gif 文件，并单击确定。弹出"图像标签辅助功能"面板，在替换文本框中输入"首页"。

重复上一步操作，依次插入其他导航图片，并设置相应的替换文本，完成导航条的制作。

在主页面中选中导航栏中的"首页"图片，单击属性面板上的链接选项后的文件夹图标，打开选择文件面板，选择 index.html，并单击【确定】按钮。

在主页面中选中导航栏中的"课程简介"图片，单击属性面板上的链接选项后的文件夹图标，打开选择文件面板，选择 kcjj.html，并单击【确定】按钮。

在主页面中选中导航栏中的"郑和生平"图片，单击属性面板上的链接选项后的文件夹图标，打开选择文件面板，选择 zhsp.html，并单击【确定】按钮。

在主页面中选中导航栏中的"主要过程"图片，单击属性面板上的链接选项后的文件夹图标，打开选择文件面板，选择 zygc.html，并单击【确定】按钮。

在主页面中选中导航栏中的"重要意义"图片，单击属性面板上的链接选项后的文件夹图标，打开选择文件面板，选择 zyyy.html，并单击【确定】按钮。

在主页面中选中导航栏中的"拓展知识"图片，单击属性面板上的链接选项后的文件夹图标，打开选择文件面板，选择 tzzs.html，并单击【确定】按钮。

在表格的第 5 行内单击，在属性面板上设置"高"为 238 像素，背景为 images\jianbian.gif。

在表格的第 6 行内单击，在属性面板上设置"高"为 3 像素，背景颜色为#ffff99。水平居中对齐。

在工具栏上单击【常用】|【插入图像】按钮，打开【选择图像源文件】面板，在 F:\zhxxy\images 文件夹中找到已经切好的 hang_jb.gif 文件，并单击确定。在属性面板上设置对齐方式为"居中"。

选择【文件】|【保存】命令，模板完成效果如图 3-3-46 所示。

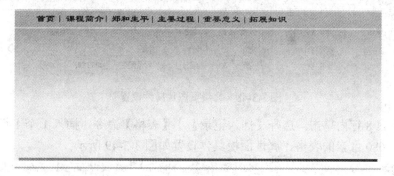

图 3-3-46　模板效果

实用制作技巧

　　把网页中完全相同的内容制作成为模板可以减少重复的工作，并且还可以存储下来为以后制作相似内容节省时间，是网页制作中最常用的方法之一。

（6）二级页的制作

1）"课程简介"二级页的制作。打开 moban.html 文件，选择【文件】|【另存为】命令，另存为 kcjj.html 文件。

在表格的第 5 行单击，在工具栏上单击【常用】|【插入图像】按钮，打开【选择图像源文件】面板，在 F:\zhxxy\images 文件夹中找到 zhxxy.jpg 文件，设置图片的对齐方式为"居中对齐"。效果如图 3-3-47 所示。

图 3-3-47 二级页 banner 图片效果

在表格第 7 行内单击，在工具栏上单击【常用】|【插入图像】按钮，打开【选择图像源文件】面板，在 F:\zhxxy\images 文件夹中找到 kcnr_bg.gif 图像文件，并单击【确定】按钮。在属性面板上设置背景色为#FFFFFF，设置行高为 30 像素。属性面板设置如图 3-3-48 所示。

图 3-3-48 二级页图片属性设置

在表格第 8 行内单击，选择【插入记录】|【表格】命令，插入 1 个 1 行 1 列的表格，宽度为 680 像素的表格。属性面板具体设置如图 3-3-49 所示。

图 3-3-49 表格设置

在新插入的表格内单击，选择【插入记录】|【表格】命令，插入 1 个 4 行 2 列的表格，宽度为 680 像素的表格。

选中第 1 行和第 3 行，在属性面板上设置背景色为#FFFF99，选中第 2 行和第 4 行，在属性面板上设置背景色为#99FFFF。

在表格中输入文本。

在 CSS 样式面板上，单击【样式】按钮，右击选择新建，打开新建 CSS 规则面板，设置选择器类型为"类"，名称为"text3"，单击【确定】按钮，打开 CSS 规则定义设置面板。设置如图 3-3-50 所示。

现代教育技术技能与训练

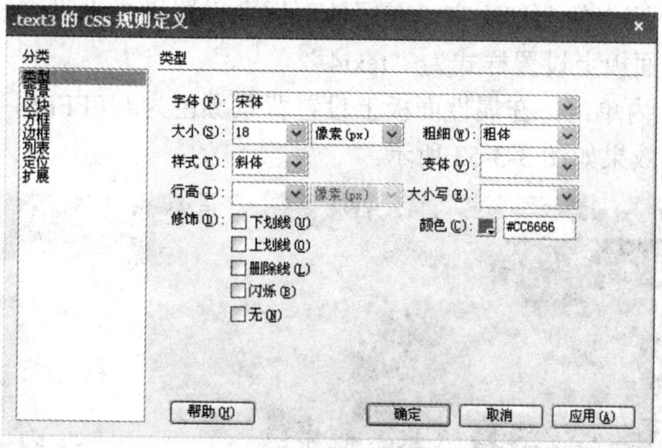

图 3-3-50　text3 的 CSS 规则定义

在 CSS 样式面板上，单击【样式】按钮，右击选择新建，打开新建 CSS 规则面板，设置选择器类型为"类"，名称为"text4"，单击【确定】按钮，打开 CSS 规则定义设置面板。设置如图 3-3-51 和图 3-3-52 所示。

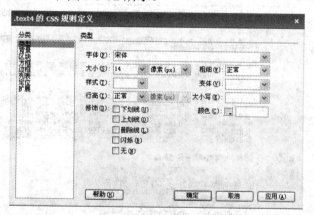

图 3-3-51　text4 的 CSS 规则定义

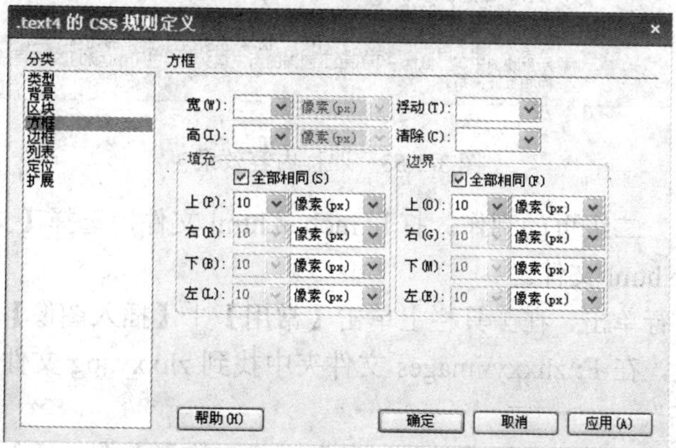

图 3-3-52　text4 的 CSS 规则定义

选中表格第 1 列中的全部文字，在属性面板上设置样式为"text3"。选中表格第 2 列单元格，在属性面板上设置样式为"text4"。

在表格第 9 行内单击，在属性面板上设置背景颜色为#FFFFFF，行高为 30 像素。此二级页完成后的效果如图 3-3-53 所示。

图 3-3-53 课程内容效果

2）"郑和生平"二级页的制作。打开 moban.html 文件，选择【文件】|【另存为】命令，另存为 zhsp.html 文件。

在表格的第 5 行单击，在工具栏上单击【常用】|【插入图像】按钮，打开【选择图像源文件】面板，在 F:\zhxxy\images 文件夹中找到 zhxxy.jpg 文件，设置图片的对齐方式为"居中对齐"。

在表格第 7 行内单击，选择【插入记录】|【表格】命令，插入 1 个 1 行 2 列的表格，宽度为 684 像素的表格。属性面板具体设置如图 3-3-54 所示。

图 3-3-54　表格属性设置

在 kcjj.html 文件的 CSS 面板中复制"text3"和"text4",粘贴至 zhsp.html 文件的 CSS 面板中。

在插入的表格第 1 列内单击,在工具栏上单击【常用】|【插入图像】按钮,打开 【选择图像源文件】面板,在 F:\zhxxy\images 文件夹中找到 zhsp_bg.gif 图像文件,并单击确定。

在插入的表格第 2 列内单击,输入文本,选中全部文本,在属性面板上设置样式为 "text4"。在表格的第 8 行内单击,在属性面板上设置"高"为 3 像素,水平居中对齐。

在工具栏上单击【常用】|【插入图像】按钮,打开"选择图像源文件"面板,在 F:\zhxxy\images 文件夹中找到 hang_jb.gif 文件,并单击【确定】按钮。在属性面板上设置对齐方式为"居中"。

在表格的第 9 行内单击,在属性面板上设置"高"为 10 像素。完成效果如图 3-3-55 所示。

图 3-3-55　郑和生平二级页效果

3)"主要过程"二级页的制作。打开 moban.html 文件,选择选择【文件】|【另存为】命令,另存为 zygc.html 文件。

　　在表格第 5 行内单击，选择【插入记录】|【表格】命令，插入 1 个 1 行 1 列的表格，宽度为 684 像素的表格。

　　在新入的表格内单击，在工具栏上单击【常用】|【插入图像】按钮，打开【选择图像源文件】面板，在 F:\zhxxy\images 文件夹中找到 luxiantu.jpg 文件，设置图片的对齐方式为"居中对齐"。

　　在表格第 7 行内单击，选择【插入记录】|【表格】命令，插入 1 个 7 行 2 列，宽度为 684 像素的表格，对齐方式为居中对齐。

　　选中第 1 列的第 1、3、5、7 行单元格，在属性面板上设置背景颜色为#CCCCFF。

　　选中第 1 列的第 2、4、6 行单元格，在属性面板上设置背景颜色为#CCCC99。

　　选中第 2 列的第 1、3、5、7 行单元格，在属性面板上设置背景颜色为#CCFFFF。

　　选中第 2 列的第 2、4、6 行单元格，在属性面板上设置背景颜色为#CCFF99。

　　在 kcjj.html 文件的 CSS 面板中复制"text3"和"text4"，粘贴至 zygc.html 文件的 CSS 面板中。

　　在表格中输入文字，选中表格中的全部文字，在属性面板上设置样式为"text4"。完成后的效果如图 3-3-56 所示。

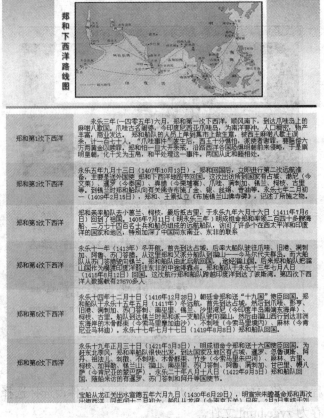

图 3-3-56　主要过程二级页效果

4)"重要意义"二级页的制作。打开 moban.html 文件，选择【文件】|【另存为】命令，另存为 zyyy.html 文件。

在表格的第 5 行单击，在工具栏上单击【常用】|【插入图像】按钮，打开【选择图像源文件】面板，在 F:\zhxxy\images 文件夹中找到 zhxxy.jpg 文件，设置图片的对齐方式为"居中对齐"。

在表格第 7 行内单击，选择【插入记录】|【表格】命令，插入 1 个 2 行 2 列，宽度为 684 像素的表格。

选中新插入表格的第 1 行，在属性面板上设置背景颜色为#CCCC99。选中第 2 行，在属性面板上设置背景颜色为#99FFCC。

在 kcjj.html 文件的 CSS 面板中复制"text3"和"text4"，粘贴至 zygc.html 文件的 CSS 面板中。

在表格中输入所需要的文字。选中第 1 列中的文字，在属性面板上设置样式为"text3"，选中第 2 列中的全部文字，在属性面板上设置样式为"text4"。

在表格的第 8 行单击，在工具栏上单击【常用】|【插入 flash】按钮，打开【选择图像源文件】面板，在 F:\zhxxy\swf 文件夹中找到 boat.swf 文件，如图 3-3-57 所示。设置对齐方式为"居中对齐"。完成后的效果如图 3-3-58 所示。

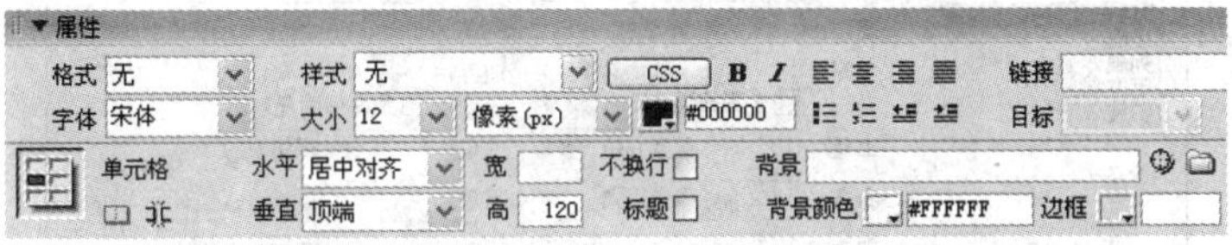

图 3-3-57　flash 属性设置

图 3-3-58　重要意义二级页效果

5）"拓展知识"二级页的制作。选择【文件】｜【新建】命令，打开【新建文档】对话框，选择基本页选项为 HTML，单击【创建按钮】，执行【文件】｜【保存】菜单命令，选择站点根目录，保存网页为"tuozhan1.html"。

新建 CSS 规则，选择【body】标签，如图 3-3-59 所示。在分类面板中设置行高为150%，在方框面板中设置上填充为 10 像素，如图 3-3-60 所示。

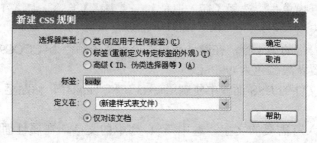

图 3-3-59 新建 CSS 规则面板

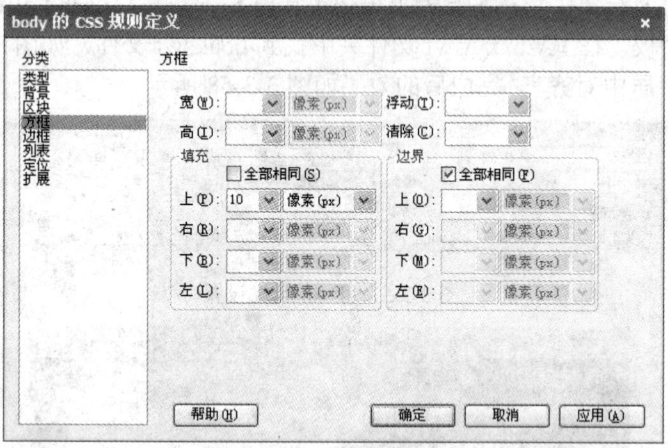

图 3-3-60 body 的 CSS 规则定义

输入所需文本，设置标题文字"世界上最著名的航海家"字体加粗、36 像素，设置二级标题"葡萄牙亨利王子南大西洋的海上探险事业"、"迪亚斯发现好望角"、"哥伦布发现美洲新大陆"、"达·伽马到达印度"、"麦哲伦的环球航行"字体为加粗。

在文字"葡萄牙亨利王子南大西洋的海上探险事业"后单击，在工具栏上单击【常用】｜【插入图像】按钮，打开【选择图像源文件】面板，在 F:\zhxxy\images 文件夹中找到 hangli.jpg 图片文件，并设置图片的对齐方式为左对齐。

重复上一步操作，添加其他图片，并设置对齐方式。完成后的效果如图 3-3-61 所示。

打开 moban.html 文件，选择选择【文件】｜【另存为】命令，另存为 tzzs.html 文件。

打开主页面 index.html 文件，选中拓展知识模块中的全部图片，按 Ctrl+C 键，复制。打开 tzzs.html 文件，在表格的第 5 行单击，按 Ctrl+V 键，粘贴。效果如图 3-3-62 所示。

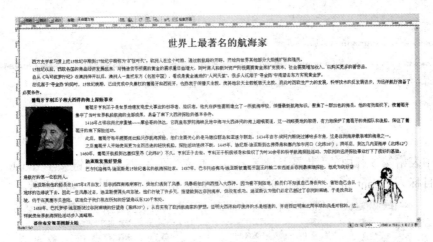

图 3-3-61　输入文字

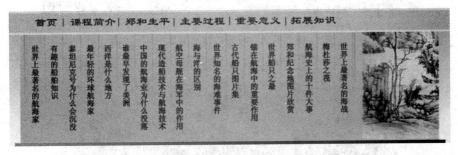

图 3-3-62　创建要进行链接的图片

在表格第 7 行内单击，在属性面板进行设置如图 3-3-63 所示。

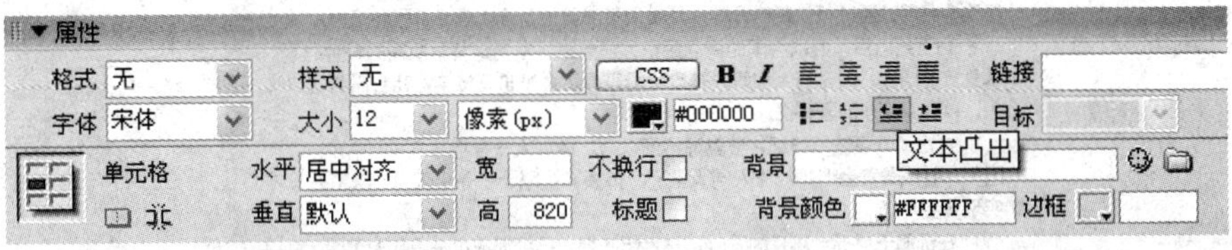

图 3-3-63　表格属性设置

在工具栏上选择【布局】|【IFRAME】命令，在表格第 7 行内拖动出 1 个内联框架。如图 3-3-64 所示。

图 3-3-64　内联框架设置

切换至代码窗口，添加代码：<iframe width="600" height="800" scrolling="auto" name="content" src="tuozhan1.html" frameborder="0"></iframe>，如图 3-3-65 所示。

```
    </tr>
  </table></td>
</tr>
<tr>
  <td align="center" bgcolor="#ffff99"><img src="images/hang_jb.gif" width="684" height="5" align="middle" /></td>
</tr>
<tr>
  <td height="820" align="center" bgcolor="#FFFFFF"><iframe width="600" height="800" scrolling="auto" name="content" src="tuozhan1.html" frameborder="0"></iframe> </td>
</tr>
<tr>
  <td height="3" align="center" bgcolor="#FFFFFF"><img src="images/hang_jb.gif" width="684" height="5" /></td>
</tr>
<tr>
  <td height="5" align="center" valign="top" bgcolor="#FFFFFF"> </td>
</tr>
```

图 3-3-65　设置内联框架代码

选中表格第 5 行中的"世界上最著名的航海家"图片，添加超级链接至 tuozhan1.html 文件，目标为"content"。属性面板如图 3-3-66 所示，效果如图 3-3-67 所示。

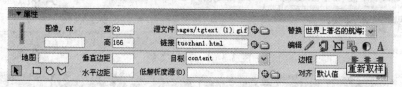

▼属性
图像，6K
宽 29
高 166
源文件 ages/tgtext (1).gif
链接 tuozhan1.html
替换 世界上最著名的航海:
编辑
地图
垂直边距
水平边距
目标 content
低解析度源(O)
边框
对齐 默认值
重新取样

图 3-3-66　设置内联框架属性

首页 | 课程简介 | 郑和生平 | 主要过程 | 重要意义 | 拓展知识
世界上最著名的航海家
有趣的船舶知识
泰坦尼克号为什么会沉没
最年轻的环球航海家
西洋是什么地方
谁最早发现了美洲
中国的航海业为什么没落
现代造船技术与航海技术
航空母舰在海军中的作用
海与洋的区别
世界知名的海难事件
古代船只图片集
锚在航海中的重要作用
世界船只之最
郑和纪念地图片欣赏
航海史上的十件大事
梅杜莎之筏
世界上最著名的海战
世界上最著名的航海家
西方史学家习惯上把15世纪中期到17世纪中期称为"扩张时代"。欧洲人在这个时期，通过新航路的开辟，开始向世界其他部分大规模扩张和殖民。
15世纪以后，西欧各国的商品经济发展起来，对铸造货币所需的黄金的需求量日益增大。同时商人和新兴资产阶级需要黄金来扩充资本，社会需要增加收入，以购买更多的奢侈品。
自从《马可波罗行纪》在澳洲传开以后。澳洲人一直把东方（包括中国），看成是黄金遍地的"人间天堂"。很多人沉溺于"寻金热"中渴望去东方实现黄金梦。
在沉溺于"寻金热"的同时，15世纪晚期，已经完成中央集权的葡萄牙和西班牙，也热衷于传播天主教，使其他非天主教皈依天主教。而此时西欧生产力的发展，科学技术的反发展进步，为远洋航行准备了必要条件。
葡萄牙亨利王子南大西洋的海上探险事业
葡萄牙亨利王子是世界地理发现宏大事业的创导者、组织者。他先在萨格雷斯建立了一所航海学校，传播最新航海知识，聚集了一群出色的海员。他的有效组织下，使葡萄牙集中了当时世界帆船航海的全部成果，具备了南下大西洋探险的基本条件。
1416年占领非洲北岸重镇——摩洛哥的休达，它扼直布罗陀海峡及地中海与大西洋间的海上咽喉要道，这一战略要地的取得，有力地保护了葡萄牙的商船队和渔船，保证了葡萄牙的南下探险活动。
此后，葡萄牙每年艘要派出船只作航海探险，他们主要关心的是马德拉群岛和亚速尔群岛。1434年吉尔·埃阿内斯绕过博哈多尔角，这是非洲海岸最艰难的海角之一。
之后葡萄牙人开始使用更为全而迅速的轻快帆船，探险活动连续不断。

图 3-3-67　内联网页完成效果

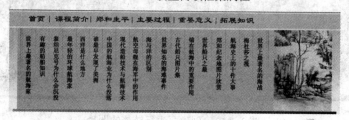

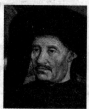

完成本例的制作。

3.3.4 训练须知

1）学生应具备较好的 Photoshop CS3 应用能力，可以对图像进行处理。

2）具有 Dreamweaver CS3 基础，了解和掌握网页制作的基本过程和常用工具的使用。

3）在课件制作的过程中，把教学设计与课件制作相结合。

3.3.5 思考题

参照本章节的学习内容，选取中小学课本中的任一部分内容，制作一个网络课程课件。

要求：

1）所选取的课程内容要适合用网络课程来表现，具有信息量大，相关知识丰富，内容全面的特点。

2）网络课程课件应具有足够的信息量，结构科学合理，互动性好。

技能训练 3.4　多媒体课件综合训练

学习目标

训练目标

1. 通过独立完成一个综合的多媒体课件作品，巩固和加深多媒体课件制作知识。
2. 进一步提高对多媒体课件制作的认识，牢固掌握多媒体课件的制作过程与方法。
3. 在制作和完成多媒体课件综合训练的过程中，掌握各种媒体技术的综合和交叉应用技术，最终达到融会贯通，可以独立制作各种类型的多媒体课件，让学生的教学设计能力得到全面的提升。

训练任务

1. 选取中小学课程教学内容中的一节课，对教学内容进行深入的分析，结合教学大纲的要求进行科学合理的教学设计。
2. 根据教学设计中所应用的教学模式，制作一个完整的多媒体课件脚本。
3. 根据课件脚本，应用各种多媒体课件制作技术，完成一个综合的多媒体课件制作。

训练环境

1. 硬件环境：计算机主频 200MHz 以上，内存在 1GB 以上，声卡，音箱。
2. 软件环境：Windows XP，PowerPoint 2003。

3.4.1 确立教学方案

1. 选题与教学分析

选取中小学课程教学内容中的一节课，作为教学训练内容。所选题目应具有一定的代表性，兼具知识性和趣味性的特点。

教学分析应从教学内容、教学对象知识基础、学习者特征、学习者心理等多方面进行深入分析，并总结出教学内容的特点，选择最佳的教学模式。

2. 选择合适的教学模式

通过对深入地教学分析，从而选择出最佳的教学模式。教学模式有很多种，其中最常用的教学模式有"以教为主""以学为主""教、学双主"。

3. 根据教学模式进行教学设计

根据教学内容选择一种最合适的教学模式，然后有针对性地进行教学设计。

3.4.2 制作教学课件

1. 根据教学模式和教学设计的需要确定课件制作工具

以教为主的教学模式，可以选择使用 PPT 工具进行课件制作，它具有简单、易用等特点，是目前课件制作最主要的工具。

以学为主的教学模式，可以选择使用 Flash 进行课件制作，它制作的课件具有良好的互动性和美观性，特别是在教学游戏制作方面，具有很强大的功能，但制作时间长，技术复杂。

教、学双主模式，可以选择使用 Flash 或网页课件，在保证功能性的同时，可以最大限度地丰富课程学习内容，让教师的教学设计得以很好地实现，达到功能性与美观性和趣味性等各个方面的高度统一，但技术要求较高。

2. 根据教学内容和教学设计要求编写详细的课件脚本

课件脚本应丰富而详细，不能仅仅只有一个框架，课件脚本中应把每一个模块中的内容详细地表述出来。保存脚本文件。

3. 课件所需要素材的收集和编辑

素材要进行合理地分类，对不同类型的素材根据课件制作的需要进行整理和编辑，并对素材进行合理地命名。建立素材文件夹，所有素材文件保存在该文件夹中。

4. 分模块，分步骤地进行课件的制作

在制作的过程中，要分模块，分步骤地进行制作，最后再进行统一的组合和调试。

3.4.3 训练作品

1）编写一个完整的课件脚本，内容要包括课件结构图、课件脚本卡片等。

2）根据教学模式的特点，选择任意一种课件制作工具，制作一个综合的多媒体课件。

3.4.4 作品要求

1）课件教学内容的选择要具有知识性与趣味性。

2）教学设计科学合理，教学模式选择适当。

3）课件脚本内容丰富、详细，结构清楚明确。

4）课件要充分应用各种多媒体素材，内容丰富，画面美观，具有良好的互动性。

5）课件要充分体现出教师的教学设计思想。

6）上交本次综合训练训练作品：脚本文件、素材文件（存入在素材文件夹中）、多媒体综合训练课件。

4 训练

教育技术成果实施与评价

　　现代教育技术的应用能力要通过实践来检验，本模块通过对学生在多媒体教室和微格教室的使用、教学效果的评价的具体应用的讲解与训练，让学生在娴熟运用的同时，真正理解和掌握现代教育技术技能。

下篇　综合技能

技能训练 4.1　多媒体教室与微格教室的使用

学习目标

训练目标

1. 通过训练，能熟练掌握多媒体教室的组成。
2. 通过训练，能掌握主要设备的功用和教师教学操作的一般流程。
3. 通过训练，了解微格教室的系统组成，以及如何利用微格教学系统来开展教学。

训练任务

1. 根据教学内容及被教育对象，选择合理教学模式。
2. 验证微格教学基本训练模式的有效性。
3. 训练师范生掌握基本的课堂教学技能。

训练环境

1. 多媒体教室。
2. 微格教室。

4.1.1　训练内容 1：多媒体教室的使用

1. 多媒体教室类型

多媒体教室按类型可分为简易型、标准型和网络型，具体如下：

（1）简易型

最简易的方法就是在教室内配置 1 台计算机、1 台液晶投影机、1 台电动银幕机和少量辅件，如图 4-1-1 所示。其他的信号源设备、切换器和终端设备根据需要选定。

图 4-1-1　简易多媒体教室

（2）标准型

它是将多媒体计算机技术与常规电教媒体相结合，一般要求具备以下主要功能：

1）能播放文本、图像、动画、视频、音频等多种媒体信息。

2）通过实物展示台将实物、图片通过大屏幕显示出来。

3）配备音响设备和控制银幕、窗帘、照明等相关设施配合教学需要。

4）可与多种信息网相联，如校园计算机网、卫星电视网和校园有线电视网等。基本配置如表 4-1-1 所示。

表 4-1-1　标准多媒体教室设备参考配置

名　　称	设 备 型 号	数　量
中央控制系统	GE3000 集成控制主机	1 台
	GE 按键控制面板	1 块
	GE 视频采集卡	1 套
	GALAXY 中控系统软件	1 套
多媒体投影机	日本 PLC-XP18E 2400ANSI 流明分辨率：1024×768	1 台
视频展示台	三星 SYP-5100P	1 台
多媒体计算机	联想 PIII866/128M/30G/15″	1 套
大屏幕	帝频 120 英寸电动玻珠	1 幅
录像机	JVC-52	1 台
影碟机	松下 880-DVD	1 台
录音卡座	雅马哈 KX-W321	1 台

续表

名　称	设 备 型 号	数　量
功放	雅佳 AM-300	1 台
音箱	JBL-1900	1 对
有线话筒	美国舒尔 14A	2 支
领夹式话筒	麦宝 MR-515	1 套
激光教鞭	香港 MP-1900	1 支
彩色显示器	康佳彩霸 14'	1 台
多功能讲台	厂家自制	1 张

（3）网络型

这是一种应用于计算机教室基础上的 CAI 辅助教学平台。由计算机、网络设备、操作系统以及交互式的教学平台软件形成一个由数据网络和视频网络组成的多媒体教学网络系统，实现虚拟仿真教学系统、网络考试系统、课件制作系统、课件点播系统、视频点播系统等教学功能。基本配置由服务器、教师机和学生机等组成，如表 4-1-2 所示。

表 4-1-2　网络型多媒体教室的基本配置（注：以 30 台计算机配置）

设备名称	基 本 配 置	数　量
服务器	PIII800EB/128M/30G×2/IDE	1 台
教师机	PIII800/128M/30G/15"/AGP30M/50X/1.44M/10-100M	1 台
学生机	C633/64M/10G/14"集成 AGP 显卡/50X/1.44M/10-100M	28 台
多媒体类	控制台（自制）	1 套
	多媒体卡、分配器、耳麦、传输线等	29 套
网络设备	交换机	2 台
	网线、RJ45 头	
应用软件	虚拟仿真教学系统、课件制作系统、课件点播系统、网络考试系统	1 套

2. 多媒体教室组成

多媒体教室由计算机、实物展示台、投影机、屏幕、录像机、影碟机、幻灯机、投影仪、扩音机等设备组成，如图 4-1-2 所示。有 4 种信号：计算机信号、视频信号、音频信号（包括计算机声卡输出音频信号）、网络信号。有两路电源：一路多媒体设备电源，另一路照明、空调电源。

3. 主要设备功用介绍

（1）功放

功放是本系统的重要设备，除计算机的显示信号直接送投影机外，其他设备的音频信号都要经由该功放完成对各路设备的音频传输，并对音频信号进行放大（包括话筒信号）。因此，需要根据使用的设备，熟悉功放的功能与连接操作，如图 4-1-3 所示。

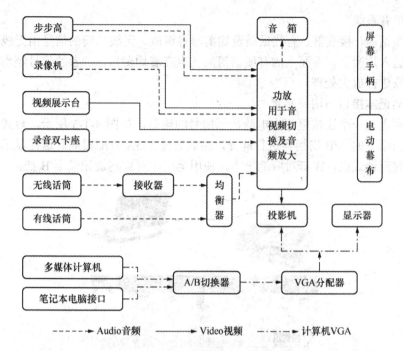

图 4-1-2　多媒体系统设备原理简图

图 4-1-3　功率放大器

（2）投影机

投影机是重要的显示设备，如图 4-1-4 所示，计算机送出的是电信号，而视频展示台、DVD 和录像机送出的是视频信号，因此，投影机也要用遥控器对需要显示的信号进行相应的切换选择。

图 4-1-4　投影仪

（3）扩音系统

由无线话筒、接收器、有线话筒及均衡器等组成。无线话筒的信号由无线话筒接收器接收后送入均衡器，桌面上的有线话筒插孔也连着均衡器，二者的信号经均衡器调节后送入功放进行放大处理。

（4）笔记本接口与切换装置

在桌面上有一个连接笔记本电脑显示信号的接口，如图 4-1-5 所示，台式机和笔记本的信号由桌下的 A/B 切换器进行选择，然后通过 VGA 分配器同时送往显示器和投影机。A 口对应台式机，B 口对应笔记本，使用笔记本时需将旋钮调至 B 挡。

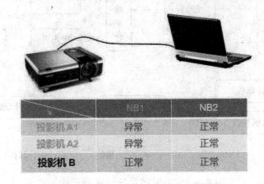

	NB1	NB2
投影机 A1	异常	正常
投影机 A2	异常	正常
投影机 B	正常	正常

图 4-1-5　笔记本电脑与投影仪连接

（5）电动投影幕布

其升降由设备柜中的幕布手柄控制，手柄上有个三挡开关，中间是停止，两边分别是上升和下降。多媒体教学要求教师在讲授过程中一边思考讲授的内容，一边又要同步操作和控制各类软硬件，因此，教师在课前就必须充分熟练，尽可能掌握软件和设备的性能，确保在课堂上用最规范快速的操作显示所需要的教学内容。

4. 多媒体教室设备的使用

（1）启动

打开多媒体控制柜并按下电源"开"按钮，此时，所有设备都处于供电状态，幕布自动落下，然后打开计算机，启动投影机，大概数十秒钟后，投影机投射出光线，设备开启完成，如图 4-1-6 所示。

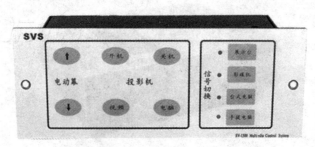

图 4-1-6　多媒体中央控制台

（2）调节

1）视屏切换。在系统控制面板上分别有"台式电脑"、"手提电脑"、"展台"、"卡座"、"影碟"、"录像"6 个选项，当系统启动时，一般默认台式计算机视频信号输入，如果要使用其他设备来输入视频信号，按下所对应的按钮，系统自动切换到所选择设备的视频信号。

2）音箱设备。当系统启动时，音箱音量的大小与计算机音量的设置是一致的，界面话筒音量的大小与移频增音放大器音量的设置是一致的，如果要调整两者的音量大小，按下控制面板上的总音量"+"或"-"按钮即可实现。

3）展台的使用。轻轻抬起展台臂，按下展台控制面板上的"灯光"按钮，可以使用顶灯或底灯，把试卷或教材的正面向上平放在展台上，按动"放大"或"缩小"按钮，可以放大或缩小实物画面，如图 4-1-7 所示。

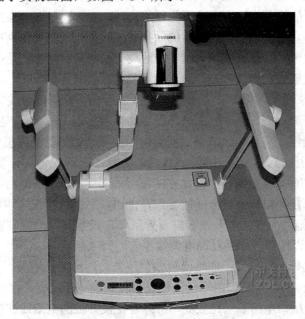

图 4-1-7　数字展台

（3）关闭

多媒体设备电源关闭的顺序依次是：投影机电源—投影幕布—计算机主机电源—中央控制器电源，此时系统会发出延时报警声音，大概 5 分钟后系统将自动关闭所有设备的电源。

5. 常见设备故障及处理

（1）电源故障

1）中央控制系统控制面板指灯示不亮。检查控制面板串口线是否松动，是否接在中央控制系统正确的位置；如果连线正确，请检查总电源是否开启，电源线路通电是否正常，中央控制系统保险是否完好。

2）中央控制系统面板指灯不亮。按下电源"开"按钮，设备无法正常启动，即按键失灵或中央控制系统写码程序不正确，如果前两项无故障，那么，可能是中央控制系统主板损坏。

（2）中央智能控制系统故障

中央智能控制系统就像多媒体教室的心脏，其常见的故障有无法控制投影机的开关，幕布无法自动升降，音量的大小不能调节，此时要检查中央智能控制系统写码是否正确。

（3）投影机故障

1）投影机无法开启。电源损坏，无法给主板供电，或主板损坏。

2）投影机自动关机后无法开启。机器使用过程中散热不良造成过热，自动启动了热保护电路，造成断电。投影机每次关闭时，都有个散热的过程，必须等散热完成后，才能启动投影机。散热完成后，还是不能正常启动，则需要仔细观察投影机进风口的过滤网积灰是否过多，严重影响了投影机的散热。这时可以把海绵滤网拆卸下来清洗，重新安装后再观察故障是否已经解决。以上方法均无法解决，则可能是投影机电路控制板的问题，此时需要请专业维修人员诊断，切忌私自拆开投影机。

3）投影机无法显示图像。在正确连接电源连接线、数据信号线等的情况下，计算机中的画面无法投影出来，则可能未选择正确的视频输入信号。按下控制面板上的信号源按钮或遥控器按钮，选择一组适当的视频输入信号，如果是计算机输入分辨率过高，也会造成无法显示图像，可适当降低计算机的分辨率，一般可将计算机分辨率设置成800×600 或 1024×768，调整到投影机允许的范围内即可。如果是使用笔记本电脑与之相连的，可能是外部视频端口未被激活所导致，此时，只需按笔记本电脑的 Fn 键切换。

4）投影画面偏色。首先进入投影机设置菜单，查看颜色均衡设置是否正确。其次检查 VGA 电缆是否松动，如果发现电缆接头有断针或插针弯曲，则需更换连接线。若是确定了连接线完好的情况下，依然出现偏色现象，则可能是液晶板损坏所致。

5）投影画面抖动、重影。由于投影机是较精密的电子仪器，对电信号的干扰特别敏感。所以对信号接口电路要求比较高，最好是将投影机的电源线和信号源的电源地线同时接地，并且使用同个电源。因为当投影机与信号源连接不同电源时，两零线之间可能存在较高的电位差，当用户带电拔插信号线时，其他电路会在插头和插座之间发生打火现象，损坏信号输入电路，造成画面抖动或重影。也有可能是连接电缆性能不良，传输距离过长所致。

6）画面模糊有色斑，亮度下降。检查聚焦调整是否正确，查看投影机镜头是否清晰或滤尘网积尘太多，以上两项可以自行处理。也有可能是光学系统故障，若是光学里的分光镜与偏正片烧坏，就需要请专业维修人员诊断。当灯泡使用时间达到其寿命极限时，应当更换新的灯泡。若更换了亮度在 500～800 lm 的新灯泡后，比以前更暗，则有可能是光学系统有灯雾、灰土导致其投影机的透光度降低了 50%～80%，甚至更高。也有可能是光通的玻璃片老化或损坏，光线不能穿透所致。此时需要请专业维修人员对机器进行清洗或处理光系统故障。

（4）音频故障

1）台式计算机或笔记本电脑无声音。首先，将视频信号切换到所使用的设备，其次，检查功率放大器、移频增音器的电源开关是否开启，所使用设备音频线是否插入到中央控制系统正确的位置。在检查功率放大器、移频增音器之前，先用被检查设备播放一段音频信号，再检查其工作运行是否正常。

2）话筒声音故障。查看功率放大器、稳频增音器电源是否打开，再检查话筒与功率放大器和移频增音器连接是否正确。检查界面话筒连线是否正确，有线话筒连线是否脱落，话筒与底座连接是否正确，内部所装 5 号或 7 号电池电量是否充足。无线话筒的电源开关是否打开，内部频率是否一致，自身音量调节是否恰当，内部的 9V 电池电量是否充足。如果以上设备偶有啸叫声，则是因为音量过大或音箱功率不足所致，此时，调低音量即可。

（5）视频展台故障

1）实物展示台没信号输出到投影。先检查展示台电源是否打开，实物展台与中央控制系统的连接是否正确，输入信号是否切换到视频展台。

2）不能聚焦。伸缩杆不在正确的位置，使用时确保在展台上实物不要超过 15cm（高度）；确保摄像头与工作台投影对象垂直；投影材料（文字及图表）是否清楚，灰尘及污点都可能引起自动聚焦故障，幻灯片架内的胶片是否放得太大，使用投影仪时，是否调整了投影仪的焦点，并参考投影仪的使用说明书调整投影仪的焦点。

6.　训练需知

1）进入教室后，首先，开启墙上的电源开关，每个开关均有标识，标有勿动的总闸和第一个开关不要扳动。灯光一般共有 5 路，分别是讲台灯、中路灯、灯槽灯、后路灯和地槽灯，教师按需要开启；投影机开关和控制桌开关（为教师讲台和设备柜供电）是必须打开的，如果不需要写黑板，电动幕开关则可以不开。

2）用拴在无线话筒上的钥匙，开启设备柜的前门，然后，根据需要开启相应的设备，并通过功放上的按键进行相应的信号切换，如 TLJNER 为计算机音频，VCD 为视频，VCR 为录像机，TAPE 为录音双卡座。

3）用设备柜中取出的遥控器开启投影机，并切换到相应的 VGA 或视频信号。

4）使用无线话筒，首先，将无线话筒上的两个开关"Power''和"Mute"置于 On，然后，按一下功放上的 OK 键，功放音量调在 20～25 之间。

5）授课完毕，首先，用遥控器关投影机，然后关闭计算机、展示台，将遥控器放回设备柜，锁好柜门，最后，关闭墙上电源开关。

4.1.2　训练内容 2：微格教室的使用

1.　微格教学的概述

微格教学是指在有限的时间和空间内，利用现代的录音、录像设备，帮助被培训者训练某一技能技巧的教学方法。它是在一个可控制的实践系统，利用这个系统可使师范生和新教师有可能集中解决某一特定的教学行为,或在有控制的条件下进行学习。它是建立在教育理论、视听理论和技术的基础上,系统训练教师教学技能的一种较为先进的教学方法。

在微格教学过程中,强调技能的分析示范、实践反馈、客观评价等环节,归纳其训练过程,可以发现有如下特点:

1)首先,技能训练单一集中。微格教学打破了以往教师培训的固有模式,将复杂的教学行为细分为多个容易掌握的单项技能,如课堂导入技能、讲解技能、提问技能、教学语言技能、教学板书技能、变化技能、强化技能、演示技能、课堂组织技能、结束技能等,并规定每一项技能都必须是可描述、可观察和可培训的,并能逐项进行分析研究和训练。

2)其次,技能训练目标明确。微格教学中的课堂教学技能训练以单一的形式进行,要求被培训者在规定的时间内以具体的教学技能完成具体的教学任务。整个教学培训过程是一个受控制的实践系统,重视每一项教学技能的分析研究,使被培训者在受控制的条件下朝明确的目标发展,最终提高综合课堂教学能力。

3)最后,反馈及时全面。微格教学利用了现代视听设备作为课堂记录手段,真实而准确地记录了教学的全过程。被培训者教学技能的应用及表达教学内容和交流方法的优劣,可直接从记录内容中进行观察。这样,被培训者就可以全面地看到本人上课的全过程,除可以得到指导教师的反馈指导信息外,还可以得到自己的反馈信息。

2. 微格教学系统的组成及使用

微格教室是一间专门化的教室,它装有计算机、摄像机、高灵敏度的话筒,视频展示台、适合摄像的灯光设备,录放像机及大屏幕电视机等。具体的用法介绍如下:

(1)开启设备

1)打开总电源,如图 4-1-8 所示。

图 4-1-8　电源开关设置

2）打开主控室大屏幕显示器、四个监视器，如图 4-1-9 所示。

图 4-1-9 主控室屏幕显示器设置

3）启动主控计算机，如图 4-1-10 所示。

启动主控室机柜中计算机

图 4-1-10 主控计算机设置

4）启动各小教室桌面上的话筒，如图 4-1-11 所示。

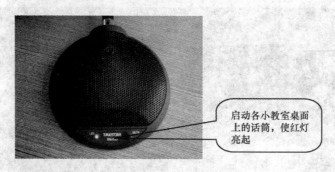

启动各小教室桌面上的话筒，使红灯亮起

图 4-1-11　话筒设置

5）如小教室内要使用计算机、视频展示台，请打开相应设备，如图 4-1-12～图 4-1-14 所示。

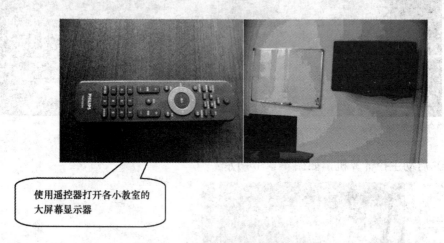

使用遥控器打开各小教室的大屏幕显示器

图 4-1-12　小教室屏幕显示器设置

启动各小教室的分控计算机

启动各小教室的视频展示台

图 4-1-13　小教室计算机设置　　　　图 4-1-14　小教室视频展示台设置

（2）录播操作

1）录播系统界面及功能，图 4-1-15～图 4-1-33 所示

可以实现每个微格教室的
监视控制，单击相应教室，
实现对其控制

图 4-1-15　录播系统监视控制界面

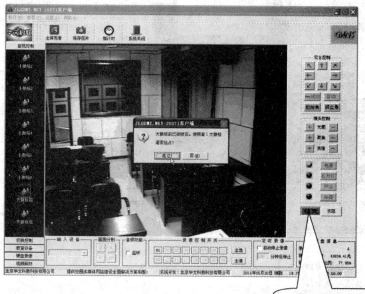

调节监视角度，需要先锁定
该教室，激活控制按钮

图 4-1-16　监视控制锁定界面

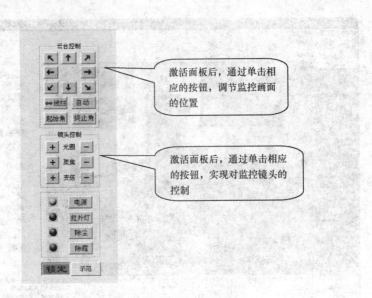

激活面板后，通过单击相应的按钮，调节监控画面的位置

激活面板后，通过单击相应的按钮，实现对监控镜头的控制

图 4-1-17 监视控制界面面板

在主控室，可以通过电视墙上的电视机实现对各个教室的监视和巡视

图 4-1-18 录播系统切换界面

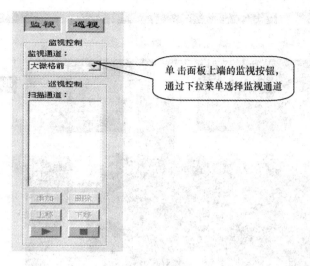

图 4-1-19　监视界面设置

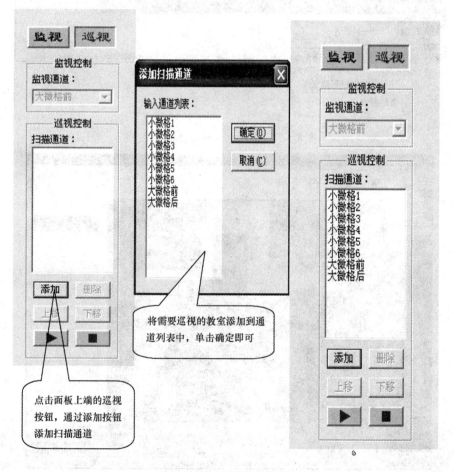

图 4-1-20　巡视界面设置

控制所监视控制教室设
备的开关

图 4-1-21 录播系统教室设备界面

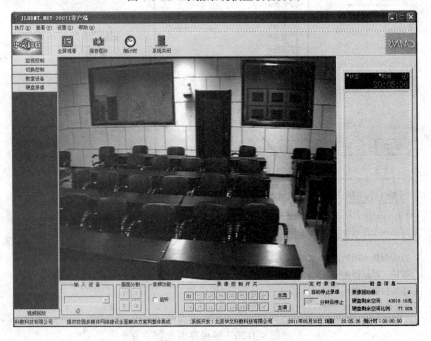

图 4-1-22 录播系统硬盘录像界面

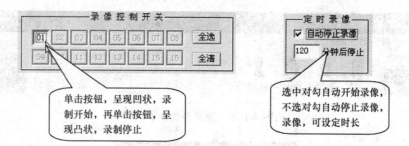

图 4-1-23　录象控制界面

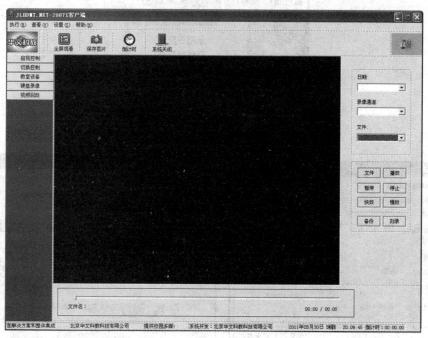

图 4-1-24　录播系统视频回放界面

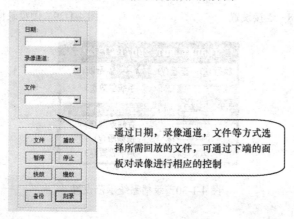

图 4-1-25　回放控制界面

图 4-1-26 录播系统菜单栏

图 4-1-27 录播系统参数设置

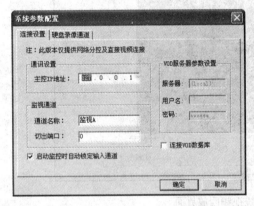

图 4-1-28 连接设置

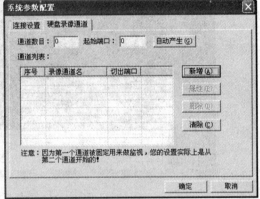

图 4-1-29 硬盘录像通道设置

图 4-1-30 录播系统示范设置

 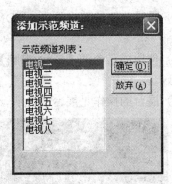

图 4-1-31 示范设置面板界面

图 4-1-32 录播系统存储参数设置

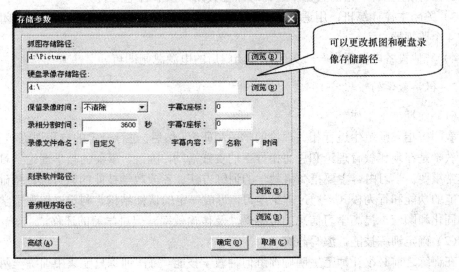

图 4-1-33 存储参数设置界面

2）其他说明。录像文件存放在主控机中，在小教室内通过录播系统控制端软件访问主控机，可以回放本小教室或其他小教室的录像。也可以自行复制到分控计算机上观看或保存在移动存储器中。

（3）小教室的设备操作

1）分控计算机开启后，大屏幕上默认显示计算机屏幕。

2）通过分控计算机的"JLHDMT.NEI-2007I"软件，每个小教室均可自行控制录播动作。

3）使用展示台的【展台/电脑】按钮，可以切换视频展示台或计算机画面在大屏幕上显示。

4）展台的操作见展台的说明，如图 4-1-34 所示。

图 4-1-34　展示台界面

（4）关闭设备

1）关闭小教室的分控计算机和展台电源，用遥控器关闭大屏幕显示器。

2）关闭主控台的话筒（在不通话时即应关闭，以节省电池）。

3）关闭主控计算机，用遥控器关闭主控室大屏幕显示器；用触摸控制屏关闭主控室的 4 个监视器。

4）其他设备电源无须一一关闭，关闭门后的电源总闸即可。

3．微格教学的步骤

（1）前期准备工作

教师应指导师范生进行相关理论的学习和研究，然后，进行一定的自我训练和学习。微格教学是在现代教育理论和思想指导下的实践活动，因此，事前的教学理论学习和研究非常重要。学习内容主要指微格教学的训练方法、各项教学技能的教育理论基础、教学技能的功能和行为模式。通过理论学习，形成一定的认知结构，利于以后观察学习内容的同化和顺应，提高学习信息的可感受性及传输效率，促进学习的迁移。

（2）确定训练技能，编写教案

在训练之前必须让师范生明确训练何种教学技能。每次训练只能集中训练一两个技能，以便于掌握。再由指导教师分析这一技能的功能、构成要素和应用要点，使师范生明确这一技能的概念和学习要求。微格教学的教案要说明所应用的教学技能的训练目标，并要求详细说明教学过程设计中的教学行为是该项教学技能中的什么技能行为要素。

（3）提供示范辅导

正式训练前，为了使师范生明确培训的目标和要求，通常利用录像或实际角色扮演的方法对所要训练的技能进行示范，提高师范生对所要运用的技能动作要领的感性认识。示范的内容可以是一节课的全过程，也可以是课堂教学的片断。示范可以是优秀的示范典型，也可利用反面教材，但以正面示范为主，便于师范生的感知、理解和分析。录像示范，应该在事前编辑好，添加必要的文字或旁白说明，并且指导教师在示范过程中要做指导性讲解。

（4）组织微格教学实践

根据教学计划及培训师范生的具体情况设计微格实践，要注意做到有针对性。微格教学实践是在特定的微格教学课堂上进行的模拟教学或角色扮演过程。它是微格教学训练中的重要环节，一般包括组织微型课堂、角色扮演、准确记录三部分。

1）组织微型课堂。微型课堂由扮演的教师角色（师范生）、学生角色（被培训者或真实的学生），教学评价人员（其他师范生或指导教师），摄录像设备的操作人员（专业人员或被培训者）组成。

2）角色扮演。师范生训练一节课的一部分内容，用 5～15 分钟的时间，练习一到二种教学技能。

3）准确记录。在角色扮演时，用录像、录音或文字记载等方式记录教师的行为和学生的行为，以便进行及时反馈。

（5）进行反馈、评价

重放录像，自我分析，讨论评价，最后，根据评价标准给其打分，使定性与定量评价相结合。及时的反馈和真实的自我评价是微格教学突出的特点和重要环节，是构成微格教学这一"有控制的实践系统"的重要要素。在这一环节中，全组成员和指导教师共同观摩前一环节师范生的教学实践录相，观看后全组成员根据训练技能的评价标准评议，也可以由角色扮演者本人先发表自己观看后的观点，自评事先设计好的目标是否达到，技能运用程度如何，角色扮演者本人对此次教学是否满意等。通过评议，帮助师范生将训练的教学策略内化，整合到自己的认知结构中。由于评价是因人而异的，既有针对性又有比较性的评价反馈信息，达到了改进提高的目的。

（6）修正教案，再训练

根据实验对象的具体情况，对于有一定教学实践经验的师范生，可以在第一轮观摩评议后进行讨论总结，进入训练另一项技能。而对于一些经验缺乏的师范生，在第一轮训练观摩评议讨论总结后，还可进行相同内容的第二次训练，待达到要求后才进入训练另一项技能，起着强化教学技能形成的作用。

微格教学的过程如图 4-1-35 所示。

4. 基本教学技能

教学技能是在教学过程中，教师应用教学理论、专业知识等，为促进学生学习，实现教学目标而采取的教学行为方式。教学技能是教师的职业技能，是作为一名合格教师必须掌握的。

图 4-1-35 微格教学过程

教学技能可以通过学习来掌握，在练习实践中得到巩固和发展。

基本的教学技能包括导入技能、提问技能、讲解技能、演示技能、教学语言技能、课堂组织技能、强化技能、结束技能、板书技能、整合技能等。本训练着重介绍导入技能和提问技能。

（1）导入技能

导入技能是指在上课开始或学习新课程、进入新单元、新段落的教学之时，采用某种教学手段或方法，用以引起学生的注意力、兴趣，或激发学生学习动机的一种教学技术。

根据采用的时机和途径，导入技能可以分为直接导入法、温故导入法、情境创设导入法、悬念设置导入法、趣味导入法。

1）直接导入法。教师开门见山，直接阐明学习的目的和要求，大纲式地介绍本节课的主要内容和重点。

这种直奔主题的方法能强化学生学习的意志力，集中学生的注意力，让学生的思维迅速定位，很快进入对教学内容的探索。从而使学生在接下来的讲、练、讨论、作品评价等一系列教学环节中，不断强化和巩固重点，使学生明确本课的目标。

> **案例**
>
> 在学习使用 frontpage 创建站点时，教师可直接介绍本节课的教学内容，并展示学习目标：
> ① 掌握创建站点的方法。
> ② 熟练规划文件的存放结构。

这种直白的导入方法对学生的注意力有很强的导向性，使学生的学习主动性和积极性得到充分的调动，对学生的独立操作能力也是一个极好的锻炼。

2）温故导入法。教师利用教材知识结构循序渐进的关系，在复习旧知识的基础上引出新知识，激发学生对新知识的探究欲望。

这种导入法注重了前后知识的联结和学生学习情绪的酝酿，对于构架整体知识体系和激发学生学习兴趣有着独特的作用和良好的效果。

> **案例**
>
> 在学习用 PowerPoint 制作幻灯片作品时，教师可以从学生已学过的 Word 软件入手，对比两个软件的界面构成，让学生找出相似和区别的地方。这样做，学生能很快地熟悉 PowerPoint 软件，并能更快更好地使用这个软件。

3）情境创设导入法。教师创设一定的学习情境，让学生在情境中体验、领悟，从而自然而然地进入到新课的主题中来。

情境创设导入法对事例的选取要求较高，并不是每一节课都能找出最合适的例子，这就要求教师在平时的教学和生活中注意这方面素材的积累。在教学中发现最为妥当的例子，就可以大胆使用，但不可生搬硬套，使事例缺乏说服力。

> **案例**
>
> 学习用 Excel 软件进行数据统计和排序时,教师可先与学生讨论并展示出日常生活中接触较多的食物,并了解它们各自包含的营养成分。为了更好地认识健康饮食的重要性,教师让学生帮忙,快速准确地比较各种食物的营养成分。学生忙得不亦乐乎,但教师早已得出结论。在学生疑惑而又期盼的神情下,教师趁机解惑——用 Excel 软件的数据统计和排序功能来解决,从而引出新课。在接下来的课堂中,学生积极参与,思维也很活跃。

4)悬念设置导入法。教师根据教学目标和教学内容,有意识地提出问题,设置悬念,使学生的认知发生冲突,进而激发学生的好奇心和求知欲,使探究行为先产生,然后自然导入新课的一种方式。

教师在问题设计时既要考虑新旧知识的联系,注意旧内容的复习和过渡的自然,又要对新知识做出概括性总结,以问题形式进行表述。而且问题在提出时要符合学生的认知水平,同时富有启发性和探究价值,能激发学生的兴趣。

> **案例**
>
> 例如学习 OE 通信簿管理时,教师可先提问,"上一课我们学习了 OE 软件管理,我想问大家,记住老师和同学的 EMAIL 地址了吗?看看谁收集的 EMAIL 地址最多?都记载在什么地方?"(等学生回答完后)教师继续,"老师可把大家的地址都记住了,能很方便地给你们发邮件,信不信?想知道老师是怎样做的吗?"在学生好奇和期待的神情中给出答案,引出新课,问题就这样在启发、思考、验证中得到了回答。

5)趣味导入法 。赞可夫说:"兴趣是最好的老师。"教师用生动有趣的语言导入新课,引起学生的学习兴趣。教师可用猜谜、讲故事,玩游戏等方式来激发学生的学习兴趣,帮助他们展开思维、丰富联想,使之很自然地进入最佳学习状态。

> **案例**
>
> 学习计算机安全使用道德时,由于涉及信息技术理论知识较多,如果教师纯粹地跟学生讲相关知识点,会显得很枯燥,学生听的兴趣不大,自然就达不到好的教学效果。教师可以用相关计算机病毒引发的事例吸引学生的注意力,让学生参与进来,发表自己看法,让学生意识到计算机安全和使用道德的重要性,从而导入新课。

导入技能应用时要注意以下几点:
① 导入应有目的性和针对性,针对教材实际、学生实际、知识实际。
② 导入应生动新颖,对学生富有吸引力。
③ 导入应简要概括,对学生富有启发性。
④ 导入应有科学性,引用材料应准确无误,符合教学规律的原则。
（2）提问技能
提问技能是教师运用提出问题,以及对学生回答问题的反应的方式,以促使学生参与学习,了解他们的学习状态,启发思维,使学生理解和掌握知识,发展能力的一类教学行为。提问技能在培养学生的思维能力方面有着特殊的重要作用,是解决问题最有效的教学行为。

根据提问技巧可以将急问技能分为诱导式提问、循序渐进式提问和迁回式提问三种类型。

1)诱导式提问。诱导提问是启发学生学习积极性,创设问题情境,使学生形成问题意识、开展定向思维的提问。一般在某个新课题的起始阶段,教师为了引起学生的学习兴趣,进行定向思维,常常使用诱导提问,或为学生营造某种学习氛围,或将学生的注意力集中到某一特定内容。

---案例---

在讲授《七根火柴》时,教师提问:“文章开头为什么要描写草地的自然环境?”学生回答“说明火在这个时候的重要和宝贵。”问:“写卢进勇想火的念头有什么用意?”答“可以联想到部队因没有火种而只好吃生干粮的情况。”问“为什么要写部队缺火柴的情况呢?”学生答:“为写无名战士珍藏七根火柴埋下伏笔。”问“为什么要着重写无名战士珍藏七根火柴的事?”学生答:“为突出无名战士的崇高品质。”至此,设置的问题完毕,最后问:“谁来说说文章的线索是什么?”很快学生就得到答案:这篇文章是以七根火柴为线索,仅仅围绕一个“火”字来安排情节的,“火”字在全篇结构上起到了枢纽作用,它既是对无名战士一颗火红的心的写照,又象征着希望,象征着胜利。

2)循序渐进式提问。台阶提问是将一组问题由简到繁、由浅入深地排列得像阶梯一样,引导学生一阶一阶地攀登,以达到教学目标的提问。设计这类型的提问,应符合学生的认识规律,层层推进,即由浅入深,由具体到抽象,由现象到本质,由局部到整体的认识规律。

---案例---

《变色龙》文章,教师可以先提问:奥楚蔑洛夫的基本性格是什么?这个学生很容易回答出“善变”,然后再问:善变的特征有哪些?学生热情高涨,分别回答“变得快”、“反复无常”、“好笑”等,在此基础上,教师提出:他虽变来变去,但有一点没有变,那是什么?由于有了前面的问题做铺垫,学生很容易就答出是“见风使舵”,这样就将主人公的性格特征很准确地概括出来了,达到教学的目的。

3)迁回式提问。迁回式提问是为了解决某一问题,折绕地提出另一或另几个问题的提问,这类型的提问意在增强思维强度,引导学生自己去解决重点和难点,使学生处于主动学习的地位。

---案例---

《小桔灯》一文中写道:我低声问:“你家还有什么人?”她说:“现在没有什么人,我爸爸到外面去了……”如果让学生分析小姑娘话没说完的原因,可以这样提问:“小姑娘话没说完就停住,是不是她不知道爸爸到哪里去了呢?”当学生给予否定回

答时，又继续问："既然知道爸爸的去处，为什么不直接说？"有的学生会说"怕别人知道"、"当时不方便说"，在这个时候，就可以提出关键的一问："文章这样写小姑娘，表现了她怎么样的性格特点呢？"很明显，因为有了前面第一处的"曲问"，学生是比较容易理解小姑娘在此处"机警、乐观"的性格特点。

提问技能应用时要注意以下几个要点：
① 提问要面向全体学生提问，使所有学生都处于积极的思考的状态。
② 提出问题后要给予学生思考时间，不要一提问完，马上叫学生回答。
③ 提问要善于把握时机；提问还要注意问题的难易程度。
④ 学生回答后，教师要给予一定的评价；所提出的问题题干要简明易懂。

5. 训练需知

1）整体理解微格教室的作用。
2）熟悉微格教室的设备及设备正确的使用。
3）明确进行微格教学的主题内容及方案。
4）按着教学训练内容进行微格训练。
5）及时进行微格教学反馈及评价。

6. 思考题

1）多媒体教室和微格教室使用的注意事项有哪些？
2）列举在教学过程中应该掌握的其他教学技能，并举出相应的案例。

技能训练 4.2　教学成果的评价

训练目标

1. 通过训练，能熟练掌握教学设计中教学成果评价的方法。
2. 通过训练，在教学设计理念的指导下，根据教学内容设计出合理的教学成果评价量表。
3. 通过训练，能对收集的评价信息，利用 SPSS 工具进行合理的数据分析，得出准确的评价结论。

训练任务

制定教学成果评价方案，对给定的教学成果（教学资源、教学过程等）进行评价，使用 SPSS 统计软件进行统计分析，并写出评价报告。

训练环境

1. 操作系统：Windows XP/2000/2003 等。
2. 软件支持工具：SPSS 软件。

1. 制定评价方案

1）查阅相关文献资料，确定评价对象。

2）制定评价标准或评价量规、设计调查问卷。

3）拟定评价方案。

2. 收集评价信息

1）下发调查问卷，及时收取调查问卷。

2）利用各种方法收集评价信息，例如访谈法。

3. 分析反馈数据

1）整理、汇总数据。

2）使用 SPSS 软件进行统计分析。

3）输出分析结果（表格或图形）。

4. 撰写评价报告

根据数据分析的结果，结合实际情况撰写评价报告。

评价报告应包含以下基本信息：评价目的、评价方案、数据分析、评价结论。

本训练所要评价的教学成果，主要是指教学过程或教学资源。例如，可以是一堂课程的教学过程、一个多媒体课件、一套试题试卷、一个专题教学网站等。本训练以一堂课的教学过程为例进行详细介绍，另附一份教学网站的评价标准，见附件 1。

4.2.1　教学评价的概念

教学评价（instructional evaluation）是指教学活动中按照一定的标准或预期目标，对受教育者的发展变化及构成其变化的诸因素进行价值判断。它包含了三层含义：

1）教学评价的范围包括教学的全部领域。

2）教学评价的标准是"按照一定的目标"即教学目标。

3）教学评价的本质是进行价值判断，即要求评价结果指出前期的教学成果与否。

教学评价可以从不同的划分维度划分为不同类型的教学评价。从评价的目的来划分，教学评价可以分为预测性评价、形成性评价、总结性评价、诊断性评价；从评价方式来划分，教学评价可以分为定性评价、定量评价和客观性评价、主观性评价；从评价对象来划分，教学评价可以分为面向教学过程的评价和面向教学资源的评价，它们是教育技术研究与实践领域所关注的两类评价。

1）面向教学过程的评价。面向教学过程的评价着重于测量和评价教师的教学情况，也就是采用教学评价技术对教师的教学过程或教学结果进行描述，并根据教学目标对所描述的教学过程或结果进行价值判断。本训练将传统的课堂教学评价作为面向教学过程的评价实例进行研究。教学过程包含不同的教学形式与方法，对于不同的教学形式与方法应采取不同的评价方法。在评价过程中，应当通过观察、问卷调查等多种评价技术收集课堂教学信息。

2）面向教学资源的评价。面向教学资源的评价是教学资源建设和使用过程中一个不可缺少的重要环节。由于评价的主体、资源类型和应用对象的不同，对于教学资源的评价标准也是不尽一致，但都应包含科学性（提供的资源准确）、教育性（认知逻辑合理）、技术性（恰当运用多种媒体）和艺术性（语言规范、画面艺术、声音效果）这些基本要素。

4.2.2 教学评价的功能

教学评价的功能是多方面的，可以概括为以下几点：

1）改进功能。主要运用反馈原理，通过评价，了解教和学中出现的问题，并及时对教学进行调整，纠正偏差，使教学过程始终处于优化状态。对教学评价结果的认识，就是教学信息的反馈。反馈的信息会调节和矫正教学活动中教师或学生出现的偏差和问题。

2）导向功能。教学评价是确定教学目标、拟定教学方案的重要依据。教师通过教学评价的内容和方向，既能从整体把握全部教学活动，又能从具体着手搞好教学工作。学生了解了教学评价后，也会有的放矢地提高学习计划性和参与教学活动的热情。通过制定评价指标和编制测量工具的内容，引导教学过程更符合客观规律，更趋于合理，使教学不断得到提高。

3）激励功能。恰当的教学评价可以强化正确的教学行为，为师生树立完成下一个教学目标的信心，激发产生实现目标、获得集体认可的动机，保持工作与学习的热情。通过评价使受评者看到自己的成绩与不足，从而激起其责任感，激发和调动教学或学习的积极性。

4）鉴定功能。通过教学评价可以了解教师教学的质量的水平、优点和缺点，掌握教师教学水平与能力的优势与不足，以便拟定改进对策。通过教学评价还可以掌握、推断学生学习的现状及存在的潜力，为一下周的教学活动提供依据。教学的目的在于改变学习者的行为，这就要对教学的结果进行测量和评价，以确定教学方案是否成功，教学目标是否达到，以及达到的程度。

4.2.3 教学评价指标体系的确定

教学评价指标体系对于教学评价活动起着统揽全局的作用。因此，建立科学合理的评价指标体系，是搞好教学评价的关键。教学评价指标与教学目标是密切相关的，相互制约的，指标是由目标决定的，不存在没有目标的指标，离开了目标，指标就没有实际意义；指标又决定了目标能否得到具体的落实，没有指标的目标，是无法认识和实现的。教学评价的实质就是将对评价对象的价值判断转化为对评价对象的构成要素的价值判断，这实际上就是对目标进行了分解，直到末级指标具有直接可测性或达到其他分级标准。所有评价指标的全体构成一项评价的有层级结构的评价指标体系。

1. 建立教学评价指标体系时，需要遵循一定的基本原则

（1）科学性原则

科学性原则是指教学评价指标体系的设计和教学评价指标的设定要符合客观认知对象本身的性质、特点、关系及其运动变化规律。因此，在设定每一项评价指标时，都必须经过科学论证，使每项指标都有科学依据，并且要能直接反映教学环节的质量，各指标名称、概念要科学、确切。同时建立的教学评价量规也要科学合理，要充分运用现代科学技术来对教学环节质量进行定量评定。

（2）系统性、可比性原则

教学质量是通过多方面特性反映出来的，因此，对教学环节质量评价是一个很复杂的过程。教学评价指标体系的设计必须首先明确评价目标，在此基础下按评价目标要求全面系统的设计、确定评价原则和评价要素。整个教学质量的评价指标体系要有系统性，要能成为一个体系，各项评价要素要有可比性，指标的可比性就是指标必须反映被评价对象的共同属性。这种属性的一致性，是可比的前提，也是可比的基础。

（3）可操作性、真实性原则

在设定各项教学评价指标时，必须要充分考虑评价指标必须可以实施，指标定义要明确，不能含糊其辞，这样便于指标数据的采集和相对真实可靠。评定方案选择要具有合理性，使评定结果要能反映真实结果。

（4）完备性、典型性原则

教学评价指标体系是由若干个指标构成的有机整体，每个指标都从一个侧面反映教学质量情况，各独立指标之间相互联系、相互制约、相互补充、相互完善，形成各指标的最佳组合，从而使指标体系优化，综合所有指标能正确反映出教学质量的总体状况。同时，在设定评价指标时，不能包罗万象，而要根据评价目标需要，将能够直接反映教学质量指标尽可能纳入，摒弃与其相关性较小的指标。此外，指标应尽可能定量化，定量指标便于准确描述出教学环节的客观状态，尽可能地排除人为因素的影响。

2. 确定教学评价体系的过程

确定教学评价体系的过程是一个复杂的过程，其流程如图 4-2-1 所示。

（1）选定评价对象

评价对象的是被评价的客体，本训练中的评价对象是教学活动中的教师行为、教学资源中的试题试卷，对其进行评价。

（2）选定评价主体

评价应坚持多种人员参加的原则，评价主体多元化。不同的评价主体，有着各自不同的评价优势和不足，具体分析这些优势和不足，是整合和优化评价力量，提高评价质量与效益的重要途径。在本训练中，为了便于操作，结合实际情况选择了三级评价主体，他们都与教学质量有密切关系：学生、专家、教学管理人员。

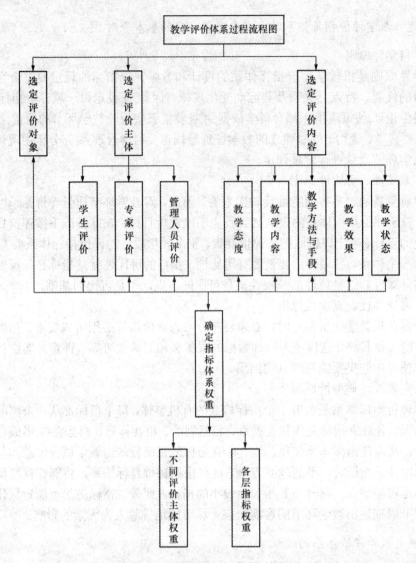

图 4-2-1 教学评价体系过程流程图

1）学生评价。学生评价是指学生通过参与教学活动后对教学进行的有效价值评价。学生评价教学评价中最有价值的评价，教学目标的达标度、教学内容的需求度、学生在教学活动中的参与度、学生学习的适应度以及教学对学生发展的导向性等方面都能够从学生的评价结果中体现出来。学生学习能力的提高与否关键看教师如何正确的指导。学生的评价一般是客观的。他们也是教学成败的直接关系人。同时学生的评价意见也是真实教学情况的直接反映。但是，单方面从学生角度去评价教学，是不合理也不科学的，存在局限性。因为学生的评价可能会存在以下问题：学生参与评价的态度是否端正，学生对学习内容的兴趣是否浓厚等。学生对教学指标的理解有限，不易正确把握并评价。在评价量表上的某些指标说明往往没有站在学生的角度考虑。

2）专家评价。专家评价是指专门聘请来考核教学水平和质量的行家，通过直接参与到教学活动中来评价教学水平的质量。专家一般具有较高的学术水平和教学水平，视野更宽阔，站得更高，能够从学科发展和全面培养学生素质的角度对教学质量进行理性的评价，因此专家对教学质量的评价是可行的，也是非常必要的。

3）管理人员评价。各级管理部门直接参与教学的监督活动，是促进教学质量不断提高的有效方式之一。管理人员评价可以增强教师的责任感。各级管理人员一般不仅是某学科领域的专家学者，同时还是具有一定管理经验或是熟悉教学对象的内行，他们对教学情况的评价具有一定的权威性，所以教师对此比较重视，无形中增强了教师搞好教学工作的意识，有利于教学信息的反馈。

（3）确定评价内容

在查阅文献的基础上进行综合分析，遵循教育评价的一般规律，再根据建模的基本原理，考虑到模型的综合性、通用性、简洁性和可操作性等要求，建立教师教学质量的综合评价指标体系，从教学态度、教学内容、教学方法、教学效果 4 个方面进行评价。如表 4-2-1 所示，具体内容包括以下几方面：

1）教学态度指标。包括的子指标有：布置和批改作业情况；教案准备情况；辅导答疑活动安排情况；按时上下课、调停课符合规定情况；积极参加教学改革活动情况。

2）教学内容指标。包括的子指标有：选用教材适用性；讲授内容符合教学计划情况；教学知识面、信息量、教学内容充实的程度；教学突出重点、强调难点、抓住关键情况；教学过程中理论联系实际的情况；及时吸收新成果、介绍学科新进展情况。

3）教学方法与手段指标。包括的子指标有：教学环节安排情况；熟练使用现代教学手段（多媒体、电化教学等）情况；采用启发式等灵活多样教学方式情况；案例等各种教学资源的准备情况；充分挖掘学生求知欲，注重培养学生的自学能力、分析问题和解决问题的能力，提高创新能力情况；合理巧妙设计问题与作业情况。

4）教学效果指标。包括的子指标有：学生到课率情况；学生考试成绩分布的合理性；课堂上教与学的互动情况；课堂气氛和秩序情况；后续课程教师认为本课程达到应有教学效果的程度。

5）教学状态指标。指标：课堂讲解语言清晰流利规范程度；讲授内容熟练流畅程度；教学仪态端正、精神饱满程度；课堂教学组织的严密性；为人师表、教风严谨朴实情况。

表 4-2-1　课堂教学评价量表

一级指标	二级指标
教学态度	（1）按时上课、下课，调停课符合规定情况
	（2）详细分析教材，备课充分，认真书写教案，讲授熟练
	（3）布置适当的作业并及时认真的批改
	（4）根据学生需要进行必要的辅导，耐心解答疑难问题
	（5）积极参加教学改革活动

续表

一级指标	二级指标
教学内容	（1）选用的教材适合学生的需要
	（2）讲授的内容符合教学计划
	（3）教学知识面宽、信息量大、教学内容充实
	（4）教学突出重点、强调难点、抓住关键点
	（5）重视教学的直观性，在教学过程中注重理论联系实际
	（6）及时吸收学科发展的新成果、介绍学科发展的新动向
教学方法与手段	（1）教学环节安排适当，教学进度合理
	（2）熟练使用现代教学手段（多媒体、电化教学手段）
	（3）注重师生交流，善于启发诱导，采取启发式等灵活的教学方式
	（4）案例等各种教学资源准备充分
	（5）充分挖掘学生求知欲，注重培养学生的自学能力、分析问题和解决问题的能力，提高创新能力
	（6）合理巧妙设计问题和作业
教学效果	（1）学生喜欢上这门课程，出勤率高
	（2）学生对这门课程感兴趣，愿意主动学习，考试成绩分布合理
	（3）课堂上教与学互动良好
	（4）课堂氛围和秩序良好
	（5）后续课程教师评价本课程达到的教学效果
教学状态	（1）课堂讲解语言清晰流利
	（2）讲授内容熟练流畅
	（3）教学仪态端正、精神饱满
	（4）课堂教学组织严格
	（5）为人师表、教风严谨朴实

（4）确定教学评价指标体系的权重

评价指标的权重是构建评价指标体系的中心环节。指标的权重又叫做权数，是指一个整体被分解成若干因素（指标）时，用来表示每个因素在整体中所占比重大小的数字，是一个表明该指标重要程度和作用大小的数字指标。同一级指标的权重系数之和等于 1；同级指标分解为各子系统时，每个子系统内各指标的权重系数之和等于 1。

权重是用来表示每个指标在整体中的重要程度，权重的不同代表了评价者关注的方向的不同。如果权重系数不能反应出指标权重分配的大小，那么权重系数就不能正确反应评价指标之间的差异。因此在对指标进行分析时，要考虑到每个指标在整体中所占比重的大小，在整体指标体系中的重要程度的不同。本训练的权重指两个方面的权数，一是不同评价主体的权重（学生，专家，管理人员），如果评价主体大体为同一众体，则每人的分数都同等重要，取平均值即可；如果不同，则要依据各个主体在评价中的作用建立权重，本训练中涉及学生，专家，管理人员，考虑到在教学过程中，学生是自始至终的参与者，是最有发言权的评价者；而专家和管理人员经验丰富但参加教学活动的次数相对较少，在反复衡量后，将不同评价主体之间的关系设计为：学生评价结果所占权重为 0.5，专家评价结果所占权重为 0.3，管理人员评价结果所占权重为 0.2，即某门课程的综合评价结果计算公式如下：

$$P=0.5S + 0.2Q + 0.3R$$

式中：P 为综合评价结果；S 为学生评价结果；Q 为管理人员评价结果；R 为专家评价结果。

体系中各层指标的权重，根据具体每一项指标在教学过程所产生的影响程度的不同，具体设定其权重。以一级指标为例。例如：对于课堂教学成果的评价有五项结构指标，即教学态度、教学内容、教学方法与手段、教学效果、教学状态。我们邀请 30 位对课堂教学成果评价有丰富经验的人员进行投票，其结果如表 4-2-2 所示。

表 4-2-2　加权意见统计表

赞成票人数 重要程度 评价指标	第一位 5	第二位 4	第三位 3	第四位 2	第五位 1	权重 Wi
教学态度	2	6	10	5	7	0.18
教学内容	17	10	3	0	0	0.3
教学方法与手段	3	7	11	4	5	0.2
教学效果	2	8	13	4	3	0.2
教学状态	0	2	3	11	14	0.12

利用排序指数公式进行计算：

$$W_i=\frac{\sum a_j \times n_{ij}}{N\sum a_j}$$

如表 4-2-2 所示，共有 5 个指标，则 $\sum a_j$ =5+4+3+2+1=15；n_{ij} 为对某一指标、对某一重要程度的投票人数；把表中的数据代入公式便分别得到 5 项指标的权重：

$$W_1=\frac{5\times 2+4\times 6+3\times 10+2\times 5+1\times 7}{30\times 15}=0.18$$

$$W_2=\frac{5\times 17+4\times 10+3\times 3+2\times 0+1\times 0}{30\times 15}=0.3$$

$$W_3=\frac{5\times 3+4\times 7+3\times 11+2\times 4+1\times 5}{30\times 15}=0.2$$

$$W_4=\frac{5\times2+4\times8+3\times13+2\times4+1\times3}{30\times15}=0.2$$

$$W_5=\frac{5\times0+4\times2+3\times3+2\times11+1\times14}{30\times15}=0.12$$

利用相同的方法对二级指标进行加权处理，得到了标准的课堂教学评价量表，如表 4-2-3 所示。

表 4-2-3　课堂教学评价量表

一级指标	二级指标及权重	评价等级			
		优	良	中	差
教学态度 （18分）	（1）按时上课、下课，调停课符合规定情况（4分）				
	（2）详细分析教材，备课充分，认真书写教案，讲授熟练（6分）				
	（3）布置适当的作业并及时认真的批改（3分）				
	（4）根据学生需要进行必要的辅导，耐心解答疑难问题（3分）				
	（5）积极参加教学改革活动（2分）				
教学内容 （30分）	（1）选用的教材适合学生的需要（3分）				
	（2）讲授的内容符合教学计划（4分）				
	（3）教学知识面宽、信息量大、教学内容充实（8分）				
	（4）教学突出重点、强调难点、抓住关键点（7分）				
	（5）重视教学的直观性，在教学过程中注重理论联系实际（5分）				
	（6）及时吸收学科发展的新成果、介绍学科发展的新动向（3分）				
教学方法与 手段（20分）	（1）教学环节安排得当，教学进度合理（5分）				
	（2）熟练使用现代教学手段（多媒体、电化教学手段）（3分）				
	（3）注重师生交流，善于启发诱导，采取启发式等灵活的教学方式（4分）				
	（4）案例等各种教学资源准备充分（2分）				
	（5）充分挖掘学生求知欲，注重培养学生的自学能力、分析问题和解决问题的能力，提高创新能力（4分）				
	（6）合理巧妙设计问题和作业（2分）				
教学效果 （20分）	（1）学生喜欢上这门课程，出勤率高（3分）				
	（2）学生对这门课程感兴趣，愿意主动学习，考试成绩分布合理（5分）				
	（3）课堂上教与学互动良好（4分）				
	（4）课堂氛围和秩序良好（5分）				
	（5）后续课程教师评价本课程达到的教学效果（3分）				
教学状态 （12分）	（1）课堂讲解语言清晰流利（3分）				
	（2）讲授内容熟练流畅（4分）				
	（3）教学仪态端正、精神饱满（2分）				
	（4）课堂教学组织严格（1分）				
	（5）为人师表、教风严谨朴实（2分）				

　　经过协调分析，综合评价结果 P≥90 分即为优，80～90 分为良，70～80 分为中等，60～70 分为及格，低于 60 分即为不及格。

4.2.4　数据处理

　　1. SPSS 简介

　　SPSS（Statistical Package for the Social Science）是专业的通用统计软件包，它是一个组合式软件包，兼有数据管理、统计分析、统计绘图和统计报表功能，界面友好，使用简单，广泛用于教育、心理、医学、市场、人口、保险等研究领域，也用于产品质量控制、人事档案管理和日常统计报表等。

　　SPSS 对硬件系统的要求较低，普通配置的计算机都可以运行该软件；对运行的软件环境要求宽松，有各种版本可运行在 Windows 3X、9X、2000 环境下，现在较新的 10.0 版可运行在 Windows 2000 中（SPSS 早期版本运行于 DOS 下，这里不再进行介绍，本节以 SPSS 10.0 版本为例介绍的该软件使用）。SPSS 10.0 有英文版和汉化版两种版本，可运行在中英文平台上。

　　SPSS 统计软件采用电子表格的方式输入与管理数据，能方便地从其他数据库中读入数据（如 Dbase、Excel、Lotus 等）。它的统计过程包括描述性统计、平均值比较、相关分析、回归分析、聚类分析、数据简化、生存分析、多重响应等几大类，每类中又包括同类多种统计过程，比如回归分析中又分线形回归分析、非线性回归分析、曲线估计等多个统计过程，而且每个过程中允许用户选择不同的方法及参数进行统计分析，因此除可以实现常规的各种统计外，还可用来做一些不常用的分析处理。

　　SPSS 采用 Sax Basic 引擎，允许用户使用类 Basic 的语言编制脚本，在 SPSS 中运行用户自定义的过程，增强了 SPSS 的功能。

　　2. SPSS 统计软件的功能特点

　　自 1985 年 SPSS INC 公司推出 SPSS/PC V1.0 以来，SPSS 的版本不断更新，软件功能不断完善，操作越来越简便，与其他软件的接口也越来越多。现在的 SPSS for Windows 具有以下几种功能。

　　1）SPSS 的数据编辑功能。在 SPSS 的数据编辑器窗口中，不仅可以对打开的数据文件进行增加、删除、复制、剪切和粘贴等常规操作，还可以对数据文件中的数据进行排序、转置、拆分、聚合、加权等操作，对多个数据文件可以根据变量或个案进行合并。可以根据需要把将要分析的变量集中到一个集合中，打开时只要指定打开该集合即可，而不必打开整个数据文件。

　　2）表格的生成和编辑。利用 SPSS 可以生成数十种风格的表格，根据功能又可有一般表、多响应表和频数表等。利用专门的编辑窗口或直接在查看器中可以编辑所生成的表格。在 SPSS 的高版本中，统计成果多被归纳为表格和（或）图形的形式。

3）图形的生成和编辑。利用 SPSS 可以生成数十种基本图和交互图。其中基本图包括条形图、线图、面积图、饼图、高低图、帕累托图、控制图、箱图、误差条图、散点图、直方图、P-P 概率图、Q-Q 概率图、序列图和时间序列图等，有的基本图中又可进一步细分。交互图比基本图更漂亮，可有不同风格的二维、三维图。交互图包括条形交互图、点形交互图、线形交互图、带形交互图、饼形交互图、箱形交互图、误差条形交互图、直方交互图和散点交互图等。图形生成以后，可以进行编辑。

4）与其他软件的连接。SPSS 能打开 Excel、DaBase、Foxbase、Lotus 1-2-3、Access、文本编辑器等生成的数据文件。SPSS 生成的图形可以保存为多种图形格式。

现在的 SPSS 软件支持 OLE 技术和 ActiveX 技术，使生成的表格或交互图对象可以与其他同样支持该技术的软件进行自动嵌入与链接。SPSS 还有内置的 VBA 客户语言，可以通过 Visual Basic 编程来控制 SPSS。

5）SPSS 的统计功能。SPSS 的统计功能是 SPSS 的核心部分，利用该软件，几乎可以完成所有的数理统计任务。具体来说，SPSS 的基本统计功能包括：样本数据的描述和预处理、假设检验、方差分析、列联表、相关分析、回归分析、对数线性分析、聚类分析、判别分析、因子分析、对应分析、时间序列分析、生灭分析、可靠性分析。

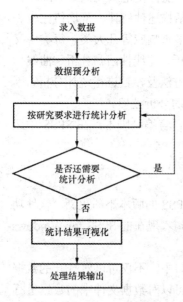

图 4-2-2 SPSS 统计处理流程图

3. 利用 SPSS 进行统计处理的基本过程

SPSS 功能强大，但操作简单，这一特点突出地体现在它统一而简单的使用流程中。SPSS 进行统计处理的基本过程如图 4-2-2 所示。

其基本步骤如下：

1）数据的录入。将数据以电子表格的方式输入到 SPSS 中，也可以从其他可转换的数据文件中读出数据。数据录入的工作分两个步骤，一是定义变量，二是录入变量值。

2）数据的预分析。在原始数据录入完成后，要对数据进行必要的预分析，如数据分组、排序、分布图、平均数、标准差的描述等，以掌握数据的基本特点和基本情况，保证后续工作的有效性，也为确定应采用的统计检验方法提供依据。

3）统计分析。按研究的要求和数据的情况确定统计分析方法，然后对数据进行统计分析。

4）统计结果可视化。在统计过程进行完后，SPSS 会自动生成一系列数据表，其中包含了统计处理产生的整套数据。为了能更形象地呈现数据，需要利用 SPSS 提供的图形生成工具将所得数据可视化。如前所述，SPSS 提供了许多图形来进行数据的可视化处理，使用时可根据数据的特点和研究的需求来进行选择。

4. 保存和导出分析结果

数据结果生成完之后，则可将它以 SPSS 自带的数据格式进行存储，同时也可利用 SPSS 的输出功能以常见的数据格式进行输出，以供其他系统使用。

5. 具体案例

1）数据文件的建立与确定变量。本训练所使用的数据是数字媒体技术专业某班级 Java 期末考试成绩，该班级共 29 人，本次考试为上机考试，共有 10 道试题。本数据是真实的，能够说明该班级的实际学习情况。选择 File|New|Data 命令，新建文件并保存为 chengji.sav。如图 4-2-3 所示。

选择 View|Variables 命令，进入变量视图，如图 4-2-4 所示，分别建立变量学号、姓名、第一题至第十题、总分，同时将姓名的 Type 类型改为 String，将其他变量的 Decimals 改为 0，如图 4-2-5 所示。

图 4-2-3　建立数据文件

图 4-2-4　变量试图

	Name	Type	Width	Decimals	Label	Values	Missing	Columns	Align	Measure
1	学号	Numeric	8	0		None	None	6	Right	Scale
2	姓名	String	8	0		None	None	8	Left	Nominal
3	第一题	Numeric	8	0		None	None	8	Right	Scale
4	第二题	Numeric	8	0		None	None	8	Right	Scale
5	第三题	Numeric	8	0		None	None	8	Right	Scale
6	第四题	Numeric	8	0		None	None	8	Right	Scale
7	第五题	Numeric	8	0		None	None	8	Right	Scale
8	第六题	Numeric	8	0		None	None	8	Right	Scale
9	第七题	Numeric	8	0		None	None	8	Right	Scale
10	第八题	Numeric	8	0		None	None	8	Right	Scale
11	第九题	Numeric	8	0		None	None	8	Right	Scale
12	第十题	Numeric	8	0		None	None	8	Right	Scale
13	总分	Numeric	8	0		None	None	8	Right	Scale
14										

图 4-2-5　数据效果图

　　2）基本信息分析。原始数据准备好之后，就可以进行题目分析，首先是基本信息分析。选择菜单栏的【Analyze】|【Descriptive Statistics】|【Descriptives】命令，如图 4-2-6 所示，把第一题、第二题、第三题、第四题、第五题、第六题、第七题、第八题、第九题、第十题、总分选入"Variable（s）"框内，即完成基本信息分析，其结果如图 4-2-7 所示。图 4-2-7 提供了题目的基本统计分析的信息，第一列是题目的名称，第二列是考生的人数，第三列是该题目的最低得分，第四列是该题目的最高得分，第五列是题目的平均分值，最后一列是标准差（注：Minimum，最小值；Maximum，最大值；Mean，平均值；Std.Deviation，标准方差）题目的频数分析。

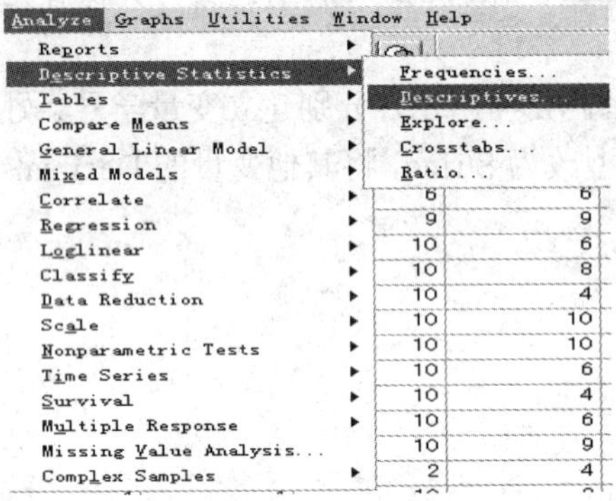

Descriptive Statistics

	N	Minimum	Maximum	Mean	Std. Deviation
学号	29	1	29	15.00	8.515
第一题	29	0	10	8.34	3.425
第二题	29	4	10	8.62	2.211
第三题	29	0	10	8.17	3.423
第四题	29	0	10	6.14	3.409
第五题	29	0	10	7.10	3.363
第六题	29	0	10	8.76	2.948
第七题	29	0	10	6.79	4.237
第八题	29	0	10	7.10	4.321
第九题	29	0	10	6.55	3.203
第十题	29	0	10	5.86	2.341
总分	29	21	95	71.10	16.435
Valid N (listwise)	29				

图 4-2-6　数据信息分析　　　　　　图 4-2-7　数据信息分析效果图

　　选择数据菜单中的【Analyze】|【Descriptive Statistics】|【Frequencies】命令，如图 4-2-8 所示，把"总分"选入"Variable（s）"框内，如图 4-2-9 所示，单击【Charts】|【Histograms】，【With normal curve】|【Continue】，然后单击 OK 按钮，如图 4-2-10 所示，其输出结果频数表如图 4-2-11 所示，成绩分布直方图如图 4-2-12 所示。

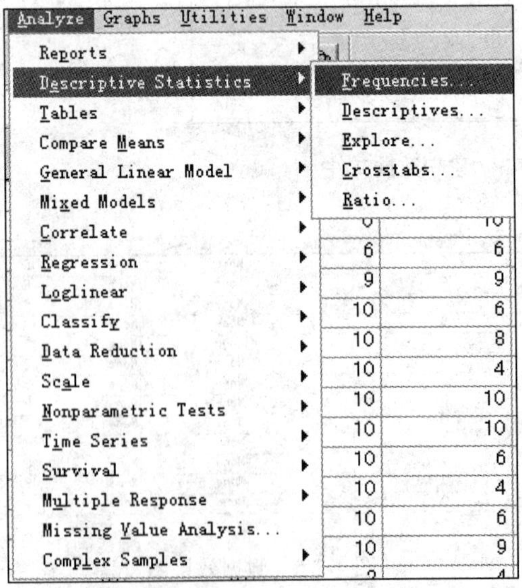

图 4-2-8　频数分析

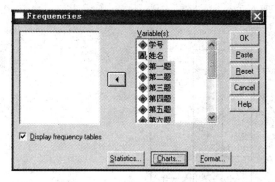

图 4-2-9 频数分析对象设置   图 4-2-10 图形类型选择设置

试卷频数

Statistics

总分

N	Valid	29
	Missing	0

总分

		Frequency	Percent	Valid Percent	Cumulative Percent
Valid	21	1	3.4	3.4	3.4
	45	1	3.4	3.4	6.9
	47	1	3.4	3.4	10.3
	60	5	17.2	17.2	27.6
	61	1	3.4	3.4	31.0
	63	1	3.4	3.4	34.5
	65	2	6.9	6.9	41.4
	69	1	3.4	3.4	44.8
	71	2	6.9	6.9	51.7
	73	1	3.4	3.4	55.2
	79	1	3.4	3.4	58.6
	80	1	3.4	3.4	62.1
	81	1	3.4	3.4	65.5
	83	2	6.9	6.9	72.4
	85	2	6.9	6.9	79.3
	86	2	6.9	6.9	86.2
	88	1	3.4	3.4	89.7
	90	2	6.9	6.9	96.6
	95	1	3.4	3.4	100.0
	Total	29	100.0	100.0	

图 4-2-11 数据结果频数表

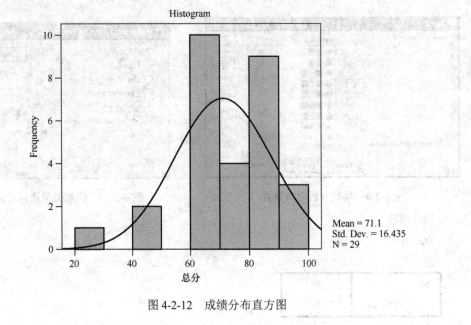

图 4-2-12　成绩分布直方图

3）题目的平均分分析。在 SPSS 中选择菜单栏中的【Analyze】|【Descriptive Statistics】|【Descriptives】命令，如图 4-2-13 所示，分别将各题和总分字段选入 Variables 中，如图 4-2-14 所示，得到总分和各题的最大最小值及均值如图 4-2-15 所示。

4）区分度分析。区分度是指试题或试卷对学生实际水平的区分程度或鉴别能力。区分度高的试题或试卷能对不同知识水平和能力的学生加以区分，使能力高的学生得高分能力低的学生得低分；区分度低的试题则不能对学生的能力进行很好的鉴别，使水平高和水平低的学生得分相差不大或没有规律可循。一般认为，$di>0.4$ 的试题区分度为"优"；$0.3 \leqslant di \leqslant 0.4$ 的试题区分度为"良"；$0.2 \leqslant di \leqslant 0.3$ 的试题区分度为"可"；$di<0.2$ 的试题区分度为"差"。

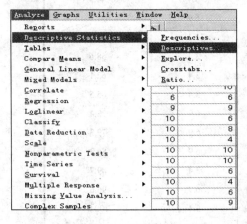

图 4-2-13　平均数分析

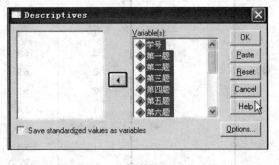

图 4-2-14　平均数分析对象设置

	N	Minimum	Maximum	Mean	Std.Deviation
第一题	29	0	10	8.34	3.425
第二题	29	4	10	8.62	2.211
第三题	29	0	10	8.17	3.423
第四题	29	0	10	6.14	3.409
第五题	29	0	10	7.10	3.363
第六题	29	0	10	8.76	2.948
第七题	29	0	10	6.79	4.237
第八题	29	0	10	7.10	4.321
第九题	29	0	10	6.55	3.203
第十题	29	0	10	5.86	2.341
Valid N（llstwise）	29				

图 4-2-15 平均数分析效果图

在 SPSS 中选择菜单【Analyze】|【Correlate】|【Bivariate】命令，如图 4-2-16 所示，在弹出的"Bivariate Correlations"窗口中，勾选 Correlation Coefficients 选项下的 Pearson 前的复选框，选择每道题和总分字段，如图 4-2-17 所示，单击 OK 按钮，得到试卷区分度，如图 4-2-18 所示。

5）数据结果分析如下：

① 由上面的分析可知道，此次考试的平均分为 71.10，标准差为 16.435，平均分属于较低水平，证明这个班在对应试题的操作上的掌握一般；准差大，说明学生的个体之间存在的差异大。除此之外，第八题的标准方差为 4.321，为题目中方差值最大的，应对第八题这样的题型加强练习与指导。

② 从频数表和直方图中可以看到，大部分的学生都可以达到 70 分左右，即这个班考前进行了认真的复习，准备充分，考试成绩是比较理想的，教学效果较好。

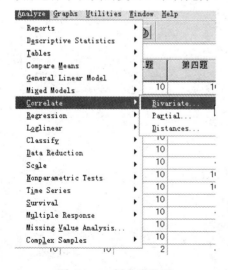

图 4-2-16 区分度分析

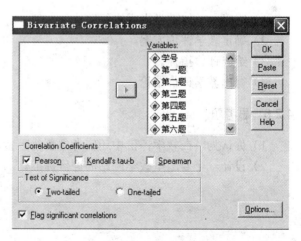

图 4-2-17 区分度分析对象设置

Correlations

		学号	第一题	第二题	第三题	第四题	第五题	第六题	第七题	第八题	第九题	第十题	总分
学号	Pearson Correlation	1	-.465*	-.220	-.135	-.317	-.327	.060	-.481**	-.515**	-.348	-.439*	-.916**
	Sig. (2-tailed)		.011	.251	.486	.093	.084	.758	.008	.004	.064	.017	.000
	N	29	29	29	29	29	29	29	29	29	29	29	29
第一题	Pearson Correlation	-.465*	1	.329	.220	.387*	.511**	.228	.202	.176	.503**	.184	.676**
	Sig. (2-tailed)	.011		.081	.251	.038	.005	.235	.294	.361	.005	.339	.000
	N	29	29	29	29	29	29	29	29	29	29	29	29
第二题	Pearson Correlation	-.220	.329	1	.108	.187	.308	-.097	.136	.120	.232	.031	.262
	Sig. (2-tailed)	.251	.081		.577	.331	.104	.618	.481	.535	.225	.873	.170
	N	29	29	29	29	29	29	29	29	29	29	29	29
第三题	Pearson Correlation	-.135	.220	.108	1	.185	.231	.036	.271	.380*	.108	-.086	.284
	Sig. (2-tailed)	.486	.251	.577		.338	.228	.852	.155	.042	.576	.657	.135
	N	29	29	29	29	29	29	29	29	29	29	29	29
第四题	Pearson Correlation	-.317	.387*	.187	.185	1	.360	.018	.249	.472**	.438*	.164	.438*
	Sig. (2-tailed)	.093	.038	.331	.338		.055	.928	.192	.010	.018	.397	.017
	N	29	29	29	29	29	29	29	29	29	29	29	29
第五题	Pearson Correlation	-.327	.511**	.308	.231	.360	1	.071	.142	.272	.286	.011	.457*
	Sig. (2-tailed)	.084	.005	.104	.228	.055		.714	.463	.153	.132	.955	.013
	N	29	29	29	29	29	29	29	29	29	29	29	29
第六题	Pearson Correlation	.060	.228	-.097	.036	.018	.071	1	-.227	-.214	.090	-.305	.006
	Sig. (2-tailed)	.758	.235	.618	.852	.928	.714		.236	.265	.641	.107	.977
	N	29	29	29	29	29	29	29	29	29	29	29	29
第七题	Pearson Correlation	-.481**	.202	.136	.271	.249	.142	-.227	1	.799**	.435*	.325	.497**
	Sig. (2-tailed)	.008	.294	.481	.155	.192	.463	.236		.000	.018	.086	.006
	N	29	29	29	29	29	29	29	29	29	29	29	29
第八题	Pearson Correlation	-.515**	.176	.120	.380*	.472**	.272	-.214	.799**	1	.393*	.273	.547**
	Sig. (2-tailed)	.004	.361	.535	.042	.010	.153	.265	.000		.035	.151	.002
	N	29	29	29	29	29	29	29	29	29	29	29	29
第九题	Pearson Correlation	-.348	.503**	.232	.108	.438*	.286	.090	.435*	.393*	1	.077	.508**
	Sig. (2-tailed)	.064	.005	.225	.576	.018	.132	.641	.018	.035		.691	.005
	N	29	29	29	29	29	29	29	29	29	29	29	29
第十题	Pearson Correlation	-.439*	.184	.031	-.086	.164	.011	-.305	.325	.273	.077	1	.374*
	Sig. (2-tailed)	.017	.339	.873	.657	.397	.955	.107	.086	.151	.691		.046
	N	29	29	29	29	29	29	29	29	29	29	29	29
总分	Pearson Correlation	-.916**	.676**	.262	.284	.438*	.457*	.006	.497**	.547**	.508**	.374*	1
	Sig. (2-tailed)	.000	.000	.170	.135	.017	.013	.977	.006	.002	.005	.046	
	N	29	29	29	29	29	29	29	29	29	29	29	29

*. Correlation is significant at the 0.05 level (2-tailed).

**. Correlation is significant at the 0.01 level (2-tailed).

图 4-2-18　区分度分析效果图

　　③ 根据对试卷难度的分析,可以知道第二题和第一题的平均值分别为 8.62 和 8.34,是所有题目中平均值最大的,那么就要把第一题与第二题包含的知识点作为日后教学工作中的次重点问题来讲,说明学生对本类题目的整体掌握水平较高。

4.2.5　训练需知

　　1）明确一具体教学内容进行评价。
　　2）确定教学评价方案。
　　3）给出评价指标。
　　4）得出教学评价结论。

4.2.6　思考题

　　1）你认为,在教学评价中还应考虑哪些因素?
　　2）设计一个专题型教学网站的评价标准。

技能训练 4.3　教学成果评价的综合训练

学习目标

训练目标

1. 通过独立完成一个教学成果的评价，巩固和加深教学评价知识。
2. 进一步提高对教学评价的认识，牢固教学成果评价的过程与方法。
3. 在设计和完成教学成果评价的过程中，掌握教学成果评价指标的设计、数据分析软件 SPSS 的应用技术，让学生的教学设计能力得到全面的提升。

训练任务

1. 选取模块三中的综合训练四中制作的一个多媒体课件，对多媒体课件进行深入的分析，结合教学评价的知识进行科学合理的教学设计。
2. 根据教学设计中所确定的教学评价指标及其权重，制定一个完整的教学成果评价量表。
3. 发放教学成果评价量表，进行测试，收集数据，并利用 SPSS 软件进行数据分析，完成一个综合的教学成果评价。

训练环境

1. 操作系统：Windows XP/2000/2003 等。
2. 软件支持工具：SPSS 软件。

4.3.1　制定评价方案

1）确定评价对象，即模块三中的综合训练四中制作的一个多媒体课件，可以是 PPT 课件、Flash 课件、也可以是 Dreamweaver 网页课件。

2）根据确定的评价对象，选定评价主体，评价内容及其权重的分配，制定评价标准或评价量规、再将设计的多媒体课件评价标准或量规设计成调查问卷。

3）拟定评价方案，即采用学生自我评价、同学互相评价、教师评价中的一种或综合评价。

4.3.2　收集评价信息

1）下发设计出的关于多媒体课件制作情况的调查问卷，及时收取调查问卷。

2）利用各种方法收集评价信息，例如访谈法。

4.3.3　分析反馈数据

1）整理、汇总数据。

2）使用 SPSS 软件进行统计分析，需要对调查问卷每一项评价内容得分、总得分进行分析，频数进行分析，各项评价指标的区分度进行分析。

3）输出分析结果（可以是表格或图形）。

4.3.4　撰写评价报告

根据数据分析的结果，结合实际情况撰写评价报告。

评价报告应包含以下基本信息：评价目的、评价方案、数据分析、评价结论。

4.3.5　训练作品

1）设计一个完整的多媒体课件评价量表上交，内容要包括评价指标、权重分配等。

2）根据设计的多媒体课件评价量表，设计调查问卷，并进行测试，收集数据，对数据进行相关分析，得出评价结果，最后撰写一份评价报告上交。

4.3.6　作品要求

1）教学成果评价内容的选择要具有区分度和可测性。

2）教学成果评价的教学设计科学合理，评价指标要全面，结构要清晰明确。

3）调查数据和分析数据要准确，不可杜撰。

附录一　常用快捷键

一、PowerPoint 快捷键

Alt+I+P+F——插入图片

Alt+N——幻灯片布局

Alt+S——幻灯片设计

Ctrl+D——生成对象或幻灯片的副本

Ctrl+K——插入超链接

Ctrl+M——插入新幻灯片

Ctrl+N——生成新 PPT 文件

Ctrl+Q——关闭程序

Ctrl+R——段落右对齐

Ctrl+T——激活"字体"对话框

Ctrl+U——应用(解除)文本下划线

F5 ——开始放映幻灯片

Shift+F5 ——从当前幻灯片开始放映

二、Flash 快捷键

Ctrl + Alt + Enter——测试场景

Ctrl + Enter——测试电影

Ctrl+B——将选中的对象打散

Ctrl+C——将选中的对象粘贴到剪贴板上

Ctrl+D——复制一个副本，相当于对对象同时进行复制和粘贴操作

Ctrl+G——把场景中几个选中的对象合成为一组

Ctrl+L——打开"库"面板

Ctrl+Shift+G——撤销几个对象所合成的一个组

Ctrl+Shift+V——粘贴复制到剪贴板上的内同，并保持位置不变

Ctrl+V——粘贴系统剪贴板上的内容

F5——插入帧

F6——插入一个关键帧

F7——插入一个空白关键帧

F8——打开"转换为元件"对话框

F9——打开"动作面板"

三、Authorware 快捷键

Ctrl＋Alt＋→——渐退

Ctrl＋Alt＋←——渐进

Ctrl＋Alt＋R——从标记点重新启动

Ctrl+E——将调出响应属性的对话窗口

Ctrl＋G——组群

Ctrl＋I——将调出图标属性的对话窗口

Ctrl＋I——图标属性

Ctrl＋P——播放

Ctrl＋R——重新启动

Ctrl＋Shift＋D——文件属性

Ctrl＋Ahift＋I——图像属性

Ctrl＋T——变动

四、Dreamwerver 快捷键

Ctrl+Alt+F——插入 Flash

Ctrl+Alt+I——插入图像

Ctrl+F6——布局视图

Ctrl+L——创建超链接（选定文本）

Ctrl+Shift+B——将选定项目添加到库

Ctrl+Shift+E——编辑样式表

Ctrl+Shift+F6——标准视图

Ctrl+Shift+J——打开和关闭[属性]检查器

Ctrl+T——打开快速标签编辑器

Ctrl+Tab——切换到设计视图

Ctrl+Tab——在设计视图和代码编辑器之间切换

F12——在主浏览器中预览

F5——刷新设计视图

F8——查看站点文件

Shift+F9——添加关键帧

五、Photoshop 快捷键

"中括号"——减小笔头大小

"中括号"——增大笔头大小

Ctrl + 0 ——适合到屏幕

Ctrl + Shift + N——新建图层

Ctrl + Z ——撤销

Ctrl + "－" ——缩小视窗

Ctrl + "＋" ——放大视窗

Ctrl+B——调整色彩平衡

Ctrl+D——取消选择区

Ctrl+F——重复使用滤镜

Ctrl+L——调整色阶工具

Ctrl+T——自由变形

Ctrl+U——调节色调/饱和度

Shift＋Ctrl＋E——合并可见图层

Shift＋Ctrl＋I——反选

Shift＋Tab——选项板调整

附录二　教育网站评价量规

一级指标	二级指标	评价标准	得分（优2分、良1分、差0分）
内容评价	全面性	（1）学科领域涵盖哪些学科或主题，收录学科范围广度如何，是否有遗漏	
		（2）所收信息是否有一定的广度和深度	
		（3）所收信息是否有文字信息又有图片信息等多种形式的信息	
		（4）是否提供原始文献、提供资源链接，相关书目索引是否提供一次文献又提供二次文献	
		（5）是否包含多种形式的电子文献	
		（6）文字信息是否既包括本国、本民族语言文字信息又包括世界范围内通用语言文字信息	
	准确性	（1）所收录信息是否正确、真实、客观、符合事实标准，有保留价值	
		（2）所收录信息语法及拼写的正确度，正文是否采用了标准的文字、字号，编排结构以及文件格式是否规范	
		（3）用户能够与作者或网站管理人员联系，提供 E-mail 地址，电话号码或通讯地址	
		（4）信息正确及时，当第一次公布时，告之公布年份，当时上一次更新时，告之更新的频率，告之用户哪些内容是更新过的	
		（5）提供选取素材的标准	
		（6）若涉及到版权问题，是否提供版权所有者的信息	
	权威性	（1）信息可靠、可信，作者或信息提供者是否在本专业领域具有权威	
		（2）信息被其他权威站点摘引、链接与推荐	
	规范性	（1）必须有元数据且符合 LOM 标准，内容封装完整	
		（2）页面格式具有统一的风格，各种字符、标号准确、正规、统一	
		（3）通过标准的 WEB 浏览器兼容	
		（4）网页使用统一的语言	

续表

一级指标	二级指标	评价标准	得分（优 2 分、良 1 分、差 0 分）
技术评价	技术的运用	(1) 是否采用数据库技术及动态网页技术	
		(2) 是否申请使用 ISP 提供的 BBS、讨论组、留言薄等使网站功能丰富	
		(3) 是否使用了流媒体技术、虚拟现实技术、网上视频点播技术等	
	导航设计	(1) 导航设计要清晰、明确、简单，符合学习者的认知心理，所有的链接都能保持更新并且被激活，以致链接能够将用户转入有效、合适的内容	
		(2) 首页包含直接的链接，可以链接到网站的任意其他页面	
		(3) 网站的全部页面都有标题，使学习者可以确定当前位置	
		(4) 链接次数不宜过多，有用的信息距离首页不超过 3 次链接	
	检索功能	(1) 检索方式是否多样，是否既可以分类浏览查找又可以直接输入检索词查找，按题目、关键词等多种途径检索	
		(2) 是否提供高级查询方式	
		(3) 对所查信息是否有选择与限定自由，如对文献类型、出版时间、形式等进行选择、限定	
		(4) 响应速度，链接是否迅速、等待时间短、下载速度快	
	管理技术	(1) 管理是否规范，即管理方式和手段是否科学化、标准化、合法化	
		(2) 管理是否全面，即是否对网站经常维护，更新内容、删除垃圾、优化性能、加强安全、增强稳定性与信息的可靠性，网站是否有专人维护，网站是否经常变化，变化时是否有通知等	
		(3) 维护是否方便，是否采用模块化结构，容易升级扩展，网站是否提供管理平台	
	信息组织	(1) 信息分类是否科学、合理，各屏幕锁含信息是否适中、平衡	
		(2) 信息组织框架是否清晰，组织方式是否多样，例如，可以按主题、学科、学习者使用者分类	
		(3) 信息是否安全，可信，信息交流是否保密等	
	交互性	(1) 网站是否提供了交互的手段以及手段是否丰富	
		(2) 用户参与度如何（可通过利用交互手段的用户比例、使用总量衡量）	
		(3) 网站是否为用户提供了丰富便利的交互场所	

一级指标	二级指标	评价标准	得分（优2分、良1分、差0分）
艺术评价	界面设计	（1）页面整体风格要统一，简洁美观，布局符合视觉习惯	
		（2）页面上的文字、图形等可视元素搭配协调得当，富有表现力，具有视觉吸引力	
		（3）在主题确立、网站 LOGO 制作、版面布局、色彩搭配、文字设计、表格运用、内容加工上是否达到形式与内容的统一性、新颖性与个性化	
		（4）页面设计上是否具有创意特色和感染力，是否能激发浏览者的兴趣和探究的欲望	
		（5）页面的布局是否做到重点突出	
	媒体表现效果	（1）媒体表现形式是否丰富多彩，出入以及转场的呈现方式新颖有趣，具有艺术特色，能达到寓教于乐的目的	
		（2）视听总体效果冲击力强，观后留下较为深刻的印象	
发展性评价	访问量	（1）经常用网站首页点击次数来反映网站被用户重视的程度和网站的地位	
		（2）访问量指标可通过网站技术器或其他技术途径获取	
	发展状况	（1）网站资源总量、种类是否在不断增加，及时满足学习者日益增长的学习需要	
		（2）新的网站技术是否在不断引进、使用、创造，在同类网站中处于技术领先的水平	
	信息更新周期	（1）信息更新是否快速、及时，是否每天都有变化、清理、检测（一般每年应改版 1-2 次）	
	国际化程度	（1）是否方便非汉语或非标准汉语语言文化的访问者	

附录三 中小学教学人员（初级）教育技术能力培训大纲

一、编制和使用说明

1. 本大纲依据《中小学教师教育技术能力标准（试行）》中对教学人员教育技术能力的要求编制。

2. 本大纲是教育技术领域的研究成果，注重继承我国优良的传统教学思想，借鉴国外先进的教学理念，参考了国外开发的教育技术标准和我国教育技术组织研制《中国教育技术标准》的有益经验。

3. 大纲的编制力求体现素质教育的思想，适应基础教育课程改革的需要，以"任务驱动、强调活动、强调参与"为指导原则，把基于现有教学媒体环境的教学设计作为主要任务，采取模块化设计的方式安排培训内容。在每一模块中，目标和任务是培训的基本要求，教学活动建议和教学活动举例作为对基本要求的解释或补充。

4. 在大纲指导下开展培训的过程，是教师体验和交流学生学习的过程，是分析、总结、改进教师日常教学的过程。需要处理好在活动中体验与知识之间的关系，理论与实践之间的关系。需要重视中小学教师成人学习的特点和个性差异，强调中小学教师教育技术应用能力的形成和发挥，真正使学习过程成为帮助教师利用技术改善教学，提高教学能力的过程，促使其养成应用技术的习惯。

5. 大纲规定培训总课时约为 50 学时。

二、培训目标

经过初级教育技术能力培训的中小学教学人员，在知识与技能、过程与方法、情感与态度方面应达到以下具体要求：

（一）知识与能力

1. 掌握教育技术的基本概念、意义及其作用。

2. 了解信息技术与学科教学整合的基本概念。

3. 掌握教学设计的过程及其关键环节。

4. 掌握媒体的特点，了解各类媒体对教与学的支持作用。

5. 学会运用技术进行教学形成性评价、总结性评价。

（二）过程与方法

1. 完成一节课或一个教学单元/主题的教学设计，实施或展示、研讨教学。

2. 掌握分析演示型教学媒体特点的方法，提高在实际教学中的应用能力。

3．学会运用文字编辑软件编制常用教学文档，运用网络工具搜集教学资源，运用多媒体工具对文本、图片、声音、动画等资源进行简单的加工处理，运用简单的课件制作工具或网页制作工具整合教学资源。

4．能够使用常用的形成性评价、总结性评价的量规和方法设计课堂教学评价活动。

（三）情感与态度

1．消除教学中应用信息技术的畏惧心理，形成对教育技术促进教学的认同。

2．形成把教学技术与教学实践紧密联系的积极性和主动性。

3．形成对资源信息的正确认识和初步的选择、处理和加工能力，建立知识产权保护意识。

4．了解技术对社会、对学生发展的重要影响，树立在教学中运用技术的使命感。

三、培训的成果形式

1．每个学员完成的一节课或一个教学单元/主题的教学设计方案（包括：文稿、资源、评价和过程记录等）；

2．每个学员学习过程中形成的作业文件夹（包括教学设计、资源收集与加工、反思日志等）；

3．每个小组集体研究过程中形成的记录文档（包括讨论记录、小组作品和交流文稿等）；

以上成果作为评定教师学习过程的形成性考试成绩的依据。

四、培训模块指南

模块1 开始培训的准备（4学时）

（一）目标

1．了解此次培训的主要模块、过程、方法，需要完成的任务及应取得的成果。

2．了解教师与学员、学员之间的交流方式，利用技术建立课上和课下的多种交流渠道，体验正确交流方式的重要性，为后续模块的学习做好准备。

3．掌握教育技术的基本概念、意义及作用。

4．形成学习小组，在小组活动中体验协作学习的过程；在对个人活动、小组活动评价与反思的过程中形成反思的意识。

（二）任务

1．互相认识，形成融洽的师生、生生关系；

2．介绍培训模块、方式和最终学员需要提交的成果的形式；

3．检查和准备每个人的软硬件设备；

4．建立个人文件夹。

（三）教学活动建议

1．本模块对于保障整个培训课程的顺利实施具有导向性作用，要注意观察学员，引导他们从心理、方法和技术上做好各种准备。

2. 组织学员相互认识，让学员尝试利用技术进行课堂和课外的交流，体验各种交流方式的不同。

3. 要努力使学员理解培训的方式、成果要求、评价形式等，并达成共识。个别学员的困惑或不同见解可以在全班范围内适当组织讨论，重在参与和体验，不要简单地给出结论。

4. 要充分利用学员已有经验，重视学员独特体验，使学员形成自己的观点。

（四）教学活动举例

1. 师生互动1（相互介绍＋讨论）

（1）培训教师与受训学员的自我介绍与相互认识。

（2）了解培训的方式及主要内容模块，了解培训的评价方法。

（3）了解利用技术手段进行交流的重要性及方式。

2. 师生互动2（案例观摩＋阅读＋讲解＋讨论）

（1）案例观摩。

（2）介绍教育技术的基本概念、意义及作用。

（3）进一步了解新课程标准所采用的教育观及学生发展观对教育技术运用的影响。

3. 自主活动1（操作＋思考）

（1）检查培训中用到的相关软硬件。

（2）建立作业文件夹，检查作品档案袋。

（3）建立自己的电子邮箱，留存教师、学员的电子邮箱地址，尝试与教师及学员进行交流。

（4）思考自己的选题，用电子文档记录下来，存入自己的作业文件夹（作品档案袋）中。

4. 小组活动（共享＋讨论）

（1）形成学习小组，为小组命名，组织组内交流、共享、互帮互助。

（2）在小组内介绍自己的选题意向，并征询小组成员的意见，记录小组成员对自己选题的建议。

（3）完成此次小组活动记录文档。

5. 自主活动2（评价＋反思）

（1）参考提供的小组活动评价模板、小组活动中的个人行为评价模板，评价此次培训中的小组活动及个人活动。

（2）反思本模块的培训，填写培训日志。

模块2 编写教学设计方案（4学时）

（一）目标

1. 掌握教学设计的定义及其作用。

2. 掌握教学设计方法的一般过程及关键环节。

3. 运用教学设计方法初步完成一份教学设计方案。

（二）任务

1．反思自己以前的教学设计实践。

2．观摩所提供的教学设计方案，结合教学设计方法分析其优缺点。

3．参照本模块中提供的教学设计方案模板完成所选内容的教学设计方案。

（三）教学活动建议

1．本模块强调案例研讨对学员教学设计实践的启发效果，通过案例的比较分析，理解学习教学设计的作用以及学习理论、教学理论对教学设计方法和实践的指导作用，不要纠缠概念。

2．重视学员对自己经验的反思，鼓励学员以开放的心态与同学分享自己的经验和感受，通过正反案例，使学员在处理已有经验和新知识、自己的理解和他人的经验等交织的过程中，加深对教学设计方法的理解。

3．重视对各种教学策略的体验。在体验中，帮助学员理解和掌握各种教学策略的概念和方法。

4．为学员提供教学设计实践的便利条件，包括评价的参考标准以及活动过程模板，但要引导学员突破模板的束缚，鼓励创造性地运用过程模板。

（四）教学活动举例

1．师生互动（阅读＋讲解＋讨论）

（1）教学设计的定义及其作用。

（2）观摩教学设计案例。

（3）教学设计方法的一般过程。

（4）教学设计方法的关键环节。

2．自主活动1

（1）反思自己以前的教学设计实践，填写反思记录文档。

（2）分析教学设计案例的优缺点，填写案例分析表。

（3）阅读本模块中提供的教学设计方案模板，选择适用于自己选题的模板。

（4）基于教学设计方案模板，初步完成选题的教学设计方案。

3．小组活动

（1）在小组内共享反思记录表，讨论后概括教学设计方法的特点及注意事项，形成一份小组作品。

（2）参考本模块提供的小组作品评价模板，评价小组作品。

（3）在小组内介绍各自的教学设计方案，征询小组成员的意见，记录小组成员对自己选题的建议。

4．自主活动2

（1）基于小组成员的反馈意见、参考教学设计方法的特点及注意事项，思考并修改自己的教学设计方案。

（2）将修改后的教学设计方案保存在自己的作业文件夹中。

（3）反思此次培训活动，填写培训日志。

模块 3 教学媒体的选择（4 学时）

（一）目标

1．掌握各类教学媒体在学科教学中运用的特点。

2．结合案例了解各类媒体对教师教学和学生学习的支持作用。

3．分析演示型教学媒体的特点，选择所用的教学媒体并分析其运用形式。

（二）任务

1．概括出各类教学媒体在本学科教学中运用的特点。

2．观摩所提供的教学案例，分析案例中各类媒体对教师教学和学生学习的支持方式。

3．用文字编辑软件中的表格或电子表格软件列出所选择的演示型教学媒体，并分析其运用形式。

（三）教学活动建议

1．本模块旨在建立技术是帮助学与教的工具的正确媒体观，强调不同媒体的不同教学特性和使用范围，要发挥媒体的综合优势，强调合理运用，不盲目追求技术的先进性。

2．要强调动手实践，要求学员在操作体验的过程中，结合教学的实际情况总结教学媒体的应用特点及其对教学的支持方式。

3．通过对正反案例的对比分析，使学员从不同角度理解媒体的运用特性，在案例分析的过程中掌握媒体选择的原则。

4．要鼓励学员根据自己所概括的媒体选择原则，对自己和小组成员所制订的媒体应用表进行评价、讨论，以增强他们的反思能力和分享意识。

（四）教学活动举例

1．师生互动（阅读＋案例观摩＋讲解＋讨论）

（1）各类教学媒体的特点。

（2）案例观摩，掌握分析案例中媒体对教/学的支持作用的方法。

2．自主活动 1

（1）基于以上学习，概括出各类教学媒体在本学科教学中的运用形式及特点，对在教学中所能用到的媒体加以标注，填写媒体在学科教学中的运用记录表。

（2）观摩学科案例，分析案例中媒体对教师教学和学生学习的支持方式，填写媒体运用分析表。

3．小组活动

（1）在小组内共享自主活动中的第一项，讨论后概括出媒体在本学科教学中的运用方式及特点，形成一份小组作品。

（2）在小组内共享媒体在学科中的运用记录表，讨论后概括出媒体在本学科教学中的运用方式及特点，形成一份小组作品。

（3）在小组内共享媒体运用分析表，讨论并形成一份小组作品。

（4）与小组成员讨论，如何在自己的选题中运用演示型教学媒体。

4．自主活动 2

（1）基于以上的活动，用文字编辑软件中的表格或电子表格软件，列出在自己的教学设计中所选择的演示型教学媒体及其运用的方式，将此表格添加到上一模块完成的教学设计方案中，并将修改后的文档保存在自己的作业文件夹中。

（2）将小组活动中形成的两份小组作品整理成电子文档，保存在自己的作业文件夹中。

（3）反思此次培训活动，填写培训日志。

模块4 教学资源的收集与整合（一）（2学时）

（一）目标

1．了解教学/学习资源在教育中的地位与作用。

2．掌握常见教育资源的类型及运用策略，掌握选择教学资源的基本原则和实施策略。

3．了解资源与媒体的联系与区别。

（二）任务

1．列出能为本学科教学所用的资源类型、工具及其运用策略。

2．基于自己的教学设计或选题，选择所要使用的各类资源。

（三）教学活动建议

1．注重使学员形成正确的资源观。要明确教学资源不仅要支持教，更重要的是支持学；要注重多种教学资源的运用，既要重视数字化教学资源的建设，也要重视其他渠道的资源利用。

2．重视正反案例的对比分析，注意既要采用同一学科不同应用形态的教学资源运用案例，也要采用同一应用形态的教学资源在不同学科、不同教学内容的案例，使学员多角度、多层次理解教学资源的运用特性和应用原则。

3．要鼓励学员根据自己所概括的教学资源应用原则及其注意事项，对自己和小组成员所制定的教学资源应用表进行评价、讨论，以增强他们的应用反思能力和分享意识。

（四）教学活动举例

1．师生互动1（思考＋讨论）

（1）有哪些形式的资源可为教育教学所用。

（2）不同类型资源的作用有什么不同，如何才能综合其优势。

2．师生互动2（思考＋阅读＋讲解＋讨论）

（1）教学资源应用于教学过程的优秀案例观摩。

（2）教学/学习资源在教育中的地位与作用。

（3）常见教育资源的类型与运用策略。

（4）选择教学资源的基本原则和实施策略。

3．自主活动1

（1）列出在你所教学科中所用资源的类型、工具。

（2）列出你在运用各类资源、工具时的策略。

（3）列出资源在运用过程中要注意的问题。

4．小组活动

（1）在小组内共享上述三项内容，讨论后形成一份小组学习作品，并在全班内共享。

（2）参考本模块提供的作品评价模板与小组活动评价模板，评价小组作品。

5．自主活动2

（1）基于以上的小组活动，思考在选题规定的教学活动中所要使用的资源与媒体，用文字编辑软件中的表格或电子表格软件列出并说明运用的形式，将文档保存在自己的作业文件夹中。

（2）反思此次培训活动，填写培训日志。

模块5　教学资源的收集与整合（二）——信息技术技能（8学时）

（一）目标

1．掌握收集教学资源的方法。

2．能够对收集的文本、图片、声音、动画等资源素材进行简单的加工与处理。

（二）任务

1．运用收集资源的方法，基于自己的教学设计，选择、收集所要使用的各类资源。

2．运用文字处理工具对收集的文本资源素材进行简单的加工处理。

3．运用图片处理工具对收集的图片资源进行截取和改变大小、亮度等简单的加工处理。

4．运用音频处理工具对收集的声音资源进行截取、增补、去噪音等简单的加工处理。

5．运用网络下载工具将动画下载到本地机，并插到自己的文本中。

（三）教学活动建议

1．增强学员积累资源的意识和能力，引导学员注重平时资源的积累，包括收藏优秀网址、素材库以及平时浏览网页时收集一些好的素材，分类存放以备教学之用。

2．注意分享中小学教师已有收集资源的体验，使学员从中掌握资源收集的小技巧，提高资源检索、下载的效率。

3．通过案例使学员理解不同格式素材的质量和教学特征，掌握基本的分辨能力和恰当选取素材的能力。

4．突出素材处理工具常用、实用的使用功能，注意不同学科的不同需求。既要教会学员掌握一些基本的工具、使用技巧，更要重视引导学员学会运用软件工具的帮助功能，学会上网搜索常用软件工具等，力求知识迁移和自我提高。

5．鼓励学员根据自己所概括的教学资源的应用特性，对自己和小组成员所收集的教学资源进行评价、讨论，以增强他们的反思能力和分享意识。

（四）教学活动举例

1．师生互动1（思考＋讨论）

（1）在日常教学中有哪些收集资源的方法？

（2）在学科教学中，常用的资源类型有哪些，各类资源的教学运用效果如何？

2．师生互动2（思考＋讨论＋阅读＋操作）

（1）观摩收集各种类型的教学资源的案例，分析案例中所包含的资源类型。

（2）收集资源的方法。

（3）介绍资源收集的常用软件。

（4）运用各类简单的多媒体加工与处理软件，对收集的各类资源素材进行简单加工处理。

3．自主活动1

（1）基于以上的学习活动，思考在选题规定的教学活动中所要使用的资源类型，用文字编辑软件中的表格或电子表格软件列出并说明运用的形式，将文档保存在自己的作业文件夹中。

（2）基于自己的选题，参考教材附录中提供的搜索引擎、资源站点、学科网站，收集教学设计中所要使用的资源素材。

（3）记下本学科比较好的资源网站地址，并添加到收藏夹中。

（4）利用相关的资源加工与处理工具，对收集到的资源素材进行简单的加工处理，使之更好地应用于学科教学。

4．小组活动

（1）利用本模块中提供的资源站点评价量表，完成对某一学科站点或资源站点的评价。

（2）在小组内、全班内共享好的学科教学站点、优秀资源站点。

（3）在小组内展示处理过的各类资源，征询小组成员的意见。

5．自主活动2

（1）基于小组成员的反馈意见，优化修改自己的资源素材。

（2）将修改后的资源素材保存在自己的作业文件夹中。

（3）反思此次培训活动，填写培训日志。

模块6 教学资源的收集与整合（三）——信息技术技能（10学时）

（一）目标

1．了解教学资源的呈现类型，了解教学资源呈现的设计方法。

2．掌握运用简单的课件制作工具，开发与整合教学资源的方法。

3．了解运用简单的网页编辑工具，开发与整合教学资源的方法。

（二）任务

1．基于自己的教学设计，设计教学资源的呈现方式。

2．利用演示文稿设计工具开发与整合教学资源。

3．观摩并分析如何利用网页设计工具开发与整合教学资源。

（三）教学活动建议

1．通过案例分析使学员理解不同呈现方式的资源对教学的支持方式的不同，并能够分析自己的教学需求以及教学资源对具体教学环节的支持方式。

2．要使学员树立合理运用资源的意识，力求能以简单的技术实现必需的教学功能。

3．开发工具的教学中，要尊重学员的意愿和已有基础，以教学功能的实现为目标，不严格规定使用哪一种软件，但可以建议学员使用通用性的软件，以便共享资源。

4．促使学员形成记录学习过程的意识，建议他们把学习中碰到的问题、心得随时记录在自己的作业文件夹中，关注学习过程的自我反馈和自我指导。

5．学员开发教学资源课件的过程中，既要重视对学员的个别化指导，更要强调学员之间的合作和互帮互助意识的培养，重视应用自我评价、小组评价以及教师对小组团队集体评价。

6. 在强调学员自主探究、开发教学资源课件的前提下，为学员提供必需的自主学习资源，同时要重视对具体操作方法的指导，教学上采用"由扶到放"的策略，重视变式练习的应用。

7. 鼓励学员根据自己所讨论、制订的教学资源评价标准，对自己和小组成员所设计、开发的教学资源课件进行评价、讨论，以增强他们的反思能力和分享意识。

（四）教学活动举例

1. 师生互动（案例观摩＋阅读＋讲解＋操作）

（1）观摩各种呈现类型的教学资源案例，分析教学资源呈现的设计方法。

（2）运用简单的课件制作工具对教学资源进行开发与整合的操作方法。

（3）观摩并分析简单的网页编辑工具开发与整合教学资源的操作方法。

2. 自主活动 1

（1）基于学员的教学设计选题，完成对教学资源结构的设计，记录在文档中。

（2）利用相关资源开发与整合技术（简单的课件制作工具、简单的网页编辑工具）完成教学资源。

3. 小组活动

（1）参考资源评价的方法，在小组内讨论资源收集与开发的注意事项，讨论确定资源评价的量规。

（2）在小组内展示各自的教学资源，并征询小组其他成员的意见。

（3）以小组活动的方法评价每一位成员的教学资源。

4. 自主活动 2

（1）基于小组成员的反馈意见，优化修改自己的资源。

（2）将修改后的教学资源保存在自己的作业文件夹中。

（3）反思此次培训活动，填写培训日志。

模块 7 形成完整的教学设计成果（2 学时）

（一）目标

1. 了解形成性评价与总结性评价的作用，初步掌握设计形成性评价与总结性评价的方式或方法。

2. 能够对教学设计方案及教学用资源进行反思与改进。

（二）任务

1. 设计选题中的形成性评价与总结性评价的方式或方法。

2. 整理培训过程积累的学习结果。

3. 修改教学设计方案及教学用资源。

（三）教学活动建议

1. 重视学员在以往教学实践中应用评价理念和方法的经验，强调通过分享理解各类评价的概念及其作用。

2. 重视评价案例的资源建设。通过案例的研讨、分析，使学员正确认识形成性评价促教、促学的作用，积累本学科在形成性评价实施方面的优秀经验。

3．鼓励学员对自己在培训过程中的表现进行反思，理解形成性评价对教学的启发，掌握将形成性评价与教学活动相结合的方法。

4．通过分享和反思，促使学员明确教学设计和教学资源之间的关系，进一步理解正确的资源观。

（四）教学活动举例

1．师生互动（案例观摩＋讲解＋讨论）

（1）观摩教学设计成果的完整案例。

（2）了解形成性评价在教学中的作用。

（3）了解总结性评价的作用。

（4）介绍常用的形成性评价、总结性评价的设计方式与方法。

2．自主活动 1

（1）参考案例中形成性评价的内容，在选题中制定出形成性评价的方法或方式，添加到教学设计方案中。

（2）参考案例中总结性评价的内容，在选题中制定出总结性评价的方法或方式，添加到教学设计方案中。

（3）整理前面各个培训模块中积累的个人学习成果材料。

（4）优化教学资源、修改完善教学设计方案。

（5）将完成的内容保存在自己的作业文件夹（作品档案袋）中。

3．小组活动

（1）小组内展示各自的教学设计成果（重点是教学设计方案、教学资源），并听取成员的反馈意见。

（2）以小组活动的方法评价每一位成员的教学资源。

4．自主活动 2

（1）基于小组成员的反馈意见，优化修改自己的教学设计成果，并保存在自己的作业文件夹中。

（2）反思此次培训活动，填写培训日志。

模块 8 单元/主题的教学设计（7 学时）

（一）目标

1．结合自己所教学科和具体的媒体环境，掌握教学单元/主题的教学设计。

2．掌握单元/主题教学所需教学资源的收集、整理与开发的方法。

3．能够对单元/主题的教学设计方案及教学用资源进行反思与修改。

（二）任务

1．完成单元/主题教学设计方案。

2．初步完成单元/主题所需教学资源的收集、整理与开发（如果课时不够，完成资源框架即可）。

（三）教学活动建议

1．重视案例资源的建设，强调通过案例观摩与研讨，使学员理解单元/主题教学设计的概念、作用以及与一节课设计的不同之处。

2．关注培训后的应用情况，增强学员积极应用的意识，既要使他们能够正确认识现有条件可能存在的困难，更重要的是帮助他们提高分析困难中的有利因素，选择恰当的应对策略的能力。

3．为学员提供充分的学习支持，包括主题/单元设计参考列表、设计模板等，同时也要引导学员突破参考列表、设计模板的束缚，鼓励创造性地运用。

4．主题/单元教学设计完整成果的完成需要比较长的时间。要注重学员对主题/单元教学设计的理解和体验，强调对方法的指导，要求完成教学设计方案，但不对成果做过高的要求。

5．要鼓励学员根据自己所理解的主题/单元教学设计要求，对自己和小组成员所完成的主题/单元教学设计进行评价、讨论，以增强他们的反思能力和分享意识。

（四）教学活动举例

1．师生互动（案例观摩＋讲解＋讨论）

（1）观摩单元/主题教学设计成果的完整案例。

（2）了解单元/主题教学设计过程中的注意事项。

2．自主活动1

（1）完成单元/主题教学设计方案。

（2）单元/主题所需教学资源的收集、整理与开发。

3．小组活动

小组内展示各自的教学设计成果，并听取成员的反馈意见。

4．自主活动2

（1）基于小组成员的反馈意见，优化修改自己的教学设计成果，并保存在自己的作业文件夹中。

（2）反思此次培训活动，填写培训日志。

模块9　教学设计的实施与评价反思（5学时）

（一）目标

1．了解评价的一般方法。

2．掌握教学设计实施的评价方法。

3．在教学设计实施与展示的过程中，建立教学设计与教学实践紧密联系的意识，并以此形成将所学的方法运用到今后的教学工作中的意识。

（二）任务

1．在小组内展示自己的教学设计成果，基于组员反馈意见加以修改。

2．在全班试讲、展示教学设计成果，分析讨论该成果的优点及需要改进之处。

（三）教学活动建议

1．要充分尊重和发挥学员在教学设计成果评价方面的经验和体会，通过研讨了解教学设计成果形成性评价的方法及特点，理解教学设计成果评价对教学设计本身、教学实施的意义。

2．在展示和评价之前、之中，注重应用一些提高活动参与度的策略，并使学员理解并掌握这些策略。帮助学员合理评价他人，既强调欣赏他人，善于发现他人的优点，又要中肯地提出合理化建议。

3．体验和理解从设计到实施的关系，掌握根据教学进程的变化进行教学实施调控的一些基本策略。

4．发挥技术在教学设计成果评价、数据收集、数据统计、结果保存等方面的优势，培养学员使用技术开展形成性评价的初步意识和基本能力。

5．注意利用所学知识更好地完成说课，提高说课能力。

（四）教学活动举例

1．师生互动1（思考＋讨论）

在技术条件尚不具备时，有哪些策略或方法可在教学中有效地运用教育技术？

2．师生互动2（思考＋阅读＋讲解＋讨论）

（1）评价案例分析。

（2）评价的一般方法。

（3）教学设计实施的评价方法。

3．小组活动

（1）在小组内学员每人展示一节信息技术与学科教学整合课的教学设计方案和教学资源，组内成员给出评价及修改意见。

（2）基于组内成员给出的修改意见，修改自己的教学设计成果。

（3）在全班内，以说课、试讲的方式展示教学设计成果。

（4）在小组内，分析所展示的教学设计成果的优点，并指出其有待修改之处。

4．自主活动

（1）将自己的作业文件夹压缩打包后提交，将作品档案袋所有材料整理后提交。

（2）反思此次培训活动，填写培训日志。

模块10　培训的总结与提高（2学时）

（一）目标

1．总结和巩固教学成果；

2．分享学习经验，形成长期坚持在运用中学习的情感和态度。

（二）活动

1．检查自己的学习成果、发现问题；

2．对学习成果进行交流分享；

3．提出对培训的改进建议，明确今后一段时间的个人学习和应用计划。

（三）教学活动建议

1．运用在信息环境下涉及伦理道德问题的案例，使学员意识到正确对待网络安全和道德问题的重要性，增强学员对网络安全与道德问题的鉴别能力。

2．采用游戏性活动，使学员能够在完全放松的状态下分享培训体会、困惑以及对培训的建议。

3．让学员尝试自拟访谈表或调查表，以获取他人的反馈意见，并以开放的心态对待他人的建议。

4．培训的反思和评价要强调培训全过程，关注培训的理念、方式以及培训过程中出现的问题对教学和个人发展的启示。

5．学习成果和学习计划都是为了促进知识、技能在教学中的应用以及促进教师的专业化发展。在教学中要增强学员在应用中学习，不断提高自身教师专业发展的意识。

（四）教学活动举例

1．师生互动（思考＋阅读＋讲解＋讨论）

信息环境下的伦理道德与网络道德。

2．自主活动1

（1）检查自己的学习成果。

（2）检查自己在培训的各模块中任务完成情况与存在的问题。

（3）反思整个培训过程，完成反思文档及反思日志。

3．小组活动

（1）组内讨论、全班共享，如何把此次培训活动中学到的知识和技能运用到今后的工作中。

（2）列出你仍有的困惑，与小组成员、培训教师进一步讨论、交流。

（3）听取小组成员、培训教师对自己本次培训的评价，吸取有益建议。

4．自主活动2

（1）思考如何利用各种技术手段、工具和方法，有效地获取本校管理人员、技术人员的反馈意见及相关的数据资料，反思自己在接受培训、实践过程中的表现。

（2）结合自己心中尚存的困惑，制订一个自己今后学习的计划。

（3）评价本次培训活动，提出培训意见。

参 考 文 献

郝瑞经. 2007. 微格教学训练指导[M]. 北京：中国文联出版社.

武法提. 2003. 网络教育应用[M]. 北京：高等教育出版社.

王凤桐. 2010. 走进微格教学[M]. 北京：首都师范大学出版社.

吴渝. 2007. 微格教学实训教程[M]. 合肥：合肥工业大学出版社.

张剑平. 2009. 现代教育技术——技能与训练[M]. 北京：高等教育出版社.